日本戰國武將圖解

戦国武将 知れば知るほど

150位風雲豪傑大解密

小和田哲男
會田康範
後藤敦
坂井洋子
武田鏡村
堤 昌司
著
林文娟 譯

監修的話

最直接了當用來描述日本戰國時代的三個形容就是「群雄割據」、「下剋上」以及「弱肉強食」，戰國時代大概一百年，全國約一五〇位戰國大名陸續登場，平均一個縣產生三位大名，由此可推知當時群雄各霸一方的混亂場面。而這一五〇位大名彼此相互爭奪、廝殺，強者留、弱者滅，進入所謂弱肉強食的世界，但戰國時代的一百年間並不是以同種模式在變遷，戰國前期和後期各自呈現多樣且不同的樣貌。以日本全國高中棒球選手權大會也就是「夏天的甲子園」來作比喻，戰國前期就猶如地區初賽，獲勝者可以進入甲子園的決賽殿堂。戰國時代就是這樣先由各區域大名進行爭鬥，而多數實力較弱的大名會在此階段遭淘汰出局，接著再由各地區勝出者展開以天下為目標的攻防戰。兵法中曾提到「兵多即勝」，但實際上以少數兵力擊敗對方的例子也不在少數，如一五六〇年（永祿三年）五月發生的桶狹間之戰就是典型的例子，當時織田信長僅以二千兵力擊敗今川義元率領的二萬五千大軍。戰國時代之所以會引起大家興趣不只是因為其戲劇性發展，亦可從中觀察出各人物戰術的靈活運用以及歷史蘊含的趣味之處。

總而言之戰國時代是個蓬勃發展的時代，因為在那樣的時空背景下只要能發揮實力便有可能成為一城之主，誰都有可能實現夢想。雖然是個視殺戮為平常的悲慘時代，但不只有荒廢農耕、火燒房屋等負面影響，換個角度來看正因為如此，人民也顯得生氣蓬勃繼而帶起經濟活化。

本書第一章〈戰國時代開啟〉中首先概略介紹戰國前期全國狀況和主要武將，特別著重於武田信玄和上杉謙信之間的戰鬥，藉此讓大家能更清楚了解戰國時代的真實攻防狀況。接著第二章〈西國、遠國霸者奪取天下的智略〉中特別詳述西方的毛利元就及島津義久、家久等智將的謀略及戰術，配合第一章內容更能勾勒出明確的情景。來到第三章〈戰國三英傑一統天下的爭鬥〉則以織田信長、豐臣秀吉、德川家康三位統一天下的霸者為主，各自分述探討其身處群雄割據時代，如何領導部屬，征服天下的過程。最後在第四章〈戰國末期〉中則詳盡描述德川家康如何在歷經關原之戰、大坂之陣後建立霸權時代。

此外為了讓各位能更加容易理解內容，在各個章節附有許多插圖，並特闢專欄介紹和戰國武將相關的知識，希望各位能對戰國武將有更全面性、深入的了解。

靜岡大學教授
小和田哲男

戰國武將 目次

第二章 西國、遠國霸者奪取天下的智略

第三章 戰國三英傑一統天下的爭鬥

武田鏡村

◆◇◆織田信長

戰國武將 目次

▼豐臣秀吉的必勝戰術

▼豐臣軍團的祕密與真相

◆德川家康

▼家康的戰略

▼鎮壓四方的天下名城

戰國武將 目次

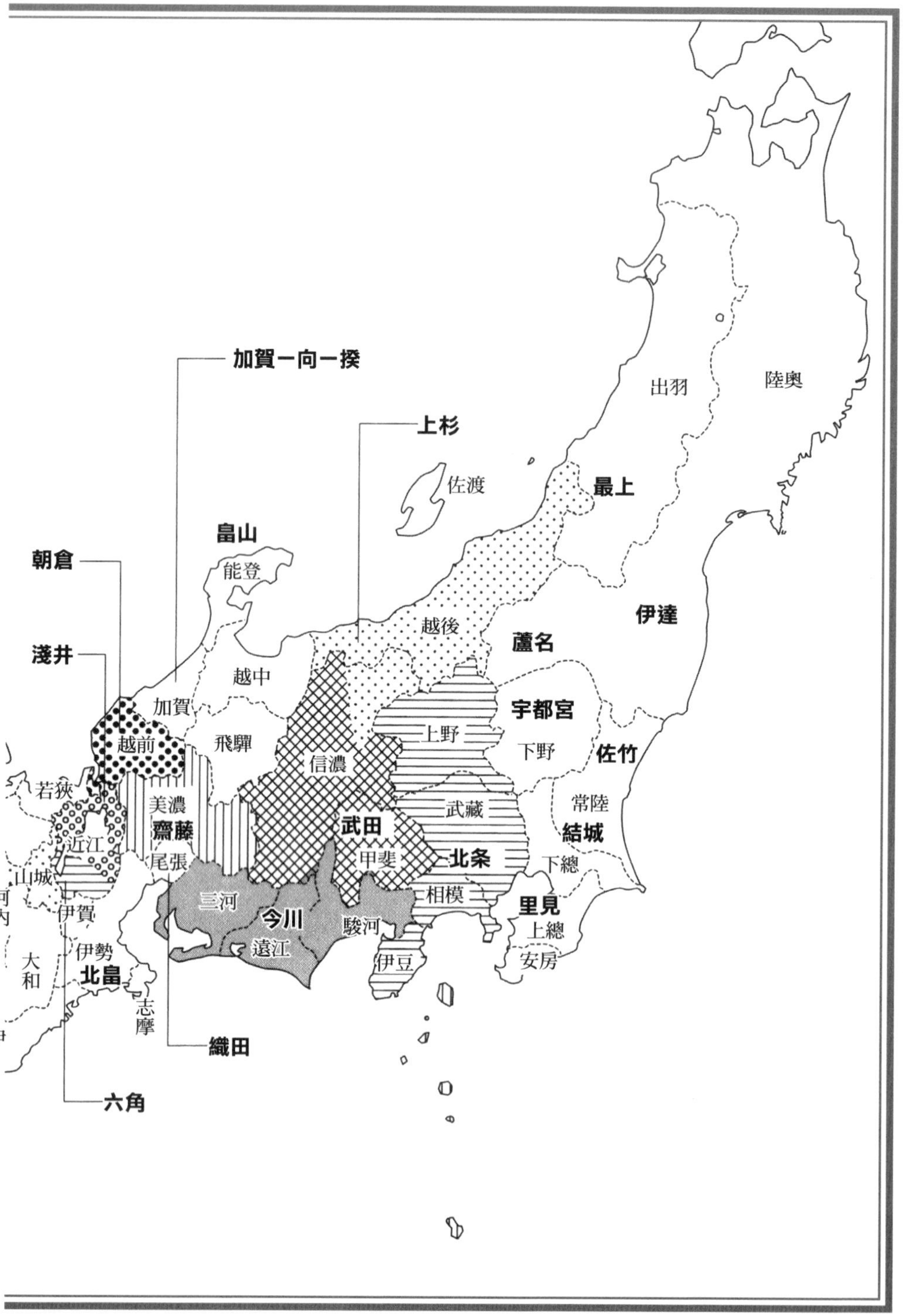
加賀一向一揆
上杉
佐渡
出羽
陸奥
最上
畠山
能登
朝倉
伊達
越後
蘆名
淺井
越中
加賀
宇都宮
飛驒
上野
越前
下野
信濃
佐竹
若狹
美濃
常陸
武藏
齋藤
武田
結城
近江
甲斐
北条
尾張
下總
山城
三河
相模
河內
今川
里見
伊賀
駿河
上總
遠江
伊勢
大和
伊豆
安房
北畠
志摩
伊
織田
六角

戰國群雄割據圖

1560年（永祿3年）

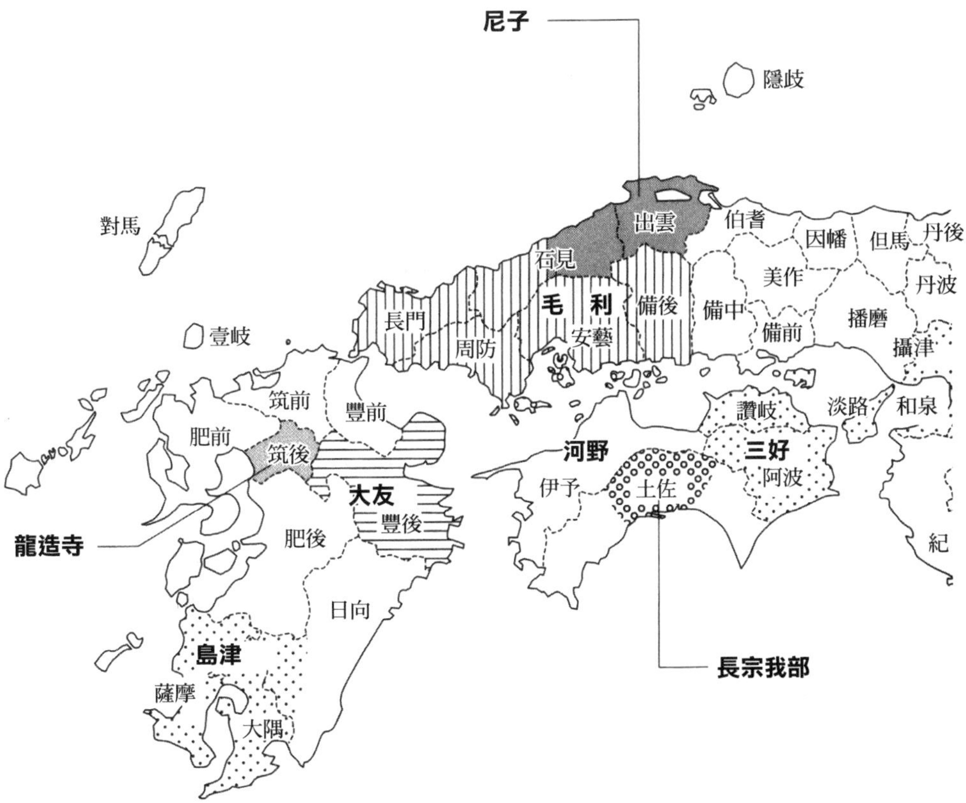

第一章

戰國時代開啟

—亂世梟雄—上京—關東三國志—

亂世梟雄

弱肉強食的戰國生存術

應仁之亂[1]後約一百年間，日本全國上下持續籠罩在以下剋上的亂世時期，既有秩序也隨之瓦解，各方激戰、腥風血雨，男人們無不運用其智慧實現自我夢想，堪稱日本史上最活躍的時代，其中不乏赤手空拳成為戰國大名[2]的幾位著名梟雄。

實力勝於出身——以下剋上的戰國大名

用「以下剋上」來形容戰國時代是很貼切的，「以下剋上」意指若不具有一定實力，即使是貴為君主的居上位者也有可能被自己的家臣給鏟除，因而喪失政權。實力指保護領地的能力及賜予獎賞的權力，若是在沒有能力的君主下做事，會使自己陷於危險之中，為了給予家臣一定的獎賞，君主就必須不斷地去侵略他國領土，以擴張勢力範圍。因此，戰國大名為了存活就要一直戰鬥，能持續保持戰鬥力是戰國大名的象徵。在激戰過後仍保持活躍的戰國大名們，在歷史上各有其不同的登場方式。

日本室町幕府[3]時期首先出場的是守護大名[4]，排除萬難居於大名之位的有駿河的今川義元、甲斐的武田信玄、近江的六角義賢、豐後的大友宗麟和薩摩的島津貴久等人。

另一方面驅逐這些守護大名及其一族的戰國大名則有越前的朝倉義景、尾張的織田信長、越後的長尾景虎、出雲的尼子氏及播磨的宇喜多氏等。還有一種是地方領主，從地方武士變為戰國大名，如陸奥的伊達氏、近江的淺井氏、安藝的毛利氏、三河的松平氏與土佐的長宗我部氏等。

英雄與梟雄只有一線之隔

北条早雲、齋藤道三和松永久秀三人有「戰國三梟雄」之稱，這三個人物和之前所提不同，關於他們的出身都屬推測，沒有真正答案。

北条早雲原本只是浪人[5]武士，齋藤道三是賣油商人，而松永久秀則為山城商人，他們憑靠各自的野心抱負、作戰策略及背叛主君等方式成為一城之主，是足以象徵戰國時代「以下剋上」情勢的代表性人物。

但往往給人負面印象的梟雄和被譽為戰國英雄的織田信長、武田信玄等人之間到底存在著什麼差異？

梟雄一詞在字典裡的解釋為為手段殘酷，心狠手辣的勇猛之人，但織田信長不只火燒比叡山、殺害長島一向一揆[6]的投降者、有岡城虐殺事件，還把淺井父子、朝倉義景屍骨當桌上菜餚宴請賓客等，雖說織田信長做了不少殘忍行為，但他還是被當做英雄人物。

梟雄雖以計謀驅逐或殺害其主君，但當時籠罩著以下剋上的風氣，此一行為在道德面上並未受到批評責難，如武田信玄就曾放逐自己的親生父親、織田信長攻打叔父還殺害自己的弟弟。

若要界定梟雄和英雄間的差異，與其追究他們做了什麼事，去深入探究其目的何在更是重要。不論用怎樣殘忍的手段，最終目的若是為使領國處於安定情況，即是英雄；若只顧自身利益而盲目作為，理所當然就會被定義為梟雄。同樣都是燒毀寺廟，織田信長是為平定天下而討伐舊勢力，但松永久秀卻是因一己之私而火燒東大寺大佛殿，二者作為的差異顯而易見。然而，因為梟雄散發出一股「惡」的氣息，他們的出現不僅代表戰國時代的活躍，也成功吸引後人對「梟雄」的關注。

1一四六七年～一四七七年（應仁元年～文明九年），是日本室町時代的八代將軍足利義政在任期間的一次內亂。幕府管領的細川勝元和山名持豐等守護大名的爭鬥。其範圍遍及除九州等部分地方以外的日本全土，並為日本進入戰國時代的契機。

2大名是由比較大的名主一詞轉變而來，所謂名主就是某些土地或莊園的領主，土地較多、較大的就是大名主，簡稱大名，意義相當於中國古代的諸侯。在戰國時代，無須幕府任命，只要支配數郡到數國勢力，能穩固支配國人者，就是大名。

3室町幕府是由足利尊氏就任將軍後所建立的政權，鎌倉幕府之後的政權。

4守護大名指的是具有軍事及警察權且擁有經濟上權能的人，可支配一國內之領域，稱守護領國制，但在十五世紀末到十六世紀初，部分守護大名轉化成戰國大名，部分則沒落消失。

5日本幕府時代，因為主子的衰敗而流離失所、遠走他鄉，憑著一身武藝，浪跡天涯的無主武士。

6一揆照字面解釋為「團結一致」，原意是指在神明面前立誓要團結的團體或其所發起之戰鬥，而且一揆不一定要武裝起義，他們多是為了本身的要求來進行談判，當談判破裂時才武裝起義，最早發起於室町幕府時代。一向一揆：一向宗門徒所形成的一揆。以強大的宗教向心力、捨命殺敵著稱，甚至曾經形成過自治組織，自成一國。到了戰國末年，一向一揆的首領勢力甚至可以與各地大名們匹敵。有名一向一揆有：石山本願寺（一向宗大本營）、伊勢長島願證寺。

北条早雲

活躍於亂世的風雲人物

神祕的出身來歷

以北条早雲作為揭開戰國時代序幕的人物，可說是再適合不過的了，身處以下剋上的亂世中，他原本只是個在各國流浪無名的浪人武士，一天突然成為一個小城的統治者，並在一夜之間得到伊豆變為家喻戶曉的戰國大名。他的來歷至今還是個謎，在學術界有許多說法，有人說他是伊勢的浪人武士，也有人說他是被驅逐至京都的伊勢氏後代，還有說他是備中名門伊勢氏，但就其妹北川殿為駿河守護大名今川義忠正室的這一點來推論，北条早雲應該不單純只是名浪人，但投靠妹妹而前往駿河時，可以確定他還是一位無官無名的浪人。一四六九年（文明元年），北条早雲三十八歲，改名為伊勢新九郎氏長，北条這個姓氏是在其子北条氏綱繼位後更改的。

一四七六年（文明八年），今川義忠戰死，為了家督[1]的繼位問題，家臣間紛擾不斷，此時北条早雲便聯合從關東來的太田道灌一起調停紛爭，成功讓北川殿之子繼位，這次的功勞使他當上外甥家族的監護人，也成為臨近伊豆、相模國境的興國寺城（現在的沼津市）城主，此時的北条早雲已經一步一步地在架構他的地方勢力了。

當時足利將軍一族的古河公方[2]、堀越公方及管理關東的山內上杉[3]、扇谷上杉在內的四股勢力以關東為戰場不斷相互激戰，而在一四九一年（延德三年），伊豆的堀越公方足利政知去世，嫡子足利茶茶丸殺害其異母弟和家臣大老後強行繼位，與家臣間的對立關係也引起國內騷動。早就瞄準此機會虎視眈眈的北条早雲，等伊豆的地方武士出征關東時，趁機進攻伊豆，急襲足利茶茶丸所在地韮山，以山內上杉家的名義一夜就將其消滅，這件事後來也成為山內上杉家與扇谷上杉家彼此爭奪的開端。從原本的浪人，而後因今川氏、堀越公方舊勢力的家督之爭趁隙介入，活躍於日本歷史舞台，這是北条早雲被視為梟雄的緣由，而此時他已經六十歲了。

施仁政得民心的伊豆經營術

獲得伊豆政權後，北条早雲從掌控地方武士著手，他在各地廣發公告表示歸順北条早雲者即可享有領地所有權的保障，不順從者燒毀其住屋。出征的伊豆地方武士得知此消息無不爭先恐後趕回伊豆，表示對北条早雲的服從之意。當時伊豆盛行流感，北条早雲為此特別下令要對病人特別看護照顧，如此一來為躲避戰火而逃至山上的農民也能安全無虞地回來村落，並且把年貢制度（租稅制度）從五五制調整為四六制（四成交予政府），以減輕人民負擔，他所發布的種種措施皆深得民心肯定，就連其他國家人民也流傳著希望北条早雲來治理自己所屬國這樣的耳語。

如此不難看出北条早雲不單單只是個竊國梟雄，他運用得宜的領國經營術，成功地掌握人民的向心力，不難想像他這個能力是他早年遊遍諸國，歷盡滄桑後的體悟。之後，從今川家出來自立門戶的北条早雲，下一個目標則是要跨越箱根朝關東前進。

以狩獵之名行攻拔之實

此時有個從天而降的大好機會在等著北条早雲，一四九四年（明應三年）以引薦北条早雲攻拔伊豆的扇谷上杉定正為首；扇谷地方享有盛名的將領，小田原城主大森氏賴，相模貴族三浦時高等握有重權的大名相繼逝世，相模地區的軍事狀態可說是呈現一片空白的停滯期。大森藤賴繼承了父親大森氏賴的小田原城，但他並沒有父親那樣的器量。北条早雲和大森藤賴交好，時常造訪小田原城，藉此一探有堅強堡壘之稱的小田原城動靜。一四九五年二月十一日北条早雲以狩獵為由，派士兵假扮追獵物，進入小田原城，並趁對方未察覺時夜襲，小田原城因此成為北条早雲的囊中物。被狡猾的北条操弄的大森藤賴完全沒有反抗能力，最後只能逃亡。如此一來，北条早雲就成功地開啟進入相模的第一步。

之後北条早雲仍費心施仁政以博得國人、農民的信任，不急於進攻其他地區，而是全力投入領國經營，北条並留下其治理國家的家訓給後代家臣實行，這就是有名的《早雲寺殿二十一條文》。裡頭詳細記載了北条早雲自身的日常生活心得及處事原則，內容大概如下：「信神佛，早睡早起，即早束髮，回應敏捷，忠實傳達命令，空閒時讀書，慎選朋友，不說謊，習馬術，文武並重……」

正因北条早雲是過了六十歲才成為戰國大名，不僅擁有歷經風霜的忍耐性格，也同時給人和梟雄相差甚遠，如爺爺諄諄教誨子孫般慈祥的形象。

這樣一來當關東地區群雄日以繼夜不斷分分合合之際，北条早雲獨自儲蓄精力，決定進攻自源賴朝[4]時代以來關東地區中心的鎌倉。

一手建立跨五代的百年基石

持續對立的山內上杉及扇谷上杉二家開始意識到北条早雲野心之時是在一五〇五年（永正二年），也就是北条早雲攻陷小田原城後的十年，但此時再談同盟抵抗北条早雲為時已晚，因為在二家消耗兵力之時，北条早雲已儲備好所需戰力。

一五一二年（永正九年），北条早雲開始攻擊鎮守新井城的三浦義同，自源賴朝時代便以英勇善戰聞名的三浦一族，其奮力抵抗讓北条早雲感到棘手，但他還是在永一五一七年十一月殲滅三浦一族。此時已是他攻下小田原城後的二十年，八十五歲之際。

北条早雲之前曾做過一個夢，夢境中他看到一片原野上聳立著兩棵大杉樹，有一隻老鼠正在啃食杉樹根，突然間老鼠變成一隻很大的老虎，沒想到這個夢居然成真。兩棵杉樹指的是上杉二家，老鼠便是鼠年出生的北条早雲。

一五一八年（永正十五年），北条早雲傳位給長子北条氏綱，自己則過著隱居生活，隔年的八月十五日在伊豆韮山城辭世，結束他八十八年的生命，法名為早雲寺殿天岳宗端。

無名浪人出身的北条早雲卻能打敗足利氏[5]將軍一家及其他名門望族，一舉當上治理相模、伊豆二國的大名，北条早雲的出現可以說是為戰國時代揭開序幕。

然而北条早雲能名列戰國大名第一人，不只因為他那特別的來歷或是靈活的戰術，他還實施檢地[6]和貫地制[7]以便直接掌握國民或農民狀況，確立了領國制度，為樹立戰國體制的先驅者，因此北条氏五代一百多年的繁華景象至今還是被許多人流傳歌頌。

1家督：一族、一門之長，由嫡子繼承。
2古河公方是對足利將軍一族的尊稱。
3山內上杉：室町時代管理關東地區上杉氏諸家之一，以地區分另有扇谷上杉、犬懸上杉等。
4源賴朝是日本鎌倉幕府首任征夷大將軍，幕府的建立者。是源義朝的三男，幼名「鬼武者」。
5足利氏族是日本活躍於平安時代到室町時代的一個氏族，原姓是源氏，鎌倉時代是將軍的一門。在室町時代，足利氏更成為了幕府將軍，一五七三年室町幕府瓦解。
6檢地制：指中世到近世進行的土地面積及收成統計。
7貫地制：土地的收穫量以通貨制度單位的「貫」來表示的土地制度、稅制、軍制等。

齋藤道三

「美濃腹蛇」的竊國術

從油商成為戰國大名

齋藤道三原本是寺廟小僧侶，後來成為賣油商人，好不容易在美濃當官後竟陸續殺害自己的主君，最後登上美濃國大名之位，是亂世中的代表人物；齋藤道三在賣油時期為招攬生意，練就把油滴過永樂錢[1]中的小洞而不沾到貨幣本身的技術；他為達到目的不斷背叛，最後因為兒子齋藤義龍出生的祕密，造就其悲劇性的結束，像他這樣不正派、愛疑神疑鬼，應該無人能出其右了。

齋藤道三於一四九四年（明應三年）出生，父親原為山城國北面武士[2]松浪基宗之子，十一歲時進入京都的妙覺寺，並改名為法蓮坊。

還俗不久後成了京都油商的女婿，且改名為山崎屋庄五郎。在各國進行買賣時，巧遇妙覺寺同門，為美濃常在寺住持的日運上人。因日運上人為美濃守護[3]土岐家重臣長井氏一族的親戚，齋藤道三便藉由這份關係，在其族長老長井長弘的手下為官，人稱西村勘九郎正利。之後齋藤道三接近守護土岐盛賴的弟弟土岐賴藝，成為其親信並以言語成功勸說土岐賴藝背叛自己的哥哥，齋藤道三親自率兵，將土岐盛賴放逐到越前，並奪取其職，後來更殺害自己的恩人長井長弘，接管他的一切並再次改名為長井新九郎規秀，如此一來稻葉山城也成了他的囊中物。但他的野心不僅如此，他承襲了守護代[4]齋藤氏的名號，更名齋藤利政，更驅逐土岐賴藝，把美濃國占為己有。

以上是齋藤道三最為人所知的通俗事蹟，但這幾年關於齋藤道三的研究卻異於此說，更清楚勾勒出齋藤道三不為人知的真實面貌。

道三經歷被確認的開端是來自近江六角義賢寄給家臣的信，信中詳述了鄰國美濃國主齋藤義龍的來歷。「義龍的祖父——新左衛門尉，他在京都妙覺寺法花坊時姓西村，之後來到長井彌二郎的所在地並在美濃之亂中嶄露頭角，於是改姓長井。據說後來齋藤義龍的父親左近大夫拿下城池後才又改為齋藤。」這位左近大夫其實就是齋藤道三，他前半生的經歷：由年輕和尚到賣油商人再到長井家的仕官，都是他父親的事蹟，齋藤道三只是繼承父業進而打倒長井氏奪取美濃國。

雖然這是齋藤道三通說的由來，但此說是始於江戶時代的軍紀資料，一五六〇年（永祿三年）的信件，也就是齋藤道三死後四年，鄰國就當時政治情勢所記載的資料，到底哪一個可信度比較高是很明顯的。如此一來，和我們先前所認為的齋藤道三出生即為土岐家重臣長井氏的家臣，從一個油商成為一國之主的印象有些落差。但齋藤道三為「美濃腹蛇」，令人聞風喪膽的梟雄形象依舊是不爭的事實，以下就讓我們來探索他的真面目。

之前的信中有提到齋藤道三的大半經歷其實是父親的事蹟，未明確指出齋藤道三到底是何時冒出頭的，其實可從和土岐家的家督之爭看起。

一五一九年（永政十六年）美濃守護土岐政房去世，嫡子土岐盛賴繼位，但對兄長存有不滿的土岐賴藝在一五二七年（大永七年），出其不意地攻打土岐盛賴居住的川手城，土岐盛賴和守護代齊藤利明因而敗退到越前朝倉氏所在地，此時土岐賴藝的主力大將就是齋藤道三。但與其說齋藤道三是鼓吹謀反的幕後主使者，倒不如說因為守護齋藤利政和土岐家掌權者長井長弘間，各自堅持己見造成嫌隙，使得家臣團分裂，所以這件事的發生應該算是因長井長弘而起。

土岐賴藝成為守護後，對於戰功優越的齋藤道三信任感也日漸加深，道三的權勢也隨之日益壯大，如此一來主君長井長弘就成為齋藤道三一統天下最直接的障礙，於是他跟土岐賴藝讒言長井長弘疑有造反之意，土岐賴藝考慮到自己的安危，便下令暗殺長井長弘，齋藤道三理所當然繼位長井家家督，接手管理稻葉山。接著又承襲有名無實的守護代齋藤的姓氏，在一五三八年（天文七年）改名齋藤利政，成為名副其實的美濃第一強者。

後來又將齋藤利政改為齋藤秀龍，但因為專橫霸道遭到批評，他遂而剃度出家更名為齋藤道三。對他來說改名不只代表新地位的獲得，也是為了改變形象。

放逐無能的文人守護

當上守護的土岐賴藝是個每天只顧著畫老鷹的文人，雖然他的畫作「土岐鷹」保存流傳至今，但他做為一個戰國時代應保護國家的守護大名來說是無能的，所以對齋藤道三來說土岐賴藝的存在是可有可無，完全不具威脅的存在。後來土岐賴藝得到逃至越前的土岐盛賴支援，企圖除去齋藤道三，一五四二年（天文十一年）齋藤道三四十九歲時察覺此計劃，他火速偷襲土岐賴藝居住的大桑城，將賴藝流放尾張。

父子相爭

雖說土岐兄弟為奪回政權，多次獲得朝倉、尾張聯合軍援助，入侵美濃，但齋藤道三每次都能將其擊退，守住疆土，特別是在一五四七年（天文十六年），眼看尾張的織田信秀已率兵來到稻葉山城下，齋藤道三先將敵軍引開再一口氣進攻，成功打敗織田信秀的五千兵力。

織田信秀死後，齋藤道三為和織田家達成協議，便將自己的女兒濃姬（歸蝶）嫁給織田信秀之子信長。齋藤道三和織田信長第一次見面是在聖德寺，當時齋藤道三覺得織田信長是個愚笨的傢伙，所以當他看到織田信長率領火槍隊來訪時，真的嚇了一跳。

之後齋藤道三為掌控人民組成家臣團，並致力於稻葉山城下樂市樂座[5]的施行，專心治理美濃，不侵略他國。若是以織田信長後來承襲齋藤道三家臣團和領國經營權來思考，齋藤道三可以說是為織田信長開啟權力版圖的第一人。

然而，這一切的毀滅卻是因為齋藤道三的長子義龍繼位家督，當時齋藤道三還是想掌握實權，對他來說日益茁壯的兒子絕對是個威脅，所以道三決定排除這個障礙物。因為從以前就有一件事一直困擾著他，那就是傳言齋藤義龍不是道三之子，而是土岐賴藝的骨肉。謠傳齋藤道三在接收土岐賴藝愛妾深芳野時，她已懷有身孕，先不論這個謠言是真是假，親子關係若出現裂痕很難完全修復，所以齋藤道三想廢義龍嫡子之位改傳位給次男龍重，齋藤義龍便假裝臥病在床，殺害前來探病的龍重和三男龍定。

震怒的齋藤道三因此起兵討伐義龍，但他手上只握有二千兵力，義龍卻募集到一萬七千兵，勝敗成果顯而易見。兩方相隔長良川作戰，最後齋藤義龍獲得勝利，取下父親首級，齋藤藤道三享年六十三歲。一生不斷奪取名門權勢登上大位，最後卻因土岐亡靈而敗，這個結果真是令人感到不勝唏噓。

1永樂錢：中國明朝永樂帝在位時發行之貨幣，日本室町時代被大量輸入流通至江戶初期。
2北面武士：天皇身旁的武士集團。
3守護：日本鎌倉幕府、室町幕府的武家制度，以國為單位設置的軍事指揮官。
4守護代：設置在守護之下的職務。
5樂市樂座：日本十六到十八世紀各地戰國大名在境內市場實施的經濟制度，樂代表自由之意。

上京

戰國大名為何都以京都為目標

「上京[1]」這兩個字對戰國大名來說是極具吸引力的，因為他們最想達到的成就即為上京登上一統天下的大位。到底京都[2]存在著怎樣的魅力，讓大家爭先恐後一定要上京呢？以下就來了解一下戰國時代京都所代表的象徵意義。

因政變而產生的權力空白地帶

京都素有「易攻難守」之稱，自應仁之亂後京畿內呈現不斷爭奪家督的情勢，一揆介入也無平息之狀，特別是在一五〇九年（永正六年），細川政元遭暗殺，細川管領家[3]因而分裂，情勢顯得更加混亂。正當各戰國大名在加強其領國支配時，京城內的大名卻不斷地進行已形式化的權力鬥爭，忽略了鞏固其領國支配權。

此時的京都不只是政治中心，更是日本第一大消費地，除了是紡織、工藝的主要產地，亦是學藝及文化的重鎮，再加上被稱做「町眾[4]」的商人們在經濟上的輔助，京都成為自治的商業都市，地方大名們無不爭相邀集學者、名僧積極將文化導入京都。

和泉國堺市為核對貿易[5]、南洋貿易據點，因而繁榮，基督教會傳教士更對當時京都的繁華有以下的讚賞：「堺市腹地廣大，很多大商人聚集在此，這個城市和威尼斯一樣由執政官治理，……這裡是全日本最安全的城市，就算他國動亂這裡也絕對不會被波及，勝者、敗者來到此地均能和平共處。」京都內的繁榮也是城內各大名在爭奪權力時，衍生出權力空白地帶的最好佐證。

夢想號令天下的戰國大名

一五六〇年（永祿三年），今川義元率領二萬五千大兵踏上往京都的路途，此時的他是帶著怎樣的野心上路呢？今川家在守護大名裡，是僅次於三管領家和足利將軍家友好的名門，侍奉陷入困境的將軍足利義輝，並且擔任管理一職擁立足利幕府，而且今川家和足利家一樣都擁有源氏的正統血脈，所以夢想今川幕府成立也不足為奇。

武田的甲斐也是同樣情形，就算盡君臣之道輔佐將軍治理天下，但也或多或少懷抱自統天下的野心；上杉謙信是唯一認真思考輔佐將軍上京之邀的武將。越前的朝倉義景雖有上京機會，但對他來說領國的經營更重要，很可惜他並不存有此番野心。

中國地區的毛利則否遵守毛利元就所言：「擁有五個或十個領國都只是一時的，不要妄想得到天下」，所以也無上京之意。但毛利元就應該是以當京都權力爭鬥混亂之時，放任領國不管而遭滅亡的大內氏做為借鏡。如此不難看出上京與否，其實就是足利幕府體制內進行的組

織權力鬥爭，而曾經打破此體制的人，就是渴望一統天下的織田信長。足利義昭上京後，曾經要織田信長在近江、山城、攝津、和泉、河內五個國家中選擇自己要治理的地方，但織田信長拒絕這個提議，反而希望在和泉的堺市和近江的大津、草津設置代官[6]。其實織田信長知道獲得不是靠自己實力得到的知行國[7]是沒有意義的，不如先取得堺市、大津、草津等交通要塞的支配權。

對織田信長來說，上京不僅是參與權力爭奪，還要在能支配經濟發達區域的明確基礎下，同時進行領國支配權的不斷擴張。但有一件事是不能忽略的，那就是京都裡還有將軍及天皇等握有權力之人存在。

必要的大義名分，爛船也有三分釘的將軍與天皇

當室町幕府掌握實權，大名其實並不在意天皇權威遭將軍綁架的事實。可是一旦將軍勢力削弱進入戰國亂世，戰國大名為了以正當君臣之道而戰，就必須利用天皇來獲得將軍之上的權力。越後的上杉謙信等人就曾為了得到進攻關東的天皇聖旨，二度親自上京。正因為戰國大名都是以實力得到權力，所以他們對官位有著異常的渴望。而幕府時代因為從十二代將軍足利義晴之後，將軍都不在京都裡，所以官職是要各自憑實力去取得。陸奧的浪岡具永、具運父子為獲得四等官位及式部少輔[8]之職不惜大費周章千里迢迢上京。

對經濟陷入困窘的朝廷來說，任命官職也是個不錯的財政收入來源，不只任用武田氏、北条氏、島津氏等有力大名擔任自幕府開通以來重臣官職的左京大夫[9]、修理大夫[10]職務，也把這些官

職以金錢便宜賣給岩城氏、大崎氏、名和氏等中小領地主。再加上守護一職漸失其權威取而代之的是國司[11]，如大內義隆為筑前守、織田信長為尾張守、德川家康是三河守，漸漸出現大名領國任命國司的現象。因此掌控京都的戰國大名就如得到權威的源頭，織田信長遭石山本願寺、朝倉、武田聯合軍包圍時，能夠堅守下去，就是靠天皇、將軍的調停議和。

德川幕府得以離開京都也是因為戰國亂世終了，戰國大名們不需再以君臣名義來滿足私利。而全國的野心家再一次以京都為目標之時，是在幕府權力衰弱的幕府末期。

1 上京原文上洛。
2 京都亦稱洛陽，所以上京又稱上洛。
3 細川管領家：斯波武衛家、河畠山家、細川京兆家。
4 町眾：室町時代到戰國時代京都的金融工商業者，為應仁之亂後京都文化復興的重要人物團體。
5 核對貿易：需要核對船證的貿易行為。
6 代官為日本古代武家政權中專司代替君主處理地方行政事務之人。
7 知行國意指中世日本有力貴族或武家能獲得特定國家及其境內收益之制度。
8 式部相當於日本文部省，掌管人事，少輔為五等官位。
9 當時律令下的首都行政機關名稱，以首都地點分為東西二部分，東側稱左京、西側則為右京；大夫為官名。
10 修理大夫為宮廷內掌管修繕之職。
11 國司：以地方為單位的行政官。

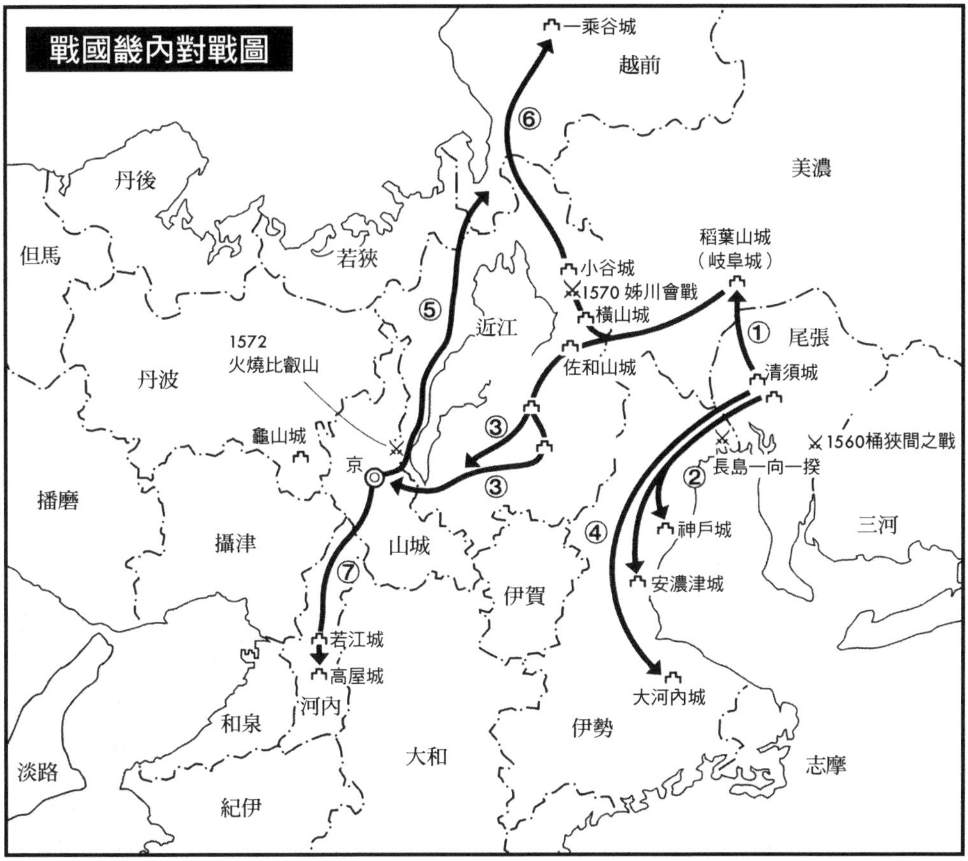

信長畿內平定戰

① 美濃攻略戰（ ⚔ 齋藤龍興）1561～67
② 北伊勢攻略戰（ ⚔ 神戶氏）1568
③ 擁立足利義昭上京戰（ ⚔ 六角承禎）1568
④ 伊勢平定戰（ ⚔ 北畠具教）1569
⑤ 朝倉攻拔戰（ ⚔ 朝倉義景）1570
⑥ 朝倉、淺井平定戰（ ⚔ 朝倉義景、淺井長政）1573
⑦ 河內攻拔戰（ ⚔ 三好義繼、康長）1573～75

今川義元

被反咬一口的「東海道第一神射手」

貿然上京招致滅亡

今川義元給人的固有印象是著迷於京城風土文化的軟弱大名，但若真是如此，他怎麼在這個以下剋上的戰國亂世中生存下來，進而帶領軍隊西進東海道[1]呢？

今川義元出生於一五一九年（永正十六年），為駿河守護今川氏親的五男。他自幼出家，交由今川家重臣庵原家的禪僧雪齋[2]撫養，其繼位今川家家督的兄長氏輝在一五三六年（天文五年）逝世，他和其他兄長爭奪繼任家督之位。隔年他為了與一直處於敵對關係的甲斐武田信虎交好，便娶其女兒為妻，因而和長期同盟的相模北条氏綱決裂，遭其進攻，但因為今川義元和關東的上杉憲政聯手夾擊，結果北条氏綱被擊退。另一方面，織田信秀趁今川義元在東部作戰時，從西部入侵三河。岡崎的松平廣忠進而向今川義元要求援兵，並把兒子竹千代[3]（德川家康）當做人質交換，但在途中即遭織田軍挾持。一五四九年（天文十八年）松平廣忠死後，今川義元決定親自攻擊三河，因為有軍師雪齋從旁協助而獲得勝利，今川義元以織田信秀之子信廣交換在尾張遭挾持的竹千代，把竹千代帶到駿河；可以算是因為握有松平家繼位者這張王牌而得到三河的統治權。

一五五四年（天文二十三年），織田家和北条氏再次聯手出兵攻打駿河東部，但今川義元憑藉軍師雪齋之計，得到武田晴信（信玄）的支援，成功和敵方講和。武田晴信之女嫁給北条氏康之子氏政，而今川義元之子氏真娶北条氏康之女為妻，今川義元之女則嫁給武田晴信之子義信，此時今川、北条、武田三家聯姻締結同盟。如此一來認為東方已安全無虞的今川義元，在一五六〇年（永祿三年）準備率兵前往京都。以人質身分來到駿河的竹千代成年後和今川家重臣關口氏的女兒結婚，並得到今川義元賜字改名為松平元康，成了今川軍的部將。據說以他為首能從駿河、遠江、三河三國號召多達二萬五千到四萬的兵力。

今川義元因為織田信長的築城導致自己的城池一一陷落，於是親自前往田樂狹間作戰。但他的武運似乎只到這裡，因為遭遇織田信長出奇不意的急襲，今川時代遂而到達終期。

歷史總是以勝利一方的角度來書寫，我們往往認為身為名門之後而自滿的今川義元會被織田信長討伐只是遲早的事，但成功繼位家督且贏得鄰國的今川義元在領國經營上，承接其父氏親的作法，再徹底實行檢地制，致力礦山開發，振興商業以強化財政，同時更首開先例的設立寄親、寄子制度[4]來規範地方層級，確立軍事的組織化。今川氏親以分國法[5]制定了《今川家假名目錄》，今川義元則在一五五三年編制《假名目錄追加二十一條》，宣告世人這是靠他自己力量所制定的法規。人稱「東海第一神射手」的今川義元展現其身為戰國大名確立領國制度的自信，但不幸的是其軍師雪齋在一五五五年（弘治元年）

去世。若他還在的話，或許今川義元就不會在可靠的領國制度下錯失上京的機會。

1東海道為本州中部靠太平洋地區。
2太原雪齋，為今川家重臣，原本在寺廟中修行，後受今川氏親之邀教養其子義元，幫助義元得到家督後還俗，成為其軍師從旁協助義元。
3竹千代為德川家康戴冠前的幼名。
4寄親、寄子制度：在主從關係中擬定一個親子制來管理，以便軍事的組織化，特別是大名會網羅武將為寄親，地方豪士為寄子。
5分國法：戰國大名為統治領國所制定的法令規定許多治理人民的法條。

三好長慶

驅逐將軍父子的家臣

忘情詩歌與宗教的失敗者

三好氏為阿波細川家的家臣，三好長慶的父親元長在細川家內部紛亂時進入京畿，掌控貿易港埠。但在一五三二年（天文元年），主君[1]細川晴元害怕三好元長的勢力而殺害他，那年三好長慶才十一歲。逃離阿波的三好長慶長大後為求壯大勢力，再一次進入京城；一五四二年他掌握京畿打倒木澤長政，看得出三好長慶已經擁有上京實力。

當時京畿內有勢力漸衰的十二代將軍足利義晴和管理[2]細川晴元，與其對抗的勢力則有應地方武士所望而活動的攝津細川高國和河內守護畠山高政，石山本願寺的一向眾[3]也逐漸累積實力，各個勢力分分合合，呈現混亂複雜的情況。

三好長慶把細川氏領國的阿波、讚岐、淡路交由弟弟們統治管理，他靠著軍事能力和堺市的經濟力穩固其在京畿內的勢力。多次上京的三好長慶擊敗細川晴元並驅逐將軍足利義晴、義輝父子。如此一來成功壓制山城、攝津、河內、大和、和泉和京畿，一五六〇年（永祿三年）成為僅次於管理，武士最高階的相伴眾[4]，成功地操控將軍足利義輝並掌控京城，這個時候可說是三好長慶達到巔峰的時期。

之後的三好長慶沉迷於連歌[5]，身為基督教信徒的他允許傳教士在京城內傳教，並熱衷於禪道，彷彿早已忘了權力鬥爭為何物。而時代對失去競爭力的人總是無情的，三好長慶成了家臣松永久秀的傀儡，弟弟和兒子都被松永久秀殺害，失去一切的三好長慶在四十三歲時抑鬱而終。

1主君指自己追隨侍奉之人。
2管理：官名。
3一向眾：指一向一揆中信奉淨土宗的信徒。
4相伴眾：室町幕府內的官職，將軍宴客或出訪之際旁伴之職，此職只限管理家一族及有力大名擔任，亦為一種身分象徵。
5連歌：日本傳統詩的一種。

細川幽齋

追隨三豪傑，文武雙全的將領

洞察時代趨勢得以在亂世中生存

細川幽齋為三淵晴員的三男，出生於一五三四年（天文三年）。他在一五三八年晉見十二代將軍足利義晴後得其寵愛，隔年得將軍命令成為御供眾「細川元常的養子；也有傳聞說細川幽齋是將軍的私生子。細川幽齋十三歲戴冠時，得十三代將軍足利義藤（之後的義輝）賜字改名為細川藤孝，成為將軍親信。

一五六五年（永祿八年），足利義輝遭松永久秀暗殺，細川藤孝救出被松永久秀軟禁的將軍義晴的次男一乘院覺慶（之後的義昭），倚靠若狹武田氏和越前朝倉氏等，過著四處流浪的生活。一五六八年足利義昭因細川藤孝的策劃，得到織田信長援助，總算能一償上京之願。之後細川藤孝雖扮演將軍足利義昭和織田信長間的意見調和角色，但由於足利義昭想盡辦法要提高將軍威勢，言行反覆不定，令細川藤孝傷透腦筋，最後足利義昭決定在一五七三年（天正元年）舉兵反織田信長，細川藤孝便轉而成為織田信長家臣。因為細川藤孝的長男忠興娶了明智光秀的女兒為妻，一五八二年明智光秀在本能寺攻打織田信長時，曾以此關係要求細川藤孝出兵援助，但遭細川藤孝拒絕而死守丹波。另外，在關原之戰中細川藤孝加入東軍（德川派）死守田邊城，使得西軍（石田派）六十天進退不得，由此即可看出細川藤孝做事堅守原則這點發揮極大的效用。

細川藤孝是一個通曉和歌、連歌、茶道、典章制度等學術精義的知識份子，他早年身為流浪將軍的倚靠，因此養成了在權力鬥爭下，能永續長存的智慧，也造就了領有熊本五十萬石[2]細川藩的基石。一六一〇年（慶長十五年），細川藤孝在京都三条的自宅中逝世，享年七十七歲。

1御供眾：指侍奉足利尊氏從鎌倉上京的武將，其後代可世襲此稱號。

2石：日制容積單位。

松永久秀

不畏神佛的狡猾謀叛者

操弄主君進而隨心所欲支配天下

一五七〇年（元龜元年）織田信長將松永久秀介紹給上京的德川家康時曾說：「這個男人做了一般人不敢做的三件惡事；先是滅了主君三好家，接著殺害將軍足利義輝，最後還火燒東大寺[1]大佛殿。」

據說松永久秀因為這件事記恨在心，從此和織田信長刀刃相向，這樣說是有些離譜，但要談到松永久秀的事蹟，就不得不提這三件惡事。

松永久秀的出身一直以來都是個謎，有說他是來自山城、阿波或是近江，到現在確切地區尚無定論，但可以確定的就是他在一五四一年（天文十年）三好長慶進入京畿後受到重用，擔任其右筆（書記官），事務處理能力得到極高的評價。

之後松永久秀於一五六〇年（永祿三年）平定大和且修築信貴山城，還建造了日本第一座天守閣[2]，接著又在多聞山築城。在險峻的信貴山建山城，而多聞山城則是在平地建的平城，更建造了四層的天守閣，連來訪此地的傳教士阿爾梅伊達（Luis de Almeida）[3]都對此建築讚美不已。

而松永久秀的築城法則成為織田信長的範本，也就是說松永久秀是建立日本城郭建築基礎之人。同年他擔任彈正少弼[4]，成為幕府的御供眾，在三好長慶的家臣中穩坐排名第一的寶座。

永祿四年傳教士弗洛依斯（Luis Frois）[5]也針對松永久秀的權勢在羅馬教會做以下報告：「松永久秀為三好大人之家臣，但卻奪取主君的裁判、統治權，拿下足以支配天下的權力，五畿[6]內沒有他的命令什麼都不能做，位階或出身優於他者大多侍奉於他。」

對於他的評論還有：「偉大且擁有天賦、行事果決、手腕好但狡猾。」松永久秀的挑撥離間使三好長慶和在他身旁的兄弟們漸行漸遠，把他們逼入絕境的松永久秀在一五六三年毒殺三好長慶之子義興，這就是信長提及的第一件惡事；氣力用盡的三好長慶，隔年即撒手人寰。三好長慶死後，松永久秀下一個鎖定的目標，是三好長慶的傀儡，十三代將軍足利義輝。足利義輝本想在三好長慶過世後再次提高將軍的權威，所以向各地方大名發號司令。不讓足利義輝稱心如意的松永久秀，在一五六五年以參拜清水寺為藉口，集結三好家有力家臣「三好三人眾[7]」的兵力，突襲足利義輝居住的二条御所[8]。

足利義輝雖使盡全力，以向劍豪塚原卜傳[9]學習的劍術殺了許多久秀軍，但還是寡不敵眾，壯烈犧牲。足利義輝死後由阿波的堂兄弟義榮繼位第十四代將軍，這就是松永久秀的第二件惡事。之後松永久秀仍不斷地奪取權力，和三好三人眾之間也發生多次權力鬥爭。此時父親遭松永久秀殺害的大和筒井順慶，亦加入三好三人眾，共組兵力出征。一五六七年（永祿十年），隨著雙方人馬在大和的戰鬥範圍不斷擴大，松永久秀在東大寺佈陣，夜襲三好三人眾之時，火勢延燒至大佛殿，大佛頭因此燒毀掉落；這是松永久秀做的第三件惡事。也因為這三大惡事，松永久秀在五十八歲時成為名副其實的京畿掌權者。

靠著名茶器「九十九髮茄子」保住性命

松永久秀的榮景並沒有維持太久，隔年織田信長協助足利義輝之弟義昭上京，看到織田信長率領眾多兵力的松永久秀，不做無謂抵抗很快就舉雙手投降。這時派上用場的就是他在擁有權勢時期，留下來的茶道名器。他知道織田信長熱愛茶道，便獻上將軍足利義政愛用的天下唯一名器「九十九髮茄子[10]」給織田信長。不曉得是否此舉真的奏效，織田信長無視欲報兄仇的義昭命令，分配兵力給松永久秀以鎮壓大和的筒井順慶。一五七〇年（元龜元年）當織田信長遭淺井、朝倉聯合軍包夾陷入絕境時，提出撤退且說服朽木元綱幫助織田信長撤兵的就是松永久秀。

對照前面提及的小插曲看來，不能說松永久秀對織田信長有鄙視之意，反過來織田信長對松永久秀則是褒貶參半，否則也不會說他是為他人不敢為的大人物，亦不會用「惡人」來形容他了。

織田信長自己也曾殺害上屬、驅逐將軍足利義昭、火攻比叡山，他的經歷和松永久秀有點相似，但對一度掌控天下的松永久秀而言，臣服於織田信長從一開始就不是出於本意。

一五七二年（元龜三年）松永久秀得知武田信玄要上京，而和織田信長形成敵對關係。但武田信玄因病不能出征，松永久秀成孤軍狀態，最後只能和織田信長求和；但松永久秀的野心卻沒因這次的失敗而有有任何消滅的現象。

決心與茶釜共化灰燼

一五七七年（天正五年），松永久秀在石山本願寺和上杉謙信協商後，開始以京都為目標前進。當織田信長朝北陸前進時，松永久秀再次起兵死守信貴山城，但是一直沒等到上杉謙信出現，因為他也和武田信玄一樣病死了。

面對再一次孤立無援的松永久秀，織田信長派使者要求松永久秀投降，並命其子信忠帶領二萬兵力包圍信貴山城。

織田信長向松永久秀提出保命條件，分別是隱居高野山和交出「平蜘蛛茶釜[10]」。「平蜘蛛茶釜」是信長從以前就很想得到的名器，傳說他倆會如此針鋒相對就是因為這個名茶器。

松永久秀認為就算現在歸順織田信長，他也不可能真心相對，所以拒絕這兩個條件。於是松永久秀和信長軍正面交戰，在十月十日城池淪陷。這個日期和他燒毀大佛是同一天，所以人們都大肆討論他是受到神的懲罰。但對松永久秀而言，他並不懼怕什麼神佛懲罰，他計劃把自己的首級和茶釜一併交給織田信長，遂在天守閣放火，把平蜘蛛茶釜綁在自己的脖子上，最後隨著火藥爆炸化成灰燼，結束他六十八年的人生。

松永久秀不只在當時惡名遠播，現代關於他的評論也都是負面的。就拿同為梟雄的北条早雲和齋藤道三來說，不管他們是用怎樣的權謀來竊取天下，那也只是當中的一個手段，他們留下來的都是領國經營的成果。但松永久秀則不然，他完全沒做出任何可拿出來討論的事蹟，還有三好長慶及三好三人眾亦是如此，他們都只看到眼前的權力，領國經營觀念極其淡薄，彼此不斷地爭奪權力，所以他們沒有資格和鞏固領國且率領精兵的織田信長以對手相稱。就松永久秀而言，他能以三大惡事在歷史上留名已經是證明其存在最好的方式了。

1東大寺位於奈良縣奈良市，距今約有一千二百多年歷史。
2天守閣：日本戰國時代以後以城池為中心所建造的建築物。
3阿爾梅伊達：一五二五～一五八三，葡萄牙傳教士、醫生。一五五二年到達日本，一五五三年入耶穌會（Society of Jesus）。投入私人財產於豐後府內創辦孤兒院，並培養外科醫生。
4彈正台為律令時代的警察・監察機關，少弼為其中之職務名。
5弗洛依斯：一五三二～一五九七，葡萄酒耶穌會傳教士。一五六三年到達日本，得到織田信長的信任，於畿內、九州傳教。傳教的同時也在著述「日本史」，於長崎離世。
6五畿指山城、大和、河內、和泉、攝津五國。
7三好三人眾：日本戰國時代末阿波三好氏一族的三名武將，三好長逸、三好政康與岩成友通。
8二条御所即二条城，建於江戶時代初期。
9塚原卜傳：一四八九～一五七一，室町後期劍客，常陸人，卜傳流（新當流）始祖，曾指導足利義輝、北畠具教等人劍術。
10九十九髮茄子為室町時代將軍足利義滿蒐藏物，現在保存於東京靜嘉堂文庫美術館內。
11茶釜：日本茶道用的燒水壺。

足利義昭

被織田信長驅逐的陰謀將軍

以京都為目標四處流浪的將軍

一五六八年（永祿十一年）足利義昭在織田信長的引導之下終於上京，想必心中感慨良多。他為了躲避松永久秀的攻擊，逃亡各地流浪了三年。

足利義昭生於一五三七年（天文六年）是十二代將軍義晴的次男，他與長男義輝為同母所生，母親為近衛尚通[1]的女兒。足利義昭六歲時被寄養在奈良興福寺一乘院內，法名覺慶，繼續在寺廟待下去應該可以成為管理寺院的僧官，但在一五六五年（永祿八年）因為其兄義輝遭松永久秀暗殺，使得他的命運急轉直下，有了極大轉變。松永久秀派兵至興福寺，軟禁將軍義輝的弟弟覺慶（義昭）。興福寺成了最後一道保護足利義昭的後盾，可以說足利義晴的佈局意外奏效。

松永久秀想擁立阿波的足利義榮為十四代將軍，一部分反對的幕臣細川藤孝等人因而幫助覺慶逃脫至近江；覺慶還俗改名義秋，並宣告他才是足利家的當家。

之後足利義秋寫信給越後的上杉輝虎，表達上京之意，但忙著和北条、武田戰鬥的上杉輝虎實在無暇應付，最後足利義秋倚賴的織田信長也因被美濃的齋藤龍興和武田氏給包圍，無法自由行動。被三好三人眾之兵追趕，而到處躲藏的足利義秋，最後逃到越前朝倉義景所在地，在此行戴冠儀式並改名義昭。

一五六七年織田信長進攻美濃，本來順從於足利義昭的細川藤孝和明智光秀衡量足利義昭和織田信長的關係後，在隔年七月離開越前轉往岐阜。九月，織田信長組織的上京軍展開攻擊，輕而易舉擊破近江的六角氏，京內的三好氏等人逃亡，不到一個月足利義昭就進入京都。

幾度要求大名們上京都落空

一五六八年（永祿十一年）九月，十四代將軍足利義榮去世，十月足利義昭終於成為征夷大將軍[2]，幕府於形式上再度復興，但任誰都看得出來實權是掌握在織田信長手中。

織田信長在隔年一月制定「將軍居所章程」時，足利義昭才真正意識到這個事實。裡頭不僅限制將軍行動，更大大加強了織田信長的權限，足利義昭因此受到極大羞辱，遂而促進和大名間的關係，想藉由建造將軍居所來提高將軍家的權威，然而早有警戒的織田信長在隔年一五七〇年（元龜元年），態度強硬地向足利義昭提出「五條約」，條約中較重要的內容有：將軍發給諸國大名的內書（命令書）中須有織田信長添加的但書、有權取消足利義昭發布的所有命令，以及信長可獨斷天下事務，這樣一來足利義昭在政治上完全沒有插嘴的餘地。

對於終日和石山本願寺、朝倉、淺井聯合軍及三好三人眾對戰的織田信長來說，足利義昭是如寶物般重要的存在。只要織田信長侍奉於將軍，與其敵對者就視為反抗將軍家，在必要時候以將軍權威做為調停也是相當有效的。

但足利義昭決定為這奇妙的關係劃下句點，一五七三年（天正元年）三月，足利義昭傳達內書給朝倉義景、淺井長政和武田信玄，表明反抗織田信長及加強二条城防護。但此時武田信玄早已病倒，此內書無任何作用。織田信長提出議和，但足利義昭身邊親信卻要他強攻。足利義昭採取強攻，拒絕講和，一直為足利義昭親信的細川藤孝看到其決定感到不能理解。織田信長率領一萬兵力上京，燒毀京都的北半邊；足利義昭看大勢已去，在四月無條件投降。

可是當織田信長回到岐阜後，沒學到教訓的足利義昭又在七月舉兵出征，但不久就被擊潰，室町幕府也宣告結束。之後足利義昭安全地從河內逃至紀伊，投靠毛利輝元，遷移至備後。一五七七年上杉謙信開始活動是足利義昭最後的機會，但可惜的是謙信因病去世；毛利輝元也被織田信長壓制，完全沒有上京優勢可言。

足利義昭受統一天下的豐臣秀吉之邀，於一五八七年再次回到京畿，此時的政治中心已移至大坂[3]。足利義昭離開京都十五年，此時其宿敵織田信長已過世。足利義昭也在一五九七年（慶長二年）八月二十八日病逝，享年六十一歲。

1 近衛尚通：一四七二～一五四四，戰國時代公卿，育有二子二女，慶壽院為足利義晴之妻，另一位女兒近衛殿則為北条氏綱之妻。

2 征夷大將軍：將軍之首，雖然形式上為朝廷任命，但其權力比天皇還大。

3 大坂：攝津國內，現在的大阪市境內。

專欄

硬要賣名的將軍

戰國時代孩子的命名方法通常是取父親名字的一字，如源氏為「義」、平家為「盛」、北条氏則是「時」、武田及織田為「信」、毛利的「元」、大友的「親」等，稱之為通字，是身世血統的象徵，亦有增強家族意識連帶感的效果。另外也有在戴冠成年之際，由主君或一族之長授予自己的一字，如此一來得到名字贈與就成為獨當一面武將的新開始。武將的中心人物足利將軍也將名字授予很多人，像是奧州的伊達氏即貫徹傳統，其歷代當主1尚宗、稙宗、晴宗、輝宗，都是各自從將軍的義尚、義稙、義晴、義輝得到一個字與通字的「宗」作組合，這樣的例子在戰國時代屢見不鮮。但將軍慷慨賜字的舉動到了後期有了意義上的些許變化，十二代將軍足利義晴為了重振應仁之亂後降至谷底的將軍家聲勢，濫將自己的「義」和「晴」字授予大名使用，以加深和大名間的羈絆，意圖以此確認大名的忠誠度。例如之前提過的伊達晴宗、大友義鎮（宗麟）、尼子晴久、長尾晴景、武田晴信（信玄）等人的名字，都是足利義晴大肆展現其將軍氣魄的事實證明。

更驚人的是十三代將軍足利義輝，他一廂情願地分別向朝倉義景、上杉輝虎（謙信）、六角義賢（承禎）、毛利輝元等人授與自己的「義」和「輝」字，並要求使用費，使用在名字第一個字要五十兩以上，第二個字則為五十兩以下，將軍光環可以說從名字就開始衰退。雖感到困擾但又不能拒絕，真是令人驚訝的強迫推銷。又因為足利義輝被視將軍為無物的松永久秀殺害，這名字的意思變得更加一文不值。

1戶主，當家作主之人。

朝倉義景

錯失上京時機的越前名門

朝倉義景是在一五四八年（天文十七年）十六歲時繼承父親孝景家業，成為越前名門朝倉氏的當主；當時的越前地區被公家稱讚為「平靜又安穩的國家」。

但在一五六五年（永祿八年），十三代將軍足利義輝被殺後，其弟義昭便向朝倉義景尋求援助。朝倉義景知道他若侍奉足利義昭上京，就有一統天下的機會，但手中握有下任將軍足利義昭這張王牌的朝倉義景卻猶豫不決。急於上京的足利義昭在一五六八年（永祿十一年），得知織田信長有上京之意，便捨棄朝倉義景到美濃去。

不到最後不硬拚

織田信長上京後也曾邀請朝倉義景上京，但朝倉義景因為不願意成為織田家臣團一員而拒絕此事。等候他多時且失去耐性的織田信長便率領三萬大兵攻打越前，朝倉家便順勢與近江的淺井長政共組反信長軍。

雖說這是朝倉義景第二個能獲得天下的機會，但他依然不動如山，僅派堂兄弟景健參戰。結果姊川會戰由織田信長拿下勝利，也更加確立了織田信長在軍事上的優勢。而從未親征的朝倉義景，幸運已不再眷顧於他。

一五七〇年（元龜元年）朝倉、淺井聯合軍迫近京都之時，朝倉義景閃避決一死戰；一五七三年的信長包圍戰也再度退兵，此舉受到武田信玄和本願寺十一世法主[1]顯如（光佐）的批評譴責；一五七三年（天正元年）的一乘谷之戰，朝倉義景看到城池淪陷再度退怯；背叛朝倉一族的義景最後只能以刀刃自我了結。最終還是未上場決戰，對一個大名來說真是個悲哀的結束。

[1] 法主：主宰同派宗徒之僧。

淺井長政

誤判大局的湖北有力者

淺井氏是在淺井長政的祖父亮政時代時，趁守護京極氏內亂獲得近江北部勢力圈。之後雖常遭江南六角氏攻打，但因為得到越前朝倉氏援助，領國終於形成。

一五六〇年（永祿三年）父親淺井久政因為和江南六角氏對戰失敗而引退，長政受到重臣們的推崇，十六歲即繼承家業。

政治婚姻因情義而犧牲

一五六三年，六角氏發生內部鬥爭時，淺井長政成功南進，將其勢力擴大至江南。一五六七年織田信長平定美濃，淺井長政迎娶信長之妹阿市為妻，雙方締結友好關係。隔年在織田信長上京之際，淺井長政即在彥根參與佈陣，由此可看得出長政時代來臨的徵兆。但在一五七〇年四月，織田信長打破和淺井長政的約定，開始攻打朝倉氏。淺井長政知道織田信長的實力，剛開始雖和重視朝倉同盟關係的父親意見相左，但最後還是決定帶兵支援朝倉氏。得知此事的織田信長表示：「長政為自己的妹婿，近江北部也已經交給他管理，應該不至於謀反。」完全沒有預料到淺井長政的背離。然而對淺井氏來說，近江北部並不是織田信長給予的，而是靠自己實力取得的領國，這似乎也是兩者在意識上有所差異而造就長政此次謀反的原因。六月在姊川會戰中，淺井和織田兩方兵力你來我往，互有消長，但最終淺井還是戰敗，之後淺井氏僅以小谷城為據點，保存血脈。

一五七三年（天正元年）八月，小谷城遭織田信長攻陷，淺井長政自殺，結束其二十九年的短暫人生。

妻子阿市及其三個女兒都被救出，長女茶茶後來嫁給豐臣秀吉，次女初子嫁給京極高次，么女達子則成為德川秀忠之妻。

關東三國志

北条、武田、上杉的決一死戰

因為梟雄北条早雲的登場，讓戰國時代戰場迅速沿燒至關東平原。而在稱霸關東戰役中顯現野心的北条氏康、武田信玄及上杉謙信三人盡全力奮戰，也使得這個充滿刀光血影的時代到達最巔峰，為甲斐、越後、相模的「關東三國志」開端。彼此締造盟約又互相背棄，北条氏康、武田信玄及上杉謙信三人決一死戰的結果到底是……

締結同盟又互相背棄的關東三傑

戰國時代可以說是為關東地區點燃戰火，駿河今川氏的客將[1]北条早雲（精確的說這時期應該是叫伊勢新九郎盛時，但在此統一稱早雲），在一四九三年（明應二年），通說為一四九一年（延德三年），打倒室町幕府支配關東的伊豆堀越公方，相繼平定伊豆、相模，是奠定戰國大名化的劃時代人物。之後室町幕府各地的守護領國制一一崩解，從守護代和國人領主[2]轉變為新興大名的勢力交替時代正式展開。這樣一來十六世紀中葉的關東呈現戰國亂世狀態，甲斐的守護轉變成戰國大名的武田晴信（信玄），越後守護代出身的長尾景虎（即之後的上杉謙信），還有北条氏第三代的氏康等人相繼嶄露頭角的時代。他們各自繼位後，都以其戰略智慧建立並擴大領國範圍。

首先在一五四一年（天文十年），繼位家督後的武田信玄壓制諏訪氏、村上氏等，一五四八

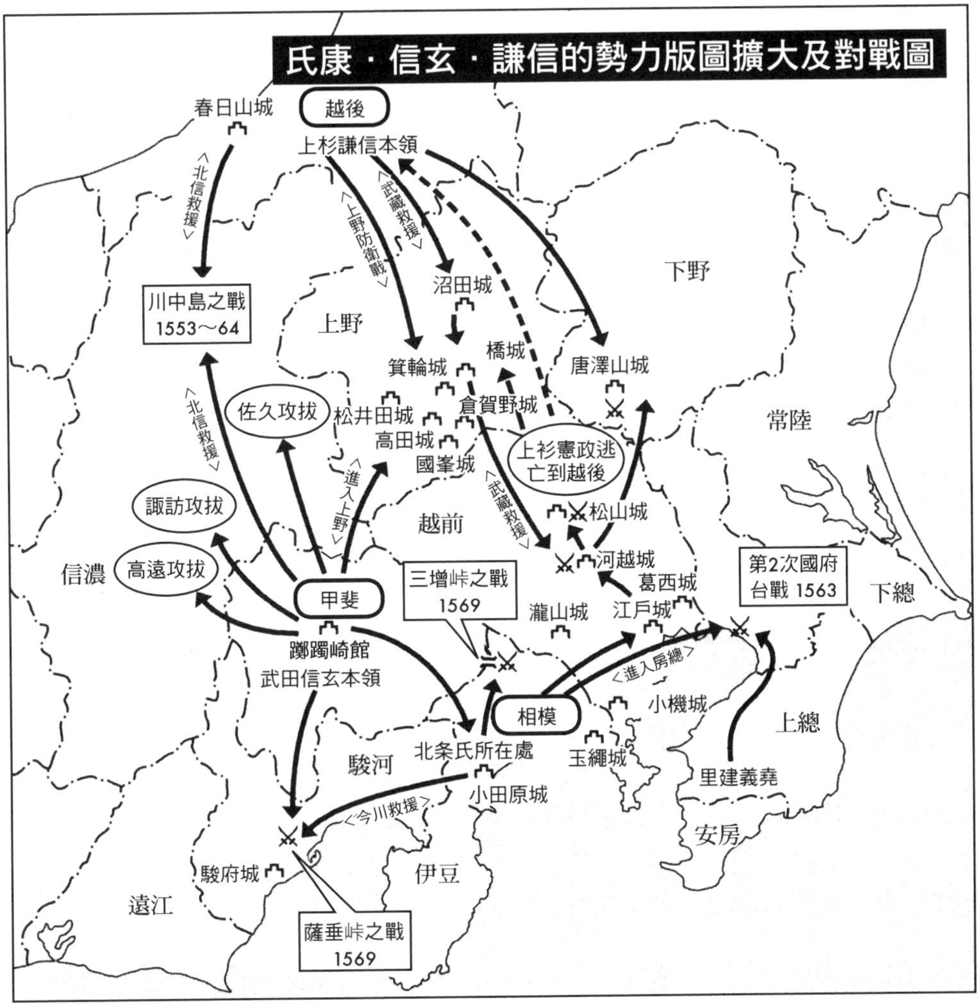
春日山城
越後
上杉謙信本領
〈北信救援〉
〈上野防衛戰〉
〈武藏救援〉
沼田城
下野
川中島之戰
1553～64
上野
箕輪城
橋城
唐澤山城
倉賀野城
佐久攻拔
松井田城
高田城
國峯城
〈北信救援〉
常陸
上衫憲政逃
亡到越後
〈進入上野〉
〈武藏救援〉
松山城
諏訪攻拔
越前
河越城
信濃
高遠攻拔
三增峠之戰
1569
第2次國府
台戰 1563
甲斐
葛西城
瀧山城
江戶城
下總
躑躅崎館
武田信玄本領
〈進入房總〉
小機城
相模
上總
北条氏所在處
玉繩城
駿河
小田原城
里建義堯
〈今川救援〉
安房
駿府城
伊豆
遠江
薩垂峠之戰
1569
氏康・信玄・謙信的勢力版圖擴大及對戰圖

年即大抵確立其在甲信地區的霸權。亦於同年繼位的北条氏康在一五四六年與河越夜戰代表人物古河公方及山內上杉、扇谷上杉展開關東霸權爭奪戰。一五四八年繼位的上杉謙信平定越後之後，為了援救流有相同血源、被武田信玄驅逐的信濃諸氏及被北条氏攻打的主家[3]山內上杉，遂向信濃與關東持續出兵。在一五五三年組成的甲相駿三國同盟[4]是關東戰國史上的一大重心，也因為這個同盟的訂定，駿河今川氏得以大膽西上，武田信玄和北条氏康也才能無後顧之憂地朝信濃、關東一帶出兵。另一方面上杉謙信則是和安房的里見氏及常陸的佐竹氏等合作，形成與甲相駿三國同盟對峙的狀態。

但是在一五六八年（永祿十一年）十二月，甲相駿三國同盟因武田信玄攻打駿河而廢止，新的戰局出現。越相同盟、甲相同盟不斷地締造又廢除，北条、武田及上杉三個人就此展開如漩渦般彼此糾纏的死鬥。

1客將：作客武將。
2國人領主：一國的領主，為日本南北朝到室町時代推動各國開發的武士階層。
3主家：主君之家。
4甲相駿三國同盟：一五五四年結成，為安定戰國時代情勢的協合同盟之一，甲相駿分別指當時統有甲斐的武田信玄，相模的北条氏康以及駿河的今川義元。

北条家的戰略

以靈活的外交策略稱霸關東

北条氏的大躍進

戰國大名北条氏從早雲算起到氏直共五代，約一百年，北条氏巧妙運用奇襲術及靈活外交手腕，再搭配民生政治上卓越的表現，得以順利支配關東地區，頗有樹立「關八州[1]國家」為標竿之意。關於北条早雲的出身眾說紛紜，但大多認為他屬室町幕府執事伊勢氏一族，父親則為備中國[2]荏原莊領主伊勢盛定。一四六七年（應仁元年）的應仁之亂時，北条早雲侍奉於將軍足利義政之弟義視，並一起下鄉伊勢，因為其妹北川殿嫁給駿河今川氏，北条早雲因而成為今川家食客。

參考《妙法寺記》內容，當上駿河興國寺城主的北条早雲，在一四九三年（明應二年）向今川主家商借少許兵力，入侵政情不安定的伊豆，急襲堀越公方足利茶茶丸，以韮山為據點順利擴展其勢力範圍至伊豆。北条氏第一代的早雲，其優秀的洞察先機能力正是日後北条氏，活躍於戰國時代的原動力。

靠奇襲戰術、外交手腕和民生政治稱霸關東

早雲之子，第二代的氏綱在一五二三年（大永三年）左右，改姓為鎌倉幕府執政的北条，並侵略武藏攻打江戶城，這也意味著北条氏之後將長期與上杉氏爭奪關東掌控權的正當性。

北条氏綱在一五三七年（天文六年）成功奪取扇谷上杉氏的據點河越城，翌年在第一次國府台合戰中擊退和上杉氏結盟的安房里見氏，勢立版圖得以擴張。

一五四一年北条氏綱死後，繼位的第三代氏康，在一五四六年僅以敵方十分之一，約八千的兵力夜襲河越城，為長期處於抗戰狀態的河越城攻防劃下句點，確實掌握了北武藏實權。這次奇襲戰的成功，讓北条軍為鎮壓關東大肆前進，一五五二年將管理關東的山內上杉憲政驅逐至越後。

在這個時代，外交上受人注目的便是北条氏和甲斐的武田信玄以及駿河今川氏三人締結的甲相駿三國同盟。此盟約的結成消除了北条氏康心裡的不安，更有利其關東攻拔。

然而北条氏康不只以武力作戰更採取柔性策略，更將自己的孩子送給關東諸侯當養子；收養三男氏照的是瀧山城的大石氏，四男氏邦則是由天神山城的藤田氏撫養，這樣一來諸侯在拓展勢力、擔任各支城治理者之餘亦臣服效忠於北条氏。再加上北条氏康也著重於民生政治，一五四二年到一五四三年間，他在相模、武藏地區大規模實施檢地制並進行稅制整頓。

接著在一五五九年（永祿二年）以草創期家臣為中心，再次編制家臣團。隨著領國面積的擴大，為了控制難以駕馭的國人眾[3]，北条氏康在各據點布署支城，計劃在各支城主的權力分配下依情況編制家臣團，相模地區的家臣稱為玉繩眾、江

戶地區為江戶眾。特別的是家臣團的構成並非單依地緣，而是以世襲家臣為中心和地方武士一起編入名單，這也是前所未有的創舉。

掌控關東政權的北条氏到了氏政、氏直時代欲與德川家康和伊達氏結盟，企圖與豐田氏對抗，但那時的情勢卻是有利於豐臣秀吉。一五八七年（天正十五年）北条氏被迫接受「關東、奧羽兩國總無事令」，被下令禁止戰鬥活動。

一五九〇年，不願服從的北条氏遭到以德川家康為首的二十萬豐臣軍圍剿，結束了北条氏五代的傳奇。

1關八州：江戶時代的關東地區，包括有武藏國、相模國、上總國、下總國、安房國、上野國、下野國、常陸國。
2備中國：相當於現在日本的岡山縣西南方。
3國人眾：等同於國人領主。

北条氏康的必勝戰術

不僅會打長期戰 亦善於奇襲

河越夜戰

打敗烏合之眾的奇襲戰

對立的北条、上杉其內部組織

一五四六年（天正十五年）的河越夜戰之所以有名，是因為北条氏趁敵對的山內上杉憲政大意時，以奇襲戰術獲得勝利的一場戰役，亦是北条氏得以掌握北武藏霸權的劃時代戰役。

繼承北条早雲家業的氏綱在一五二四年（大永四年）成功侵略武藏，並拿下一直為扇谷上杉朝興治理的江戶城。氏綱也在此時改姓為北条，在鎌倉幕府時期武藏、相模的歷屆國司皆是由鎌倉北条氏擔任，令人不禁聯想氏綱是以改姓來主張其支配相模、武藏的正當性，以便和室町幕府關東支配體制下的關東公方，也就是和關東管領路線相抗衡，意即兩方的敵對關係是以互不相讓的權威主義爭奪為中心。

計劃收復失地的上杉憲政反遭驅逐

接著在一五三七年，北条氏綱順利奪取了扇谷上杉氏的所在地河越城，由北条綱成負責管理，北条氏完成包括武藏在內的軍事前線基地。接著在一五四一年嫡子北条氏康繼位，上杉憲政則擁立關東公方足利晴氏，並誓言向北条氏討回失地，正式向北条氏下戰帖。為了確保北条氏停止侵略北武藏，上杉憲政在一五四五年和駿河的今川義元約定，趁今川氏攻打北条氏統治的駿河長久保城時，親自出征奪回河越城，並動員大量關東將領，匯集約六萬兵力從四面八方包圍河越城。雖說河越城裡還有北条綱成等數千名將士鎮守，但由於兵糧逐漸短缺，陷入極度困窘的處境。所以在一五四六年四月，北条氏康索性提出讓城保命的議和條件，但不被對方接受，其實這也只是個為讓對方分散注意力的小計謀，因為此時北条氏康的八千援軍早已在砂久保佈陣以待。另一方面北条氏康考慮到上杉軍有六萬兵力，所以採取夜襲戰術，並派笠原信為到敵方打探消息，對方陣營稍有放鬆馬上回報，因為這一瞬間的大意，有可能就是左右戰局的關鍵。

氏康軍在二十日的半夜，趁上杉軍不注意時從城內外開始偷襲。據說為了在深夜中分辨敵我，氏康軍綁上白紙條，兵分四路，一一擊破上杉軍據點，將其逼到絕境。受到激勵的北条綱成等受困城內的三千兵力，也一口氣殺出重圍來到城外攻打足利晴氏的所在地。上杉軍因為這個突如其來的攻擊而無力反擊，只能慌張應戰，但因黑暗中分不清對方是敵是友，只能胡亂砍殺，連上杉朝定等有名武將都戰死，最後只能接受戰敗事實。北条氏康因為這場戰役的成功，攻破上杉氏的支城松山城，所以河越、松山二城都成了北条氏康囊中之物。上杉憲政雖然在平井城奮力抵抗，最終還是在一五五二年逃往越後，尋求上杉謙信的援助。

第二次國府台合戰
趁其不備展開電擊戰

房總地區的戰國史是以里見氏和北条氏的對決為中心展開，里見氏在天文年間拿下房總大半地區，但此時北条氏康的勢力也開始進入房總地區。

第一次國府台合戰是在一五三八年（天文七年），擁立古河公方足利政氏的次男小弓公方足利義明的里見義堯等房總將領在和足利晴氏、北条氏綱的聯合軍對戰時吃了敗仗。因此雙方日後的彼此爭奪，里見義堯之子義弘聯合越後的上杉謙信以及反抗北条勢力的岩槻太田資正一起對抗北条氏康。

◆暗夜奇襲奏效，築起房總勢力基石

一五六三年（永祿六年）末，在上野廏橋的上杉謙信為了阻止北条軍的北上，向里見義弘提出起兵的要求。根據《北条記》記載，太田資正是在此時加入里見義弘行列，集結安房國軍力及上總兵力朝國府台出發，並在其中段佈陣。

北条氏康從下總小今城的高城胤辰那裡得知里見軍來襲的消息後，便在隔年的一月四日命令江戶將士遠山直景和北条氏照等人出征應戰。七日，兩方人馬隔著江戶川對戰。北条軍由遠山直景為首，突擊里見軍的正木時茂等人，兩方時常處於激戰狀況，但由於北条軍遭到和里見同一陣營的太田康資攻擊，包括打頭陣的遠山綱景、富永直勝等人都一一戰敗。

當晚在里見軍設席慶祝勝利之時，北条氏綱和松田氏從松戶方向、氏政軍從葛西方向，兵分兩路對里見陣營展開突擊。

里見軍因為一時的大意而慘敗，里見義弘等人逃往上總，太田資正也遠逃至岩槻，因此北条氏終於鞏固房總的勢力基石。

專欄

小田原評定

形容冗長且得不到結論的會議稱「小田原評定」，一五九〇年（天正十八年）豐臣秀吉攻打小田原之際，在北条氏居所的小田原城內，家臣意見分為議和與決戰二派。又因為北条第五代當主氏直相當愚昧，無法直接判斷，雖交由家臣們評定，但又一直沒有結論。那時秀吉軍已層層包圍小田原城，所以在北条氏作出結論前，其命運已被決定，這就是「小田原評定」這個形容詞的由來。真的就只是因為北条氏直無法作出決定評定，時間才會拖得如此冗長嗎？

當豐臣秀吉包圍小田原城時，判斷是否要決戰是理所當然的，但這也不是北条氏直一人即可決定的。戰國大名除了織田信長外，都不是獨裁的專制君主，而是需要和家臣團間的意見協調作為政治上決策的基礎。也就是說小田原評定並不是只舉行一次，而是依照慣例每個月集結重臣所舉行的評定會。有件事也可看出北条第四代氏政的愚昧無能，氏政有一天在吃中飯時想要在飯上淋湯汁，結果他分開加了兩次，其父氏康看到他的舉動便語重心長的嘆道：「你連加湯汁這樣簡單的事都無法判斷多寡，又如何能支配關東呢？」果不其然，到了北条氏政在位時北条家隨即滅亡。

繼承北条三代家業的氏政和氏直，將上野、下野納入勢力版圖內，關東大半地區都屬北条家掌管，從這點來看，批評他們愚昧、無用是否太過結果論？如果要用同一標準來判斷，那大肆宣傳接管北条領地的德川幕府又如何呢？

武田家的戰略

貪得無厭的侵略，擴大領國範圍

以《孫子兵法》不斷入侵他國

甲斐國的守護代武田氏，在信玄之父信虎時代就成為戰國大名，武田氏的總體戰略可分信濃侵略和上杉謙信橫跨信越國境的川中島合戰、對北条氏、今川氏戰略及西上作戰四個面向來探究。

所屬領國都被他國包圍，無海權的武田氏第一步就是要統治信濃，前進北陸、日本海地區。在武田信虎時代，武田氏雖已統一甲斐且開始朝信濃進行侵略，但真正攻打是在一五四一年（天文十年）其子信玄繼位，並驅逐父親信虎至駿河之時。坊間對於這個背景有諸多說法，最古老的說法是父子彼此協議；但現今一般都認為人民因武田信虎的暴政而苦，期望有新領主出現，武田信玄繼而大膽挺身而出以武力獲得政權。

信濃侵略是從甲信國境附近的諏訪氏攻拔為開端，守護小笠原氏的統治體制逐漸削弱，諏訪、佐久、小縣等地的國人領主階層勢力抬頭。武田信玄對他們的攻擊策略是個別攻破，前哨戰確實進行攻城以達攪亂對手陣腳之目的。戰場經驗豐富的武田信玄較少氣勢壯大的直接對戰，像這樣一一攻堅才是他所慣用的。一五四二年（天文十一年）進行諏訪賴重攻拔時，因為和與賴重反目的高遠賴繼以及諏訪上、下社的神官矢嶋氏、金刺氏等當地實力者的串聯，成功讓諏訪賴重舉雙手投降。另外在一五四六年的志賀城攻拔中，武田信玄亦徹底實行包圍戰術和破壞集水處，並在小田井原擊敗支援受困城內的笠原氏軍隊，取下所有士兵首級掛在志賀城周圍，使守城兵士喪失鬥志無心應戰，再一次獲得勝利。

諏訪、佐久到手後，算是開啟了武田信玄北信地區侵略的開端，所以接下來他開始展開和小笠原長時及村上義清的攻防戰。一五五二年、一五五三年，小笠原長時及村上義清二人逃往越後，尋求上杉謙信的援助，之後就發生了川中島合戰。但是其實只有一五六一年（永祿四年）的對戰是真正的正面對戰，其他幾次進攻，武田信玄都避免和敵方正面交手。最後雖不能出入日本海，但確實把信濃收為領地。武田信玄的戰略就是準備妥當，使犧牲降到最低，以達到擴大領國範圍之目標，正如《孫子兵法》裡提到的不戰而勝精神。

上京途中病死的甲斐之虎

武田信玄在信濃攻拔期間還同時在西上野和上杉軍的對戰，兩方交手告一段落後，信玄才把一直以來的北進政策改為南進政策。這裡受人注目的是，在一五五三年組成的甲相駿三國同盟之後的發展。武田信玄因有和今川氏、北条氏的同盟為後盾，所以對二人完全無防備心，和上杉軍在北信、西上野對戰。

但由於武田信玄很懂得臨機應變，所以在一五六八年（永祿十一年）十二月，單方面進攻同盟的今川氏真，將勢力拓展至駿河灣。武田信玄因為破壞同盟，免不了要與北条氏康交戰，不過他還是一五七〇年併吞駿河國，之後他便視上京為目標，而阻止武田信玄繼續前進的就是織田信長和德川家康。

一五七二年（元龜三年）武田信玄因為和北条氏政的和睦關係，使他無後顧之憂的帶著將軍足利義昭的天下平定祕令大膽西進，但他的野心隨著他隔年病歿而消失殆盡。

武田信玄的必勝戰術

具體實現風林火山的陽動[1]心理戰術

川中島之戰

命中的宿敵，鶴翼陣對車輪陣[2]

甲越對決的主要原因

對拿下甲斐到信濃大半區域的武田信玄來說，信濃攻拔最終的阻礙是越後的上杉謙信。一五五二年（天文二十一年）到一五五三年以林城為據點的信濃守護小笠原長時、北信濃第一名門葛尾城主村上義清和北信地方的將領，因為武田信玄的入侵而一一逃往上杉謙信所在地尋求援助。

上杉謙信以幫他們收回失地為名，決定前往川中島應戰，這就是川中島之戰發生的契機；再加上以越後春日山為據點的上杉謙信，不能放任已逼近自己居城不到六十公里的武田信玄不管，便將戰場拉離北信地區轉至川中島並避免進入越後，這應該也是他決定出征的原因之一。

相互牽制的初期戰況

這次的戰役在通說記載上從一五五三年（天文二十二年）的第一次對戰開始，一五五五年（弘治元年）、一五五七年、一五六一年（永祿四年）、一五六四年共計有五次對戰。但除了一五六一年的交戰外，其他四次都不是大規模作戰，所以無法以此評論最終勝敗結果。

在一五五三年的第一次對戰中，兩軍從九月初到中旬都呈相互對峙狀態，以在筑摩、埴科兩郡的小規模衝突做結；這次對戰可視為武田信玄迴避決戰而採求、觀察上杉謙信的態度。因為距上杉謙信預定上京的日期越來越近，所以九月二十日決定撤兵，結束對戰。接著在一五五五年的對戰則為前年十二月時，武田信玄煽動上杉謙信家臣，越後柏崎的北条城主北条高廣判亂而起。上杉謙信在一五五五年二月平定叛亂，四月時壓迫善光寺堂主，同時也是信玄軍的旭山城主栗田氏，想藉此引誘武田信玄出來。七月十九日兩方人馬隔犀川作戰，相對於想在此一決勝負的上杉謙信，武田信玄採用持久戰，讓對戰長達數月。上杉謙信為此頒布五條約誓示書給諸將領，意圖端正軍律。但最後因為今川義元的調停，兩軍暫時以和睦關係收場，沒進入決戰階段。意識到這場戰役會進入持久戰的武田信玄，為了在這場戰役取得優勢，籌劃建造稱做「棒道」的軍用道路；為了克服從甲斐到川中島路途遙遠的不利之處，便在川中島附近築海津城，一步一步將戰局扭轉至對自己有力的方向。而在一五五七年的第三次對戰也以小衝突收場，更印證了武田信玄預定將重心放在持久戰的想法。

白熱化攻防

川中島之戰狹義說來指的就是一五六一年九月十日，兩方在在八幡原的第四次對戰，一五五七年九月撤兵的上杉謙信，在隔年二月接受將軍家介入的和睦斡旋。武田信玄則在上杉謙信上京的一五五九年四月間，以繼任信濃守護一職為由進入北信，進而侵略越後。等到上杉謙信回國後，武田信玄就引誘越中的神保良春反叛，牽制上杉謙信，使他無法任意行動，如此一來武田信玄在北信便可以暢行無阻。再來就是之前提過的，做為川中島東端前線基地的海津城，在一五六〇年完成，更加穩固了武田信玄在北信地區的勢力磐石。另一方面，上杉謙信在一五六〇年到一五六一年受關東諸將要求，在北關東和北条軍對戰。而武田信玄也應北条氏康所望，入侵西上野，持續扮演在背後威脅上杉謙信的角色。在一五六一年六月底，上杉謙信自關東回到越後，八月即為川中島的第四次對戰出征。關於此次對戰，江戶時期武田方所撰寫的《甲陽軍鑑》及上杉方的《川中島五戰記》等軍記中，都有將其臨場感虛實交錯地描寫出來，以下即為其中記錄的戰況。

首先在九月九日，信玄軍用一半兵力以「啄木鳥戰法」在妻女山佈陣，準備夜襲謙信軍。但由於上杉謙信事前已察知敵方手法而全軍下山，越過密密麻麻的千曲川渡口雨宮到達八幡原。

此時武田信玄則是在天還沒亮就越過廣瀨，現身八幡原，迎戰敗走的謙信軍。當黎明霧散時，兩軍便在八幡原展開激戰，相對於只有一半兵力的信玄軍，謙信軍使用全部兵力，以「車輪陣」奮戰。謙信軍突擊信玄大營時，據說上杉謙信親自砍了武田信玄三大刀，使其軍備上留有七道刀痕，前半戰為謙信軍取得有利情勢。但轉往妻女山的信玄軍在其別働隊[3]加入後情勢逆轉，以「鶴翼陣」夾擊謙信軍，是過去所沒有的激戰。兩方都在此戰犧牲許多兵力，謙信軍大敗，零零散散的逃往善光寺。

其實軍記中記載的有幾分真實很難判斷，但就一五六一年十月，當時關東的近衛前嗣寄給上杉謙信的祝賀戰勝信中讚賞「主帥親自提刀上陣，無與倫比」等話語中可看出，上杉謙信是真的親自和武田信玄正面交手，只是軍記把這個場面誇大解釋、美化了。交戰過後雙方都宣告自己勝利並發予家臣感謝狀，但其中實在太多疑點，所謂的真相應該是雙方在此次戰役中尚無法一決高下。

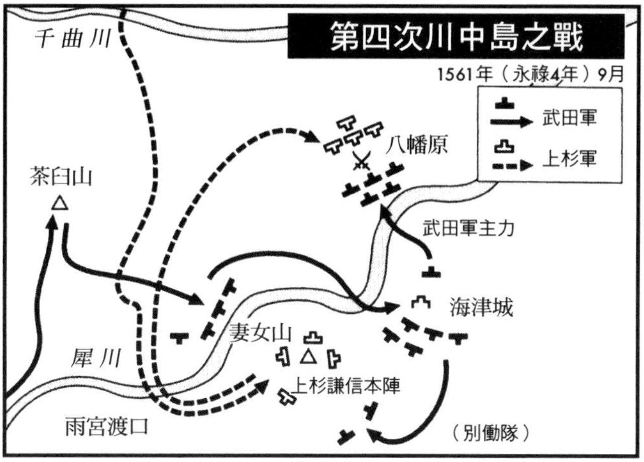

接著由上杉謙信挑起第五次對戰，而武田信玄則迴避決戰，衝突持續六十日即結束。以結果論來看，這五次的對戰讓武田信玄達到征服信濃的目的，所以總體而言這一切可以算是在武田信玄的部署下完成的。之後上杉謙信繼承關東管理的名號，專心經營關東地區，然而武田信玄因為花費二十年時間在管理信濃，而沒能趕上西上作戰，算是一大誤算。

65 陽動戰術為聲東擊西、偽裝欺敵的作戰方式。
66 車輪陣：如車輪般轉動變換的隊形。
67 別働隊：為了導引本隊有利行動而獨立出來的隊伍。

專欄

戰國八陣

戰國時代的對戰方式相較於之前有極大的改變，因為對戰規模逐漸加大，農民出身的步兵急增，所以便從最初一人一馬的戰鬥轉變為以步兵為主流的團體戰。所謂的步兵指的就是集結徒步的農民兵，這也是戰國大名支配領國的證明。

一五七五年（天正三年）記載上杉謙信動員兵數和裝備的《軍役帳》就指出，其武士和農民人數比例為一比三，同期的北条氏則為一比二。

農民因為平常都在耕田，不像武士那樣驍勇善戰。若要使步兵發揮效用，一定要組織化作戰，再加上火槍的出現也加速步兵團成為戰役的主力。但由於家臣們上戰場時總如一盤散沙，所以農民兵無法被有效的使用。

這個時代因為受甲州流兵學[1]影響而產生「武田八陣」，這些陣形的名稱大多是從《孫子》、《六韜》等中國兵法書裡頭命名，雖然其功效仍有待商確，而且只是概念和圖式化的東西，現實的作戰中兵力和裝備並不一定，不僅會受到氣候、地形影響，也要視對方的陣形和對戰方式而定。重要的是判斷當時情形隨機應變，帶領部隊移動和靈活運用陣形，也就是說陣形都只是基本理想配置圖，怎樣去應用才真正考驗著指揮者的智慧。

1江戶時代將甲斐武田氏戰術理想化的兵學之一。

甲州武田家的「八陣」

甲州武田家學習《三國志》中天才軍師諸葛孔明的八陣法，依地形和兵力多寡設計出八個隊形。

方圓

兵力較少時背靠背圍成圓形，迎戰來自四面八的敵軍

偃月

月牙狀隊形，沒有退路時使用，亦稱背水陣、彎月陣

鋒矢

箭頭式隊形，在以少量兵力突破敵營時極具效果；島津義弘在關原之戰中使用

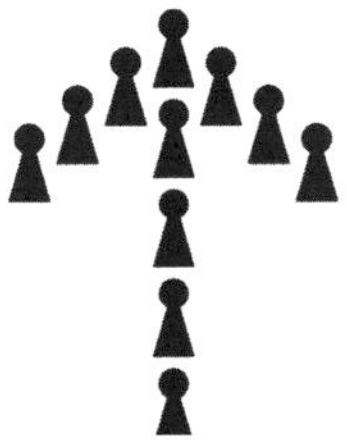

長蛇

像長蛇排成一列的靈活隊形，端視敵方動作決定先攻或後攻

衡軛

以馬車或牛車上的兩根車轅為頂端，綁住馬或牛的橫木（衡軛）命名

雁行

成群雁鳥飛行的隊形，能對應敵方攻擊適時轉換成魚鱗、鶴翼等陣形

鶴翼

如鶴展翅般的隊形，兵力比敵方多時可包圍進攻，但側面稍嫌薄弱

魚鱗

像魚鱗排列的隊形，能變化為三角形或菱形，優點在於能以少量兵力擊退多數敵軍

三增峠之戰

以陽動戰術引誘對方野戰，再以奇襲擊破

廢棄三國同盟後的新局面

一五六八年（永祿十一年）二月，武田信玄和德川家康交換駿河夾擊密約，同年到十月都待在信濃的武田信玄，召集甲信的鐵匠到甲府負責火槍的製造，其實是為了侵略駿河所做的準備。而且自負責留守在甲府的武田信玄四男勝賴的書信中，有八月開始進行駿河攻拔的具體規劃，十月歸國的武田信玄也命令鄉士[1]整修甲府、駿河國境道路。

同年十二月，武田信玄出發前往駿河作戰，而今川氏為防止他從東方侵入駿河，則在東海道的要衝薩埵嚴陣以待。但武田信玄沒花太多力氣就佔據了駿府，今川氏真大敗逃往掛川城。這也是武田信玄事先和瀨名、朝比奈氏等今川軍大將裡應外合的結果。這樣一來管理關東秩序的甲相駿三國同盟因為此次戰役宣告中止，北条氏因為和今川氏的結盟而和武田信玄形成敵對關係，隔年的潤五月，北条和上杉結成越相同盟，關東地區的戰國型態又有新局面的展開。

擊退北条，凱旋回甲斐

一五六九年八月武田信玄再次帶領約二萬兵力從甲斐出發，在十月一日包圍了北条氏康的小田原城，和上杉謙信締結了越相同盟的北条氏康不能放任這樣的狀況不管。但是北条氏康決定以籠城戰術[2]與其對抗，就算武田軍在城的四周放火挑釁都不為所動，因此武田軍在四日放棄攻城開始撤

兵。回甲斐的路線有很多，但武田信玄選擇了沿相模川，越過津久井山岳地帶回到甲州郡內。會選擇這條路線的原因除了是最短距離，還考慮到了津久井的地方豪傑大多為武田陣營的支持者。首先行動的是瀧山城主北条氏照和鉢形城主北条氏邦的手下，他們的領國因戰爭而殘破，無法歸國，於是他們越過津久井在三增峠等待信玄軍，而兩軍實際的交戰戰場則是三增峠南邊的山谷。雖然武田信玄放棄進攻小田原城，但這次撤退的應該只是陽動作戰。武田信玄先派小幡重貞入侵津久井城，截斷北条軍的城兵和他們在三增峠的布署。而馬場信房指揮的小隊則正面和北条軍對戰，同時間山縣昌景在三增峠西南方的志田，從側面攻擊。因為這次的夾擊，北条軍犧牲了三千以上的兵力不得不撤退，武田信玄也在三增峠贏得勝利，光榮的返回甲斐。

戰後武田氏和北条氏的關係和諧，其實上杉謙信和北条氏康所定的越相同盟本身就自相矛盾，因為二人都是爭奪關東霸權的利害關係者，完全沒有同盟的道理可言。反觀武田信玄的作戰重點是西上，從這點看來和北条氏康就沒有任何對立關係產生。一五七一年（元龜二年）十月，五十七歲的北条氏康過世，留下希望甲相同盟[3]復活的遺言，而這個遺言也在一年內實現。

1鄉士：武士階級中的一種。

2籠城戰術：士兵固守城池與進攻敵方戰鬥，但由於守方城內物資漸漸不足，所以攻方時間拖越長對守方越不利。

3甲相同盟：甲斐武田氏與相模北条氏間所締結的軍事同盟。

三方原之戰

西征軍途中擊敗德川家康

關東地區的政治動向

一五七一年（元龜二年）十月三日，五十七歲的北条氏康病死，遺言為恢復武田氏與北条氏的甲相同盟。雙方祕密地進行復活交涉，在各自的軍記裡記載著密會內容，寫有兩方因為自身利益而意見對立等令人感興趣的祕辛。雖然如此自十一月下旬即開始交涉的兩方，在十二月二十七日交換誓詞，再度結為同盟。

因此關東地區的政治生態又起了變化，繼承北条氏康家督之位的氏政，在上野廄橋和上杉氏再一次展開鬥爭。武田信玄派兵支援北条，因為上杉氏這個隱憂的消去令其西上作戰的實現多了幾分可能性。武田信玄的西上路線會經過東海地區，這也代表著信玄必須在此展開新的鬥爭。一直以來統治臨近東海的駿河、遠江、三河的今川氏，自從一五六〇年（永祿三年）的桶狹間之戰，被氣勢如虹的織田信長打敗後，遭受武田軍的攻擊，今川氏遂走上衰退一途。被喻為「東海道第一神射手」的今川家，在氏真這一代更被後來獨立的德川家康侵略，其領地最後都被德川家康和武田信玄略奪。

而織田信長因為和德川家康定有盟約，便無後顧之憂的以上京為前提攻擊美濃，武田信玄的西上作戰和三方原之戰就是在這樣的時代背景下進行。

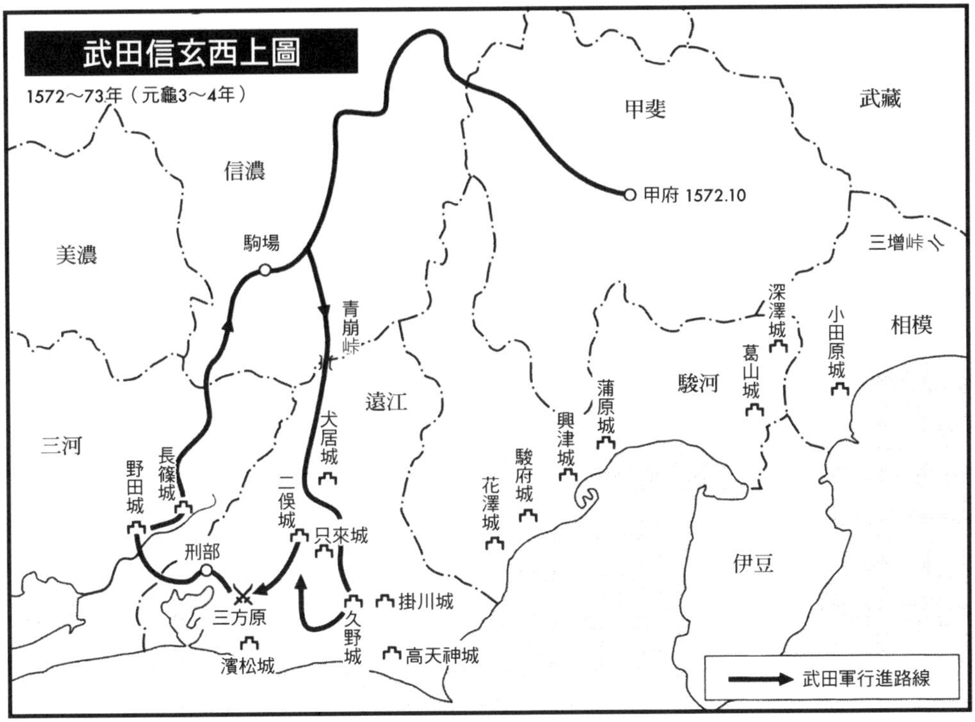

◆勢如破竹擊敗德川軍

一五七二年八月十日，武田信玄向伊那高遠城的保科氏訂定二十八條的戰爭條約，下達怠忽職守的處份及嘉獎關東戰役中協助北条氏有功的水內郡葛山眾的命令，這些都是為了穩固其西上作戰所做的準備。接著在九月底以山縣昌景為首的先發隊出發，武田信玄則在十月三日從躑躅崎館啟程。二萬五千的兵力，從諏訪經過伊那郡越過青崩峠進入遠江。先發隊從下伊那進入東三河，別働隊的秋山信友軍則從東美濃入侵，十一月對岩村城發動攻擊。中心隊伍因為有和武田信玄內應的犬居城主天野景貫的帶路，從遠江中部進入，入侵袋井、見附，與家康軍在一言坂展開小型攻防戰。相較於武田信玄的大遠征軍，這時的德川家康只有八千兵力左右，加上織田信長的三千援軍也才約有一萬一千的兵力能應戰。

所以德川家康避免和武田信玄決戰，守著濱松城等待時機。因為不管兵力是多是少，做為織田信長同盟先鋒的德川家康不能在此讓武田信玄順利的西進。另一方面武田信玄包圍離濱松城北方約二十公里處的家康支城二俣城，十二月十九日信玄對這裡展開總攻擊，一口氣越過天龍川朝西前進。而濱松城的德川家康，面對占上風的武田信玄攻擊，決定採取籠城策略，期望同盟的織田信長能親自出馬從後方支援。但武田信玄選擇不強攻，而是從三方原台地北側前進，布置引誘家康軍到城外作戰的事前準備。德川家康認為讓武田信玄通過己方領地實在有辱武將之名，於是決定出城展開野戰。

德川家康想要在武田軍走下祝田坡時展開追擊，所以進入三方原後，為了能一直包圍武田軍便把隊形漸漸往左右擴大，也就是所謂的「鶴翼陣」。但是武田信玄早已預想到德川家康會使用追擊戰，所以在坡前將隊伍整理成「魚鱗陣」和家康軍正面迎戰，兩方激戰至傍晚。

戰鬥是從武田方最前線的小山田信茂隊突擊德川方的酒井忠次開始，剛開始雙方你來我往，但最後軍力佔優勢的武田軍獲得壓倒性的勝利，在生死關頭徘徊的德川家康終就還是敗退。因為三河譜代家臣們的捨命相救，德川家康才得以回到濱松城。武田軍的追擊在接近濱松城時，發現城門大開且四周篝火燃燒，武田軍怕對方有什麼陰謀便沒有再繼續攻擊。另外因為武田軍不了解濱松城附近的山崖為斷崖，而在此遭敵方夜襲，很多人因此摔落崖下死亡。在此也看得出家康軍的堅韌頑強，但家康軍戰死人數達一千多人，二十四和二十八日武田信玄發布戰勝通知給越前的朝倉義景。

此時朝倉義景正和石山本願寺的勢力、三好長慶、松永久秀還有伊勢長島一向一揆等合作，共組包圍信長聯盟。

無法預料的事

其實武田信玄寄給朝倉義景的信中藏有斥責之意，因為義景在包圍織田信長的途中歸國。對武田信玄來說一切計劃都運作得很順利，所以朝倉義景這件事的失策讓他感到婉惜。然而對武田信玄來說，信長軍先鋒大勝家康軍，代表的是西上作戰的成功。因為這次勝利而拿下遠江、三河主導權的武田信玄，確信接下來和織田信長正面對決會朝有利於自己的方向展開。但是此時卻發生了武田信玄怎麼樣也料想不到的事，那就是他再一次的舊疾復發。

武田信玄在一五七三年（天正元年）正月不費吹灰之力，迅速地攻陷三河野田城，但他卻戰勝不了自己的再一次發病。他在長篠城養病休息一個月以上，病情還是不見起色，不得已只好返回甲府。四月十二日武田信玄在回國途中，於信州伊那郡駒場結束了五十三歲的人生，信玄的野心也宣告終結。武田家為信玄的死服了三年的祕喪[1]後，其二十八歲的四男勝賴以父親生病為由繼承家督，但此舉對德川家康等大名毫無效用。五月到九月期間，德川家康聽聞武田信玄的死訊，為了探其真假便侵略駿河至三河地區。到

了十一月，一直觀望的武田勝賴終於開始行動，但對武田家來說失去信玄這個家族支柱是個非常大的沉痛打擊。而且在同一年，織田信長將將軍足利義昭從京都驅逐，室町幕府滅亡。

1祕喪：祕密地進行喪事。

專欄

武田「石牆」二十四武將

率領武田騎馬隊震憾敵方，一騎擋千的強者

飄揚著「風林火山」旗，如疾風在戰場上奔馳，衝進敵營的二十四名猛將。江戶時代的浮世繪「武田二十四將圖」中描繪的成員有，武田一族的武田信繁、武田信廉；武田信玄同父異母的兄弟穴山信君（梅雪）、小山田信茂；歷代家臣則有板垣信方、內藤昌豐、馬場信房（信春）、秋山信友、三枝守友、甘利虎泰、高坂昌信、土屋昌次、飯富虎昌、山縣昌景、原昌胤；還有武田信虎時代從遠江而來的小幡虎盛、昌盛父子，安房來的原虎胤；以及影子軍師山本勘助、先方眾的真田幸隆、信綱、昌幸；再加上美濃的多田滿賴和近江的橫田高松共二十四人。依據作畫年代，參加成員並不一定，但最高處描繪的一定是武田晴信（信玄）。雖然這裡沒有武田勝賴，但在其它的「二十四將圖」中，他取代了「背叛者」小山田信茂，也有其他畫作描繪身分低下的山本勘助。而這「武田二十四將圖」把二十四名跟隨武田信玄的豪傑模樣描繪出來，但其實他們並沒有聚在一起舉行過軍事會議。因為實際上他們的年齡差多達六十八歲，他們是分屬信虎、信玄、勝賴三代的武將，並不是同一時代的人物。而他們的名字能被流傳至今也是有原因的，根據武田遺臣小幡景憲所整理的《甲陽軍鑑》，他以高坂昌信為首，記載有關武田武將的功名記錄文獻，共十卷。

德川幕府會將《軍鑑》裡的誠忠錄[1]和甲州流兵學當作諸侯重臣必讀的書作為獎勵，也就是說《軍鑑》為武士該有典範而普及。到江戶初期則為庶民的資料讀物，甚至也有歌舞伎的記載資料，「武田二十四武將」浮世繪也是出現在此時期。每個繪師所畫的成員有所異同，但由於二十四將這個詞彙先流傳開來，所以繪師們的畫中人數都會有二十四人，以下就其中幾位做些許介紹。

武田信玄的弟弟信繁在每一場戰役都為衝鋒陷陣的第一人，但在一五六一年（永祿四年）九月的第四次川中島之戰，為掩護信玄而犧牲。馬場信房則有「不死的鬼美濃」之稱，據說他自十七歲第一次參戰後的四十四年間都未在戰場上受任何傷，但他卻在一五七五年（天正三年），為了幫助戰敗的武田賴勝逃脫直衝敵方陣營時遭殺害。

身材短小的山縣昌景，在一五七二年（元龜三年）的三方原之戰，直搗酒井忠次大營，還被慌亂逃走的德川家康讚為「令人害怕的山縣昌景」。這些武將得以驍勇善戰形象留名是因為那是個以騎馬武士為主的對戰時代，其一馬當先的英姿也就留傳至今。但這些豪傑最後還是敗在織田信長的三段式槍列隊下，基於同情弱者的江戶人民惻隱之心，將他們的姿態以「二十四將圖」模式保存下來。

1誠忠錄：記載武將忠誠事蹟之文。

上杉家的戰略

以君臣之道為由出征信濃、關東

長尾氏成為戰國大名的經過

上杉謙信是戰國大名的典型人物，因為其父長尾為景為守護代，謙信從接掌父親越後守護代的地位出發，再繼承守護上杉家以戰國大名之姿拓展其領國範圍。越後國自南北朝開始包括上野、伊豆和武藏一帶，都是守護上杉氏掌權的基礎。但是在一五〇七年（永正四年），長尾為景因為擁立守護上杉房能養子定實，使房能自殺，也因此顯露出越後地區守護權力的逐漸弱化。所以長尾氏唯有介入上杉氏諸侯家臣及國人領主的鬥爭，才能一統分散在各地，各成派別的長尾一族。

一五一三年，雖然守護上杉定實和長尾為景的對立逐漸表面化，但為景還是趁機將其主從關係逆轉成功。上杉定實在一五五〇年過世前都還保有守護頭銜，但實際在背後掌權的卻是長尾氏。因為永正之亂代表的是守護領國制的崩壞，所以長尾氏成為戰國大名的契機從此開始。

出征關東、信濃的理由

後來長尾為景在一五三六年（天文五年）傳位給晴景，但是晴景體弱多病，再加上長尾氏還未徹底掌握越後一國的支配權，因此出現擁立上杉謙信繼位的意見紛紛出現，一五四八年上杉謙信繼位家督並成為春日山城主。一五五一年上杉謙信推翻同族的長尾政景，統一上越、中越地區，並成功壓制位於阿賀野川以北的揚北眾[1]，統一了越後。之後在一五五二年年接受朝廷任命相當於守護地位的彈正少弼，並受封從五位下[2]位階。接著他在一五五三年和一五五九年（永祿二年）上京，以盡君臣之道為由朝信濃和關東出兵，同時也繼承上杉憲政的關東管理之位及其名號。

這也是為什麼比起武田信玄或是北条氏康，上杉謙信給人比較重視名分和形式的形象。但是也不能將其規為上杉謙信個性使然，因為客觀來說，越後的領國形成過程中，繼承越後守護家是必然的要件之一。上杉謙信任官後之所以會朝鄰國信濃及關東出兵，是基於當時的「將軍—守護—關東管理」權力體制下考量後所作的目標。也就是說，上杉謙信在一五六九年前，每年冬季朝關東出兵也都是為了再次復興衰敗的室町幕府，期望自己能成為一統關東霸權之人。

一五六九年五月，因為甲相駿三國同盟的崩解，上杉謙信和北条氏康為了一起對抗武田信玄，成立越相同盟。在同盟成立過程中，上杉謙信和北条氏康因為分別擁立不同的足利將軍且都宣稱自己為關東管理，但隨著謙信擁立的足利藤氏死去，關東公方由北条氏支持的足利義氏拿下，上杉謙信的關東出兵計劃也因而變樣。越相同盟因為彼此利害關係對立，所以在短時間內宣告終結，此後上杉謙信的關東出兵，也從以往的盡君臣之道，轉變為以戰國大名身分和武田、北条氏的領國爭奪戰。一五七八年上杉謙信過世後，繼承家督的景勝是隸屬於在豐臣大名體制下。

上杉謙信的必勝戰術

從正面展開攻擊

唐澤山城合戰

僅靠少數隨從正面突破敵人中心

幕府賦予支配權，例行性的關東出征

一五五二年（天文二十一年）正月，遭北条氏驅逐的關東管理上杉憲政來到越後投靠上杉謙信。根據《武州文書》的記載，上杉謙信在同年六月接受憲政的要求，第一次嘗試出兵關東。永祿年間上杉謙信徹底實行關東出征，也時常在關東過新年。一五五二年五月和一五五九年（永祿二年）五月上杉謙信上京繼承了憲政的關東管理一職，其實他會如此貫注心力在關東出征上，可以說是為了得到室町幕府所委任的關東支配權。另一方面此時北条氏勢力正席捲關東地區，各地中小領主夾在上杉氏和北条氏間的對立被迫選邊站，關東地區持續呈現不安定的政治情勢。其中秀鄉流藤原姓足利氏一族的唐澤山城（佐野城）城主佐野昌綱亦不例外，唐澤山城歷經敵人或盟友的替換攻防戰更多達數十次。

如有神助的電擊戰法

關於唐澤山城合戰的攻防手法有不少流傳，也有一些有待考證的部分，第一次交戰發生的年次也眾說紛紜。雖然還有一些未確定的部分，但根據江戶時代一六九八年（元祿十一年）撰寫的《北越軍談》及一七二五年（享保十年）的《關八州古戰錄》中有以下的介紹。

永祿二年正月，北条氏政、綱成帶領三萬五千大軍轉戰北關東，其攻擊隊從古河逼近佐野，城主佐野昌綱遂向平井城的上杉謙信要求援兵。得知上杉謙信的一萬兵力已接近唐澤山城時，佐野軍立刻恢復士氣。而上杉謙信則在黎明時悄悄帶著四十五名隨從無懼地直搗敵方陣營，很快地就得以進城。情勢因而受到動搖的北条軍，放棄包圍城池而退至古河。

上杉謙信成功地趁敵不備時快速展開攻勢，雖然此記錄不能完全相信，但從中可看出謙信得意的神乎奇技一點攻破戰法。

唐澤山城的命運

之後唐澤山城到一五七四年（天正二年）十一月為止，反遭上杉謙信多次的攻擊，並成為謙信和常路佐竹氏及北条氏彼此死鬥的戰場，然而在一五八五年後最終是由北条氏拿下唐澤山城的支配權。

接著再回頭來看這期間唐澤山城的歸屬權動向；一五六〇年到一五六一年間，上杉謙信的部下在《關東幕注文》裡提到，這時期包括佐野氏在內，北關東的皆川、小山、宇都宮氏

都是隸屬於謙信之下。但上杉謙信從一五六一年的冬天開始，就時常攻打跟隨北条的佐野昌綱、宗綱父子。一五六四年二月，兩方進行激戰，因為上杉謙信留下許多戰功書狀得以證明此次的交戰存在。後來佐野氏為了家族存亡，便在一五六四年（《佐野市史》記載的是一五六七年）將同屬上杉謙信一族的長尾虎房丸收為養子。此外一五六九年因為越相同盟而有一時的和睦關係，但維持不久，上杉謙信在一五七〇年（元龜元年）正月過後再一次攻打唐澤山城。可以說上杉謙信發動一連串對唐澤山城的攻擊，是其在對北条戰略中佔有一定地位影響力的對戰之一。

1揚北眾：鎌倉到戰國時代佔領越後北部的豪族。

2從五位下：官職位階。由低而高依序為少初位、大初位、從八位、正八位、從七位、正七位、從六位、正六位、從五位、正五位、從四位、正四位、從三位、正三位、從二位、正二位、從一位、正一位，而除了從三位到正一位外，其他職階還有上下之分。

手取川之戰

以迅速的追擊戰術急襲織田軍

織田信長牽制上杉謙信

一五七五年（天正三年）五月的長篠合戰中，織田信長和德川家康所率領的三萬四千名聯合軍打敗武田信玄之子勝賴，此後信長便將政策重點移向北陸的一向一揆。此時的上杉謙信打破自祖父以來的禁令和一向眾攜手合作，因為和織田信長的利害關係，使得謙信和信長的同盟關係隨之崩解，必須一決高下，這就是手取川之戰的由來。長篠合戰後，織田信長在琵琶湖東岸的安土山進行大規模的築城計劃，三年後完成豪華的安土城。織田信長會把據點從岐阜移到安土的理由是為了因應其北陸政策，以地理位置來看，信長會在安土設據點，是因為以安土為中心向外延伸的同心圓範圍包括北陸、東海、近畿，對以上京為目標的信長而言，這裡是作為根據地極佳的地理位置。而且當時最重要的課題就是限制自北陸宿敵武田信玄過世後，自由活動的上杉謙信，而上杉謙信也因為和石山本願寺聯手，多次入侵越中和能登。

上杉謙信一口氣制霸北陸

一五七七年閏七月，上杉謙信以擁立繼承上条上杉氏的畠山義綱之弟義春擔任守護為由，入侵能登。能登畠山氏歷代居城的七尾城，完全沒有往年繁榮的蹤跡，雖然城池就快要淪陷，但長續連、綱連父子還是透過弟弟連龍到安土向織田信長要求援軍。另一方面上杉謙信則暗中與遊佐續光[1]提出給予畠山氏舊有領地做為條件，使其降服後再以武力奪權，終於在九月十五日攻陷七尾城。

在此之前，雖然上杉謙信和織田信長在表面上保有穩定的關係，但謙信私底下接獲足利義昭打倒信長的命令；而接受長氏父子援軍請求的織田信長，則是在八月八日派遣由柴田勝家為大將的四萬八千名大軍前往救援。

織田信長的軍勢跨越二軍界線的加賀湊川（手取川），並放火燒毀小松、本折、阿多賀、富樫的村落侵入能登，和上杉軍處於一觸即發的高緊張氣氛。

九月十八日，上杉謙信接獲織田信長大遠征軍越過手取川的情報，九月二十三日即帶兵前往手取川。就在兩軍準備決戰時，總大將[2]柴田勝家帶領的織田軍聽聞七尾城淪陷之事後，便喪失鬥志，並想就此撤軍。此時三萬五千名上杉軍正以迅雷不及掩耳的速度展開攻擊，背川而逃的織田軍正好遇到漲水期，所以無法直接通行，有一千多人因此在這被殺死，若加上在手取川溺斃的士兵死亡人數，傷亡人數絕對不僅如此。由於雷擊戰的奏效，使得上杉謙信和織田信長的第一次對戰由謙信拿到勝利。

上杉謙信在此戰過後亦在言談中透露他頗有自信與織田信長一決高下，也因為這次的成功出擊，上杉氏勢力範圍又跨到加賀北半部和能登、越中，信長則只能心甘情願地擁有加賀南半部。

隔年二月，上杉謙信延續這股平定北陸的氣勢，宣布要一口氣征服關東，也決定出發日為三月十五日，但就在出征的前兩天謙信因為腦出血，結束其四十九歲的人生。

1遊佐續光：？～一五八一，能登畠山家的家臣。能登畠山家在南北朝時代為擔任守護一職的名門，而遊佐氏則代代輔佐能登畠山家。

2總大將：軍團內指揮全軍的將領。

專欄

忍者善戰

武田—上杉—北条的情報軍團

說到日本忍者最知名的就屬伊賀和甲賀兩大忍者流派，伊賀流派發源地是現今的三重縣北部，而甲賀流派則是起源自滋賀縣南部。由於二者據點分別位於鈴鹿南北邊的偏僻地方，所以山賊盛行。據說忍者的特殊技法就是從盜賊術發展而來，又因為伊賀流派為東大寺領國，甲賀流派則是比叡山領國，所以自古以來即無介入守護大名和國司之爭。到了戰國時代，地方豪族互相爭奪或是一起聯合反抗寺廟，發生多次小規模對戰。因為是屬於發揮個人能力的小衝突，所以忍術才會越來越發達。

那些善於作戰的武將們也都擁有屬於自己的忍者集團，像是武田信玄、上杉謙信和北条氏康等人和忍者之間都有很密切的關係。

武田信玄使用的忍者叫做「透波」，信玄活用其組織，不僅要他們蒐集資訊，也派他們廣發謠言和散布假情報，多次使敵方掉入陷阱。像是一五六九年（永祿十二年）武田信玄和北条氏康對戰時，氏康之子氏照的八王子城就是因為透波的活躍而淪陷。透波變裝為山中修行僧侶及雜耍藝人潛入小田原城，並散發武田軍撤退是因為大家突然發高燒的謠言。北条氏康為了趁勝追擊，命北条氏照出兵斷武田軍退路，但武田軍其實並未撤軍，就這樣攻陷了空無一人的八王子城。

上杉謙信所用的忍者為「軒猿」，善於獵補敵方忍者。一五六〇年（永祿三年）上杉謙信進入關東時，軒猿依令逮捕二名北条的風魔[1]，隔年的第四次川中島之戰中更帶回武田手下的透波十七人。

軒猿的手法是先探詢敵情再定計劃，並以奇襲戰術使敵方措手不及。一五五三年（天文二十二年）第一次川中島之戰中，變裝為農民的軒猿故意被逮，為的就是將與上杉謙信密謀的假造信，栽贓給武田信玄部下的樂嚴寺雅方等四人，發現這件事的武田信玄不疑有他，立即殺了四人。

北条氏康所使用的忍者稱「風魔」，他們是從北条早雲時代開始，就跟隨了北条氏五代，其領頭者代代都名為風魔小太郎，風魔專長是使用特殊騎馬術，活躍於北条軍的奇襲部隊。一五八一年（天正九年），當北条氏直和武田勝賴在伊豆的黃瀨川對戰時，風魔便將很多稻草人放在馬上，趁夜深兩方混亂時將其帶進武田陣營。等到武田陣營覺得每次都是假人之際，二百名真的風魔忍者即展開奇襲。武田軍因而被搞得暈頭轉向，連風魔撤退後還繼續砍殺自己的士兵。

就在武田信玄、上杉謙信及北条氏康三人周而復始的講和及戰鬥間，其實暗中有多場忍者軍團攻防戰在不斷地上演。

但是當天下統一處於太平盛世時，忍者們即失去其活躍的舞台。島原之亂時細川藩派忍者去探原城內的狀況，但一次也沒成功過。細川藩因而感到疑惑，便派家臣去一探究竟，發現忍者竟都未進城而是躲在盾牌後發抖，遂將全員開除。忍者就是因為敵軍中有夥伴，藉機獲得情報，但原城中並無忍者，怎麼可能拿到情報，和忍者活躍的時代相反，此時的真實面相只是如此而已。

1 以風魔小太郎為首的忍者集團。

專欄

上杉謙信為何沒有成家立室？

戰國時代的大名為了發揚家業及避免絕後，都期望男孩的誕生，而女孩對於日後維持和睦的政策聯姻也有幫助，所以他們不僅有正室妻子，還有許多側房小妾，以保其子嗣香火鼎盛。像織田信長有兒子十一人，女兒十一人，共二十二個孩子；德川家康也有兒子十一人，女兒五人，共十一名子女。反觀上杉謙信從史料記載看來，他既未娶妻也沒有側室。雖不能就此斷定其性向，但他的確沒多少機會能接觸到女性。

關於上杉謙信為何沒有娶妻有多方臆測，其中還蹦出他其實是女性的意見，雖然這是不可能的事，但事實真相又是如何呢？

上杉謙信自己有過必須驅逐體弱兄長晴信而繼承家業的經歷，為了避免家督繼承衍生出過多不必要的複雜情況，且顧慮到上杉晴信立場，所以下定決心自己不要有子嗣。若真如此就不近女色，其想法也太過極端，但他若是性無能的話就另當別論。

影響上杉謙信不婚最主要的原因，應該是他的信仰所致，因為他小時曾被教育要成為僧侶，而且他的母親也是虔誠的佛教信徒。

因此就算上杉謙信後來成為武將，也過著修行僧般的簡居生活，他亦在春日山城內建立毘沙門堂、諏訪堂及護摩堂，在接近戰爭時，還會一人獨自待在毘沙門堂日夜祈禱，毘沙門天是祈求戰勝的神明，或許認真的上杉謙信是遵守戒律而不碰女色。不過當時武將和僧侶間同性愛的現象也不少，所以也沒有否決上杉謙信不屬此性向的根據。

第二章

西國、遠國霸者奪取天下的智略

——西國群雄的興亡軌跡——遠國雄將的血戰求生——

西國群雄的興亡軌跡

關於中國地方的戰國史，與其說是群雄割據，不如換個角度可看作是二大勢力的抗爭。先是周防的大內氏和出雲的尼子氏展開激烈的攻防戰，後來大內氏面臨下剋上現象而產生內部分裂之時，毛利元就急速聚集力量成功打倒尼子氏，確立毛利元就在中國地方的霸權。

下剋上風氣侵襲西國

戰國亂世就是所謂的以下剋上時代，一四六七年（應仁元年）伴隨著應仁之亂的發生，西國（此指限定於中國地方的西國）亦轉變為以血洗血的亂世，不再是權威至上而是以實力為優先的社會結構。

雖然出雲的守護一職由京極氏擔任，但是守護代尼子經久不斷暗中累積實力。雖然在一四八四年（文明十六年）被強行奪走守護代一職，並從所在地月山富田城遭驅逐，但在二年後經久成功奪回富山城，並在一五〇八年（永正五年）獨立門戶成功統一出雲。

尼子經久就是乘這股下剋上風氣之便，成為出雲國之主，但他並沒有使用殺害或是驅逐主君這樣的冷酷手段。之後尼子經久在其晚年最盛期，勢力範圍多達十一國，一直獨佔山陰地方守護一職的山名一族，也在尼子經久稱霸十一國時沒落消失。

和氣勢如虹的尼子氏爭奪中國地方霸權的是山口的大內氏，大內義隆本為周防、長門、豐前、筑前、石見、安藝六國的守護，之後從守護大名轉換成戰國大名，但是義隆因為其重臣陶晴賢的武力造反被迫自殺。

毛利元就的霸權

自從陶晴賢在一五五五年（弘治元年）十月在和毛利元就間，不斷擴大戰場範圍的嚴島合戰中戰死之後，毛利元就迅速累積實力，和尼子氏展開中國地方霸權的死鬥。一五六六年（永祿九年）十一月，尼子氏歸入毛利元就軍門下，毛利元就成為「中國地方的霸者」。毛利元就病死後，毛利家由其嫡孫輝元繼承，叔父小早川隆景和吉川元春則在旁輔佐年紀尚幼的輝元。一五七七年（天正五年），以天下布武為目標的織田信長，勢力擴展至毛利氏領地後，毛利氏便遵照前將軍足利義昭之意，成為反信長軍的一員。

但織田軍的攻擊使得毛利氏陷入苦戰，一五七九年，一直以來仰賴毛利氏為盟主的備前岡山城主宇喜多直家也臨陣倒戈，投向織田陣營。

宇喜多氏是擔任播磨、美作、備前的守護，赤松氏家臣浦上氏的手下，浦上氏自赤松氏奪得實權，但遭宇喜多直家討伐滅亡，直家遂成為領有備前、美作二國的戰國大名。

因為宇喜多直家的反叛，使得毛利氏的勢力範圍往西大幅後退。一五八二年，小早川隆景手下清水宗治駐守的備中高松城，遭羽柴秀吉（豐臣秀吉）率領的織田軍包圍。毛利方雖趕赴救援，但因為整個高松城都被水淹沒而無計可施。此時爆發本能寺之變，但是不知此消息的毛利方只好和豐臣秀吉議合，為中國地方混亂的爭鬥場面劃下終止符。

一五八四年，稱霸天下的豐臣秀吉認同毛利氏擁有安藝、周防、長門、石見、出雲、備後、隱岐等一二〇萬石的領土權，毛利氏為加強其為豐臣政權下的從屬感，追隨秀吉參加四國征伐和九州征伐。

一六〇〇年（慶長五年）關原之戰時，毛利輝元被拱為西軍總大將，後來因為戰敗遭對方沒收周防、長門二國以外的統治權，失去其在中國地方長久以來的霸者地位。

毛利家的戰略

支撐西國霸權的「毛利兩川」制度

青年時代培養的本領

稱霸中國地方的毛利元就為安藝國高田郡郡山城主毛利弘元的次男，生於一四九七年（明應六年），之後成為歷史上家喻戶曉的戰國武將。毛利元就幼年到青少年時期過得並不順遂，五歲喪母，十一歲又失去父親，之後只能依附家臣井上一族的庇護過活，但卻被視為家臣看待，毛利元就的青年時期可說充滿了痛苦和不斷的忍耐。

但在毛利元就二十七歲那年夏天，他的人生起了變化。兄長毛利興元死後，其子幸松丸也在九歲夭折。毛利元就為了和同父異母的弟弟元綱爭奪家督之位，便殺死元綱，當上毛利家掌權者。

雖然毛利元就對井上一族滿是怨恨，但由於他還沒能掌控整個安藝國，所以選擇先忍耐。在一五五〇年（天文十九年）七月，毛利元就終於一清怨氣，將一三〇名以上的井上一族處以死罪。

毛利元就在成長期，忍受了井上一族數十年的殘暴對待。因為他有這樣忍耐過活的經驗，才能成就今日的成功。毛利元就的行動哲學和不斷忍耐，與後來一統天下的德川家康，其人生觀似乎有些許相像。

毛利元就是典型的大器晚成型，在安藝郡山城合戰後，一戰成名的他當時已四十四歲。之後在嚴島合戰得到勝利，並開啟霸權第一步時已五十九歲。而攻陷月山富田城，當上「中國地方的霸者」時，毛利元就已屆七十歲。在那個「人生五十年[1]」的時代裡，毛利元就是在人生的中老年期才苦盡甘來，開花結果。

記取「三支箭」的教訓

毛利元就和正室妙玖育有三男一女，在嚴島合戰時，元就長男毛利隆元已三十三歲，次男吉川元春二十六歲，三男小早川隆景二十三歲，而為人所知的「三支箭」故事就是使三兄弟團結一心的緣起。毛利元就在三個兒子面前命令他們分別折斷一支、二支和三支箭，但三支箭三個人誰都折不斷；接著毛利元就和兒子們說明三兄弟同心就如同三支箭一樣，以此勉勵他們要同心協力維持毛利家。雖然這些話早已在街頭巷尾流傳，但最後毛利元就對元春及隆景說：「作為他人養子只是個假象，你們真正要守護的是毛利家。」這段話真的有被記載在歷史上。

毛利元就在統一安藝國的過程中，把三男隆景送給沼田城主小早川興景當養子，成功拉攏小早川家。也因為和水軍（海賊眾[2]）關係良好的小早川家合併，使得山間豪族的毛利家得以將勢力活動舞台擴展到瀨戶內海。接著毛利元就又把次子元春送給火之山城主吉川興經，成功得到和吉川家的合作關係。戰國大名把次男和三男送給他人當養子以獲得認同是他們的慣用手法，關東的北条氏和四國的長宗我部氏等，也都是以養子政策成功地擴大其領國範圍。

相對於次子元春繼承父親的武將性格，三男隆景則是遺傳其父智慧。而長男的隆元被認為是「無才能，無大器」的劣等繼承人。隆元比父親早一步在四十一歲過世，由其遺子輝元繼位。因此叔父吉川元春、小早川隆景二人在旁輔佐的「毛利兩川」體制正式誕生。

重視謀略及計謀

毛利元就在和三個兒子說明團結重要性的同時，也勸告其子：「謀略多者勝，少者敗，不要花時間在興趣上，在戰國裡生存需要的是武略、謀略和計謀。」計謀指的就是散播謠言，想辦法使對方臣服於己。武略和謀略則為武將必備，但把計謀與其並重，這點就很有毛利元就自己的風格。

毛利元就實戰指揮的能力很優越，郡山籠城戰和嚴島合戰就是在他的帶領之下得到勝利，其武力面完全不遜色於同時期的其他戰國大名。據傳毛利元就只看到河面上有螢火蟲亂飛，就察覺附近有伏兵，因為毛利氏為日本軍事之祖大江匡房的末代後裔，很熟悉大江流軍學，在謀略中發揮其本領。也就是說武略和謀略為表面功夫，而計謀則為密技。毛利元就因為擅長使用計謀，所以能從強敵內部開始攻破，進而登上中國地方霸者之位。

一五五四年（天正二十三年）十一月，出雲的月山富田城主尼子晴久，以其叔父國久為首殺害其族。尼子國久因為居住於富田城北方的新宮谷，所以其族稱為新宮黨。新宮黨為尼子軍中知名的精銳戰鬥集團，在尼子氏領國擴大過程中也有極大貢獻。但是尼子晴久以新宮黨串謀毛利元就，企圖背叛本家這樣的罪名殺害其族，使其滅亡。此時的毛利元就和出雲的尼子晴久及周防的陶晴賢為敵對關係，假設尼子軍和陶軍同時攻擊元就，元就就必須加強和他們二者正面交戰的戰力。所以毛利元就為了使尼子氏內部分裂，在富田城放出新宮黨要謀反的假消息。而且在此之前，一五五四年三月，陶晴賢就以和毛利元就的內通罪為由，殺害重臣江良房榮。其實毛利元就早和江良房榮做好內通交涉，但由於房榮一直猶豫不決，元就即放棄說服他加入，轉而想除去房榮這個陶家重要人物，於是放出房榮要與自己內通的謠言，藉陶晴賢之手殺掉房榮。

毛利元就在和三兄弟講述計謀重要性的同時，也要他們立誓團結。因為在戰國亂世中不斷上演父子、兄弟骨肉相殘的戲碼。毛利元就的信念為「要掌握計謀，而不要被計謀掌控」，若無法從背叛主君、盟主而獲得利益，那就不會有人叛變。因為只要毛利家能繼續保有強大的力量，就不會遭其他人背叛。

兼具武略、謀略及計謀的毛利元就這樣成為「中國地方霸者」，他在一五七一年（元龜二年）六月十四日，以七十五歲之齡病逝，其嫡孫輝元則受「毛利兩川」體制輔佐繼位。

雖然毛利氏能選擇不要安於「中國地方霸者」地位現狀而以天下為目標，但「毛利兩川」並不打算放手一搏，只是一心想保有其在中國地方的霸權。

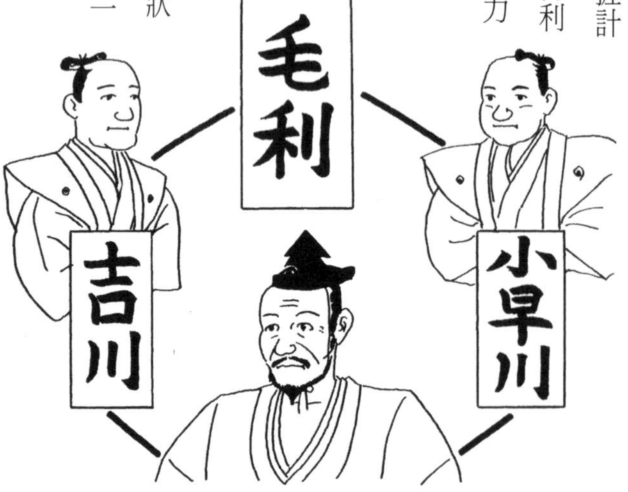

武田信玄雖有一統天下的野心，但到其子勝賴時代時武田家即滅亡，所以「毛利兩川」的安於現狀似乎是正確的選擇。

1織田信長喜歡的一首詞，幸若舞中的「敦盛」段。「人生五十年，與天地相比，盡如夢似幻。既一度享有此生，又豈有不滅之理。」而「人生五十年」的時代，平均壽命非常的短。

2海賊眾：海盜。

毛利元就的必勝戰術

運用策略的天才謀略家

安藝郡山城合戰

擊退尼子三萬大軍的籠城戰

為了生存，背叛已成家常便飯

之後成為「中國地方霸主」的毛利元就是在一五二三年（大永三年）成為毛利家的當權者，此時的毛利氏還只是以郡山城為據點，治理安藝高田郡的地方小領主，未能自立門戶，所以尊崇出雲的尼子氏為盟主。但是毛利元就對於自己被尼子氏當主晴久冷淡對待一事記恨在心，再加上尼子氏和周防的大內義隆的中國霸權之爭逐漸逼近安藝，所以元就在一五二五年正式和尼子氏劃清界線，加入大內氏組織。當時戰國大名和在地小領主關係，不如江戶時代大名和家臣般那樣密切。在地小領主為了生存會背叛其盟主以擴大勢力範圍，甚至成為有力大名。所以毛利元就和尼子氏的分道揚鑣，在當時的社會裡是稀鬆平常之事。而尼子晴久因為擔心和毛利元就斷決關係後，會使尼子氏在安藝國內的影響力降低，所以決定討伐元就，在一五四〇年（天文九年）親自帶領三萬兵力逼近元就據點郡山城。尼子晴久認為只要動員大軍侵略毛利元就領國，元就必會不加抗拒，低頭投降。

但事實上毛利元就抗戰意志甚堅，且作好萬全準備迎戰尼子大軍，他在召集二千五百兵力的同時，亦聚集五千領內人民在城裡進行籠城戰術，舉國上下團結一致，誓死保護領國。

等待後援兵力，擊退尼子大軍

九月五日，尼子軍逼近郡山城下，毛利氏賭上自己的存亡，兩方正式開戰。毛利元就雖表明和尼子軍野戰的決心，但家臣們認為和大軍交手的野戰風險太高，所以元就便說：「若老是抱著對方兵力比我們多的想法應戰，就不能發揮實力，我們比對方更了解這邊的地形、地勢，只要敵方不注意便會落入我方陷阱，這樣一來我們一定會獲得勝利。」十月十一日，毛利元就率領的本隊，在敵方看得到的情況下正式和對方交手，兩方隔著橫貫城西，南北流向的多治比川展開激烈對戰。在兵力上極度居下風的毛利方，一開始便使出伏兵戰術現身在尼子軍的前後左右，因為他們的突然出現使尼子軍陷入極度混亂。而毛利軍雖趁對方慌亂時擴張戰果，卻未進一步追擊，而是意氣風發地凱旋回郡山城。

但毛利方就算贏得野戰也無法自力驅逐尼子軍，而籠城戰術也需要援軍的配合，否則就等同於自殺行為，對毛利元就而言當下只能仰賴盟主大內氏的援軍。毛利元就繃緊神經，終於在十二月三日等到大內氏援軍到達，而擔任此次援軍大將的就是日後和毛利元就在嚴島合戰中一決高下的陶晴

賢。到了一五四一年（天文十年）正月，毛利元就聯合大內氏援軍，開始和尼子軍進行決戰，並成功使對方戰敗逃往領國境外。也因為這次的勝利，使毛利元就名震天下，終於為其一統安藝的心願踏出成功的第一步。

嚴島合戰
電光石火、波濤洶湧的拂曉奇襲

不待陶晴賢自滅便展開討伐

陶晴賢在一五五一年（天文二十年）八月二十日，推翻其主君大內義隆。又因為大內氏一半以上重臣都支持陶晴賢以武力奪取政權，所以大內義隆被驅逐至山口，最後在九月一日被迫自殺身亡。而此時穩固登上安藝國支配者的毛利元就，其實早在一年前就接獲陶晴賢反叛的邀約書信。

搶奪政權成功的陶晴賢，推派豐前的戰國大名大友宗麟之弟義隆為繼承人，並改名為大內義長，成功地樹立傀儡政權。而毛利元就形式上，還是像以前一樣尊崇大內氏為盟主，並沒有要隨之起舞。

一五五四年，陶晴賢因為石見吉見氏的反叛而決定起兵鎮壓，毛利元就當然也有收到以大內氏為名義的出兵命令，但在此之前毛利元就都採旁觀態度，現在被迫決定是要接受或拒絕這個命令，元就主張：「這是盟主大內氏所下的命令，所以就義理上要接受。」但這時的當主毛利隆元卻提出反對意見表示：「陶晴賢是手刃主君的大惡人，應該和其斷決關係舉兵討伐。」結果毛利元就接受兒子的說法，決定和陶晴賢交戰，而且元就從一開始就沒有要順從晴賢之意。雖然毛利元就在七年前已將家督讓予長男隆元繼承，形式上算是隱居，但他自己不說出要討伐陶晴賢的真意，而是讓慎重派的毛利隆元強勢地親自提出這個想法，是毛利元就用來強化其家族內部的策略之一。

作好萬全準備正面誘敵入嚴島

一五五四年（天文二十三年）五月十二日，毛利元就率領三千兵力來到陶軍駐紮地準備開戰。別名「安藝宮島」的嚴島成為毛利方最前線據點，亦為兩方交戰重點，所以嚴島一下子成為大家目光所集之地。

一五五五年（弘治元年）九月二十一日，陶晴賢率領約二萬兵力登上嚴島，開始攻擊毛利方的宮之尾城。城內陣守的毛利兵不到五百人，若陶晴賢率領大軍攻擊一定會馬上投降。但是城兵相信毛利元就的援軍很快就會到來，所以就算被切斷水源，他們還是頑固地持續抵抗。而毛利元就一接到陶軍上岸的消息，馬上前往郡山城。毛利元就認為，和陶晴賢決戰，除了奇襲外別無勝算，因為現在約有二萬名陶軍集中在嚴島這個小島，這對元就來說是唯一的機會。

這個機會也是毛利元就自己創造出來的，因為元就事前即命令重臣桂元澄偽裝和對方內通的樣子，並要他向陶晴賢表示：「若陶軍攻擊嚴島，毛利元就必會出征，自己就趁此時出兵。」陶晴賢也不疑有他登上嚴島，而四千毛利軍也聚集到嚴島對岸的地御前。九月三十日，毛利元就絲毫不懼暴風雨侵襲，等到日落即朝嚴島出發。毛利元就率領的本隊

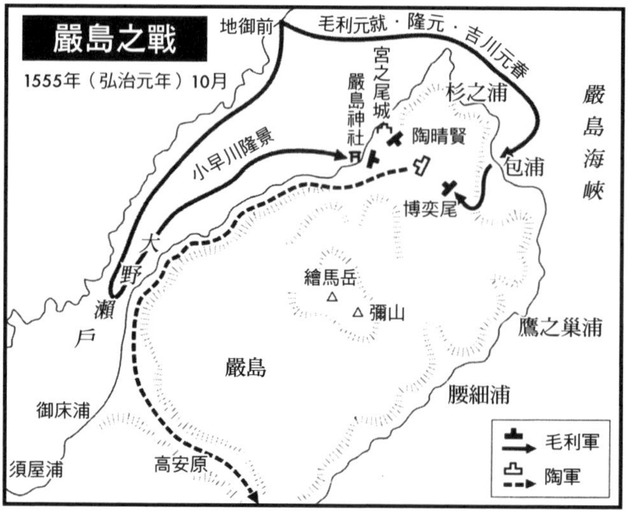

避開有陶軍佈陣的西岸，從東岸的包浦登陸，並在敵方背後的博奕尾等待日出。十月一日的清晨，毛利本隊對陶軍展開猛烈攻擊，而小早川隆景帶領的別働隊則從海上對陶軍軍船發動攻擊。

陶軍對於毛利軍前晚接近之事完全沒察覺，因此毛利軍的奇襲戰術使陶軍陷入混亂狀態。陶晴賢雖號稱有二萬大軍，但大多為烏合之眾；而且總大將晴賢所率兵力頂多只有五千，其他都是受晴賢之邀而出征的大內氏手下，並不是屬於直接聽命於總大將的軍隊。

當時的交戰為了在理論上獲得勝利，傾向集結多數兵力。而陶晴賢期望的不外乎就是靠著以萬為單位的兵力，不須激戰就使對方投降，再加上晴賢一直認為內通者會出現，所以才會帶領二萬兵力從嚴島登陸。

軍力處於優勢的確會構成威脅，但若戰況呈現不利時，部將大都以自身安危為第一，無法顧及指揮作戰。毛利元就就是看準了敵方陷入混亂後便無法整軍，才會大膽使用奇襲戰術。而後陶軍雖意圖重振氣勢，最後還是敗退，無退路的陶晴賢最終只能以自刃收場。嚴島合戰隨著毛利軍的勝利拉下結束的布幕，而毛利元就在其前進「中國地方霸者」的路上又踏下堅實的一步。

專欄

毛利水軍實力堅強的祕密

毛利元就將勢力擴展到瀨戶內海後，第一個瞄準要積極拉攏的目標即是小早川家。小早川家是以現在的三原市（廣島縣）為所在地，包含瀨戶內海各小島都有其強力的水軍陣容，所以被稱為小早川海盜。在無後繼之人的小早川當主興景因病去世後，毛利元就就把三男隆景送到小早川家加入其陣容，為瀨戶內海的權力支配打下基礎。一五五五年（弘治元年），當毛利元就在嚴島和陶晴賢決戰時，了解到水軍的重要性足以左右戰局，所以便向村上水軍要求援軍。村上水軍在當時和肥前的松浦黨、熊野水軍都為人所熟知，是自南北朝以來伊予的能島、來島、備後的因島三島的水軍聯合而成的家族，雖然他們在室町時代就擔任遣明船[1]的護衛，但不如說他們是用武力徵收通行費用，半公開的海盜集團，號稱瀨戶內海最大勢力，可以說他們加入毛利軍時，就已經預見這場戰役的勝負結果。村上水軍的作戰手法是靈活掌控小型船並朝敵方發射火弓箭，在接近敵方時跳進其船與之正面對戰，這是在就算沒有風也能靠潮流加快船速的瀨戶內海中，最有效率的戰法。一五七六年（天正四年），當織田軍欲在海上封鎖大坂的石山本願寺時，就是靠著村上水軍及紀州雜賀眾[2]再加上毛利水軍聯合向織田水軍放射火弓箭將其擊退，才得以運送軍糧給石山本願寺。而以此敗戰為戒的織田信長隨後以鐵板為船身，建造了七艘大型船（又稱大安宅船），於一五七八年再一次海上封鎖石山本願寺。毛利水軍雖欲運送軍糧入石山本願寺，但毛利小型船向織田大安宅船所發射的火弓箭碰到鐵板船身後反彈回來，一下子就被打敗。這場海戰終究不是海盜們可有表現的戰場，而毛利水軍無法跨越瀨戶內海亦是毛利勢力所及的終止界限。

1 遣明船：室町時代與中國明朝正式通商的船隻。

2 戰國時代以紀伊國西北部賀莊一帶為中心活動的當地豪族武士，為十六世紀擁有相當強大火藥裝備的集團。

月山富田城包圍戰

一年七個月風雪期，必勝兵糧攻勢

石見銀山爭奪戰

毛利元就曾對次男吉川元春說過：「若銀山（石見銀山）有異常狀況要趕快以弓箭通知。」戰國時代前半期，大內氏和尼子氏為爭奪石見銀山展開激戰，因為能將銀山拿下就能成為「中國地方霸者」。一五五五年（弘治元年），毛利元就打倒陶晴賢獲得嚴島合戰勝利後，除了陸續侵略大內氏領土的周防、長門，和尼子氏的對決情勢也越來越明朗化。相對於山陽[1]方面的水軍指揮是三男小早川隆景，山陰[2]方面的對尼子戰則是由次男吉川元春掌權。一五五六年，吉川元春入侵大內氏舊領國石見，成功接收石見銀山管理權。但在二年後的一五五八年（永祿元年）九月，尼子晴久率領大軍逼近石見銀山。毛利元就隨後領軍救援，在銀山西邊約十公里處的忍原和尼子軍交戰，但卻吃了個大敗仗，這也是所謂代表屈辱的「忍原潰散」。之後毛利軍每年都派兵攻打石見銀山，終於在一五六二年（永祿五年）二月，得到擔任銀山守備工作的本城常光內應，成功奪回銀山統治權。本城氏也認為毛利元就會承認銀山的所有權在自己手上而臣服於元就，但不久後本城氏一族就遭元就殺害，也因為這件事尼子氏家臣都對是否要歸化於毛利氏有所猶豫。

其實毛利元就早已料到對信賴自己做內應的本城氏作這樣的處置會使自己信賴度下降，但他衡量後覺得二者中為銀山豐富的礦產量比較重要，藉此也可看出石見銀山的經濟價值真的很高。

富田城的陷落和尼子氏的滅亡

一五六〇年（永祿三年）十二月，尼子晴久病逝後其子義久繼承尼子當主，但卻因石見銀山被奪，尼子氏開始一蹶不振走向崩落一途。一五六三年十月，出雲白鹿城落到毛利軍手中，毛利元就也因為攻陷白鹿城而順利孤立尼子氏據點的月山富田城，最後包圍富田城。在攻打白鹿城時，毛利元就曾派工人在石見銀山挖掘往富田城內的通路，但因為被對方察覺而作罷。工人挖掘通道攻城的戰法，在武田信玄進攻武藏松山城時以及德川家康的大坂冬之陣有被使用過，雖然有心理上的效果，但在最後還是失敗。

在這之前的一五四三年（天文十二年），大內義隆亦率領大軍接近富山城，但遭尼子軍的反擊而落敗，義隆因此喪失權威向心力。由於毛利元就也有參與富田城攻擊，得知要進攻富田城是件不簡單的事，如中國名言所云：「行百里者半於九十[3]」，毛利元就並不急於馬上包圍富田城，而是想慢慢的縮小包圍範圍，靠進富田城。使敵方減少兵糧的戰法稱「割田狼藉」，也就是趁敵方農穫收成或還是綠田時，割下其稻穀的手法。有時為了引誘籠城兵出城就會實施這種戰術，毛利元就也在此時徹底使用此戰術。

一五六五年（永祿八年）四月，毛利元就帶領三萬五千兵力來到富田城，為了以斷糧戰術攻擊被完全包圍的富田城，並截斷敵方糧食補給路線，連續一年七個月持續包圍富田城。這次的長時間包圍攻城戰是始無前例的第一次，士兵一人一天可分配到五合米，三萬五千名兵力，一個月就需要五二五〇石的兵糧（一石為一千合）。也就是說，費時一年七個月的長期包圍戰，要輸送十萬石以上的兵糧到戰地。由此可得之，石見銀山豐富的銀產量轉換成兵糧，才得以支撐如此龐大的支出，成為發動長期戰的原動力。毛利元就在實行斷糧戰術的同時也展開其擅長的計謀戰術，他把目標鎖定在城內的尼子氏重臣。因此城內陷入疑神疑鬼的不安情況，而富田城也從其內部組織開始崩壞。一五六六年（永祿九年）十一月二十八日，尼子義久終於投降，將富田城交到毛利元就手中，而使尼子氏臣服於其下的元就終於正式登上「中國地方霸者」之位。

1山陽：指終年日照充足之處。

2山陰：指終年天氣陰鬱之處。

3行百里者半於九十：行程一百里，走過九十里只能算走了一半。比喻事情越接近成功越困難，勉勵人應再接再厲，以期善始善終。

專欄

山中鹿介和尼子十勇士

悲劇性結束生命的戰國大名其背後都擁有一群支撐其勢力的名將存在，出雲的尼子氏亦不例外，將尼子義久及勝久的滅亡經過流傳下來的，正是名參謀山中鹿介。說到山中鹿介就會讓人聯想到尼子十勇士，大家都知道真田十勇士，但尼子十勇士應該大多數人都沒聽過。尼子十勇士是在江戶初期的軍記中才開始有記載，但全員名字都整理出來是進入元祿年間後，但之後的記載中十勇士的名字並不一定。以下就以立川文庫及十八世紀初的趣聞集《常山紀談》（湯淺常山著）內所記載的十勇士名字做個比較。

另外要特別說明正確記載應該是山中「鹿介」而不是「鹿之助」，而破骨障子之介、早川鮎之介、阿波鳴門之介都是語調相同的名字，除了山中鹿介以外，名字真正被確定的只有秋宅庵之助（秋上伊織介）、橫道兵庫之助，而寺元生死之助和五月早苗之介則是真實存在的人物。

但真實存在的這二人並沒有特別活躍，尼子氏也沒特別記載他們二人的事蹟，所以尼子十勇士應該可以看做是依照孤軍奮戰的山中鹿介的形象，特別編織出來的美麗幻想。

立川文庫	常山紀談
山中鹿之助	山中鹿之介
秋宅庵之助	井筒女之介
橫道兵庫之助	川岸柳之介
寺元生死之助	破骨障子之介
皐月早苗之助	五月早苗之介
早川鮎之助	早川鮎之介
大谷古豬之助	上田稻葉介
高橋渡之助	尤道裡之介
藪中茨之助	藪原茨之介
荒波碇之助	阿波鳴門之介

遠國雄將的血戰求生

九州地區的戰國史是以薩摩的島津氏、豐後的大友氏及肥前的龍造寺氏為中心展開，島津義久在耳川之戰中打敗大友軍、龍造寺隆信則在沖田畷之戰中敗亡，呈現三大勢力互相爭奪「九州霸者」之位。雖然島津氏對於「天下人」豐臣秀吉的九州攻拔頑強抵抗，但最後還是選擇投降，而九州戰國史就此劃下句點。

◆激烈爭奪九州霸權的三大勢力

隨著應仁之亂的發生，日本全國急速進入戰國時代，而遠國（本處指九州地區）亦陷入腥風血雨的亂世期。戰國時代初期從豐前、筑前二國開始算起，九州北部皆為周防的大內氏擁有，而此時正是貿易港博多與中國明朝貿易往來獲得極大利益的時期。所以大內氏和九州名門少弍（武藤）氏及豐後的大友氏三者之間，為了博多歸屬權展開激烈的攻防戰。

但在一五五一年（天文二十年），大內義隆因為其家臣陶晴賢的反叛被迫自殺，導致大內氏在九州地區的影響力漸漸消退。之後大友氏以北九州為主舞台和少弍氏展開劇烈的攻防戰，而肥前佐嘉城主龍造寺隆信背棄其主君少弍氏自立門戶，並在一五五九年（永祿二年）以下剋上滅了少弍氏，以戰國大名之姿出現。

相對於突然當上大名的龍造寺，大友氏和島津氏則是成功從守護大名轉變為戰國大名的名門。大友義鑑控制了肥前望族的菊地氏，雖成功得到本國豐後和豐前、肥前、肥後四國的支配權，但在一五五〇年（天文十九年），因為複雜的繼承問題而遭家臣暗殺身亡，又由於他是在大友宅的二樓遭殺害，所以又稱此事件為「大友二樓沒落事件」。

大友義鑑死後由其嫡子宗麟（義陣）繼位，除了接下父親的四國統治權，又另外擴大勢力範圍至筑後、肥前二國，為大友氏最風光的全盛時期。

另一方面，薩摩的島津氏則為了國內在地領主的叛亂而傷透腦筋，到了島津貴久的時代終於成功統一薩摩、大隅二國。一五六四年（永祿七年），島津義久從貴久手中接下家督，又因為義久為智勇兼備的武將，很快地就把島津氏推上「九州霸者」之位。

屈服於「天下人」豐臣秀吉的九州霸者

雖然島津氏、大友氏及龍造寺氏三者間的九州爭奪戰範圍逐漸擴大，但隨著尼子氏投降後，掌握中國地方大權的毛利氏將侵略目標轉移至九州北部，使得九州地區的戰國史呈現更複雜的情況。加上筑前的秋月氏、豐前的高橋氏、肥前的有馬氏、肥後的相良氏及日向的伊東氏等在地領主為了生存，多次反叛、臣服九州三強，使得九州內政非常動盪不安。島津義久在一五七八年（天正六年）的耳川之戰中痛擊大友軍後，亦在一五八四年的沖田畷之戰取了龍造寺隆信的性命，在霸權爭奪中獲得第一。

但在一五八七年，「天下人」豐臣秀吉率領十數萬大軍登上九州，島津軍雖誓死反擊但由於寡不敵眾，最終還是被迫投降。

當完成統一天下志業的豐臣秀吉下令出兵朝鮮時，九州地區就成為作戰指揮的前線基地。以島津氏為首的九州諸大名，在登陸朝鮮半島後持續激烈苦戰。島津義弘終於在一五九八年（慶長三年）的泗川合戰中打敗明朝大軍，使島津軍聲名遠播至東亞地區。

一六〇〇年突然爆發瓜分天下的關原之戰，九州各地因分屬德川方及豐臣方，兩方攻防戰線因而無限延伸。

島津家的戰略

島津兄弟稱霸九州

在亂世生存的名門望族

傳聞島津家第一代忠久是源賴朝的私生子，所以薩摩島津氏為名門中的名門。鎌倉時代的守護中，到明治維新還存留下來的大名就只有薩摩的島津氏而已。島津氏歷經南北朝騷動、戰國亂世、德川幕府的收回大名領地政策，再渡過維新期的動亂，其血脈仍能流存至今。

進入戰國時代後，日本的最南端地區亦遭以下剋上的風暴橫掃，島津氏也因為同族間的內訌及在地領主的叛亂而煞費苦心，到了十五代的貴久才成功將反抗勢力驅除。

一五四三年（天文十二年），葡萄牙人乘中國船漂流到日本的種子島，並將火槍傳到日本，而種子島領主種子島時堯也將火槍獻給島津貴久，這是日本第一次將新兵器使用於實戰中，也因為火槍的強大威力，成功擊敗對手。島津貴久在鞏固島津氏戰國大名基礎的同時，以嫡子義久為首，培養其繼任的卓越能力，而次男義弘、三男歲久及四男家久亦為知名的智勇雙全武將，兄弟間為了長兄義久而團結一心。

說到兄弟團結，島津四兄弟雖不如確實遵守「三支箭」啟示的毛利三兄弟知名，但島津四兄弟比起毛利氏更多了一支箭，或許比毛利氏來得更有力。

折斷的「二支箭」和殘留的「二支箭」

島津軍的士兵素有別名「薩摩隼人」之稱，他們的強大獲得天下第一的評價，勇猛的薩摩隼人其信念是接獲進攻命令就要誓死戰鬥，若是要撤退，他們也一定移動迅速。島津氏在和大友氏及龍造寺氏的決戰中脫穎而出，很多時候都是靠著薩摩隼人的精銳行動，再加上島津氏的優越戰術，才能迎向勝利。島津軍在交戰時會有效利用地形，雖然是很普遍的作戰手法，但他們活用河流為天然溝渠，就算兵力不及敵方，只要在敵方高處佈陣就可以使己方達到對戰的有利位置。島津軍也擅長先佯裝戰敗脫逃，再誘敵至伏兵處，此作戰手法稱「伏兵野釣」。這也是在《三國志》中經常被使用的戰術，因為伏兵群都配有火槍，所以效果奇佳。

島津四兄弟齊心打造九州霸者王國，但這美夢卻遭「天下人」豐臣秀吉打破，在一五八七年（天正十五年）島津氏入豐臣軍門下，但因三男歲久和四男家久並不想降服於豐臣秀吉，使得四兄弟的關係產生裂縫。島津家久在豐臣秀吉之弟羽柴秀長的出征中突然身亡，據說死因是遭毒殺；島津歲久則因朝豐臣秀吉隊伍拉弓，被冠上謀反罪名，被迫自戕。順帶一提，毛利三兄弟的次男吉川元春雖也不願歸附豐臣秀吉門下，但由於考量弟弟小早川隆景和秀吉間的關係，只好裝作沒事並沒有直接對秀吉表現出認任何忤逆之意。之後比起長兄島津義久，豐臣秀吉更是積極拉攏次男義弘，企圖分裂島津氏內部，但殘留下來的二支箭終究還是沒被秀吉給折斷。

島津義久家久的必勝戰術

以寡擊眾的伏兵戰術

耳川之戰

粉碎大友宗麟野望的急追戰

懷抱稱霸九州野望的大友宗麟

戰國時代的日向一地，名目上雖在島津氏的統領之下，但自從其北部遭豐後的大友氏入侵，情勢便陷入混沌不明。都於郡城主伊東義祐嫡子義益，因為娶了大友宗麟的女兒為妻，強化了和大友氏之間的關係，以此勢力為背景打造伊東氏全盛時期。

一五七七年（天正五年），島津義久的平定日向作戰開始，十二月島津方因為得到伊東氏重臣的內應，將伊東父子自日向驅逐，迫其逃往豐後。大友宗麟以取回伊東父子領地為由，侵略朝日，但其家臣表示：「現在若執意進攻日向，必定要和強敵島津正面交戰，應該先等待時機……」但宗麟完全沒聽進。此時大友氏的勢力圈擴及豐後、豐前、筑前、筑後、肥前、肥後六國，頗有稱霸九州的氣勢，所以急欲拿下九州的大友宗麟認為當下正是打倒強敵島津氏的時機。

誘敵戰術大勝

一五七八年（天正六年）九月四日，四萬五千大友軍往南朝日向前進，而島津方雖然有島津家久的軍隊從耳川河畔北上，但卻阻擋不了大友軍，被迫在耳川南方約二十五公里處的高城進行籠城戰。高城為南方的小丸川及北方的切原川形成的天然渠道要害，島津家久率領約一千兵力在此展開籠城戰。雖然敵方軍隊人數比籠城兵多出數倍，但籠城兵還是死守高城等待後援兵力。十一月十一日，島津義久自薩摩、大隅聚集四萬大軍趕赴救援。相較於大友軍為九州各地的烏合之眾，島津軍的危機意識很強，他們了解日向一戰若敗，大友軍就會進入本國薩摩，所以全軍士氣旺盛。島津軍的一兵一卒都徹底了解其交戰重點為何，這也是他們強大的原因。

而此時的大友宗麟並沒有為攻拔在高城佈陣，而是熱衷於後方的努志賀[1]建造「基督教王國」的計劃。大友宗麟在將島津勢力逐出日向之際，據說他有意將日向打造成一個全民都信仰基督教的國家。之後島津軍和大友軍挾小丸川對戰，隔天十二日，一部份大友軍受騙於島津軍的戰略，正當越過小丸川之際，遭受島津氏的猛烈攻擊而潰不成軍。因為一支部隊潰敗的混亂很快就波及到全軍，大友軍因而戰敗開始逃回本國豐後。而島津義久則為了擴大戰果，下令繼續對大友軍進行追擊，敗戰的大友軍被追趕至耳川河畔，島津軍不費吹灰之力即戰勝。又由於大友軍和島津軍的雌雄對決最終是圍繞著高城作戰，所以亦稱高城之戰；有一說島津軍發動陽動作戰的地點，並不是在小丸川而是在耳川河畔。

[1]努志賀：現在的宮崎縣延岡市無鹿町附近。

沖田畷之戰

島津、有馬聯合軍的迎擊戰

島津與龍造寺的對決

九州的戰國情勢隨著耳川之戰的發生有大幅變化，大友氏因為這次的戰敗不僅折損許多戰力，部分家臣也紛紛叛離出走，威信瞬間降到谷底。另一方面，登上勝利者寶座的島津氏，在拿下日向國統治權的同時，亦開始北上往肥後前進，成功將其勢力圈擴大。在島津氏和大友氏進行激戰時，龍造寺隆信則在肥前坐擁「漁翁之利」。龍造寺隆信趁大友氏衰弱之際，先侵略筑前、筑後、肥後，再併吞大友氏的領國豐後，將勢力範圍成功擴大至島津氏之上。

自大友氏風光不再後，逐漸強大的島津氏和龍造寺氏二強的九州霸者之爭，只是時間早晚的問題。二者的決戰舞台在島原半島（長崎縣），當時統治島原半島的是日野江城主有馬晴信。有馬氏因為龍造寺氏的勢力擴大，無法維持獨立，所以不得不臣服於龍造寺氏之下。但是當島津氏的勢力到達肥後，有馬晴信即單方面打破和龍造寺氏的從屬關係，決心要與島津氏締結新的同盟關係。

活用左右勝敗結果的地形

龍造寺隆信聽聞有馬氏叛離的消息後感到震怒，並表示：「現在龍造寺氣勢橫掃九州北部，許多大友氏的夥伴都靠攏我方，若不好好處置背離我方的有馬，會被其他新加入者認為我們好欺負。所以只要我方攻擊有馬，島津一定會來救援，若二軍交戰後我方勝利，那離制霸全九州的日子就不遠了。」龍造寺隆信抱持這樣的想法，決定為討伐有馬親自出征到島原。一五八四年（天正十二年）三月，龍造寺隆信率領六萬大軍（有一說為二萬五千），從島原半島的神代港上岸，逼進有馬方的森岳城（現在的島原城）。而島津義久則分配三千兵力給弟弟家久，派其前往島原半島。又因為走陸路從薩原到島原會經過龍造寺勢力範圍，所以在島津家久的指揮下，軍隊橫渡八代海和有明海登陸島原半島，就這樣島原半島成為此次兩軍對戰的地點。島津軍加上有馬軍兵力還不到一萬，所以在兵力上是龍造寺軍占上風，但島津軍活用地形克服了兵力的差距。島津家久著眼的決戰預定地位於森岳城北方的沖田畷，因為龍造寺軍從北方進攻森岳城一定要通過沖田畷。「畷」指田間小道，沖田畷為一條貫穿泥濘濕地的道路。島津家久安排伏兵於沖田畷，並以擅長的陽動作戰將敵人引入，待他們成一列縱隊時從橫向出擊。敵方大軍遭泥田中伏兵群的攻擊時無力招架，想要撤退卻被後面跟上的部隊給擋住，呈現混亂狀態。而大軍一旦陷入混亂，就很難再重新整頓隊伍，所以在混亂中，龍造寺隆信身亡，享年五十六歲。

失去龍造寺隆信這樣一個獨裁者的龍造寺氏，日後走向衰敗一途，而島津氏則是大開其朝向「九州霸者」的道路。

戸次川之戰

粉碎欠缺統率的大友、四國聯合軍

尋求「天下人」豐臣秀吉援助的大友宗麟

獲得沖田畷之戰勝利的島津氏，下一個目標是想將已衰退的大友氏給鏟除。一五八六年（天正十四年），島津氏在進攻筑前要衝岩屋城的同時，也從肥後和日向分別往大友氏本國豐後進行侵略。由於大友宗麟已無力抵抗勢如破竹的島津氏，所以發誓臣服「天下人」羽柴秀吉，藉機向其要求援軍。正當島津義久鞏固九州霸權的同時，天下情勢已由戰國亂世逐漸轉變為天下一統的樣態。秀吉向島津氏下達中止攻擊大友氏的命令，但是島津義久認為「臨時性的關白」所下的命令沒有遵守的必要」，所以針對大友氏的攻擊毫無鬆手之意。

因此秀吉對中國地方的毛利氏下達進軍九州的命令，四萬毛利軍即進入筑前地區為島津軍的北上作準備。另一方面秀吉亦派遣包括土佐岡豐城主的長宗我部元親、信親父子、讚岐十河城主十河存保以及讚岐高松城主仙石秀久的四國聯合軍到大友氏的豐後。一五八六年八月二十八日，不到六千的豐臣軍從四國走海路到達豐後，十月下旬德川家康為確保東方安定而和豐臣秀吉成主從關係，在此之前秀吉並沒有自組軍隊的能力，只能先派四國軍到豐後應急，並任命仙石秀久為四國聯合軍指揮，進行持久戰。

擁有大軍的島津家久

島津義久命其弟家久對大友氏世代據點的府內城進行攻擊，十二月六日，一萬八千名島津軍首先對大友氏所屬，位於府內城南方十五公里處的鶴賀城展開攻擊，因為拿下鶴賀城後，對府內城的攻擊就容易多了，因此仙石秀久率領的四國軍出發前往鶴賀城備戰，雖然長宗我部元親認為島津軍的兵力多於己方，反對持久戰，但作為軍監[2]的秀久還是硬把其正確論點給抹煞掉。

長宗我部元親、仙石秀久及十河存保三人現在雖屬於共同作戰關係，但當元親以「四國霸者」為目標時，和其他二人其實為誓死爭鬥的關係，所以現在的豐臣軍就有如「吳越同舟」的狀態，要三人齊心協力的去進行軍事行動是不可能的事。十二月十一日，島津、秀吉二軍隔戶次川（大野川）對戰，但急於立功的仙石秀久及其部份兵力，卻遭島津軍擅長的陽動作戰痛擊而橫越戶次川。正當他們通過戶次川到達河岸丘陵時，島津軍的伏兵出現，仙石軍一下子就陷入潰散狀態，跟著仙石軍後面渡河的長宗我部和十河兵力也陷入苦戰，十河存保和長宗我部元親嫡子信康都相繼遭擊身亡，折損不少大將。島津家久不管敵方兵力多少都不輕敵，才能活用地形將傷害減到最低，獲得勝利。島津軍也乘著這股氣勢進攻府內城，豐後一國幾乎全部到手。但是在十二月一日，關白秀吉發布九州征討令，島津義久在快要稱霸九州時，遭豐臣秀吉討伐，使其不得不臣服於豐臣軍門下。

1 關白：為日本天皇成年後，輔助總理萬機的重要職位，相當於中國古代的丞相。
2 軍監：律令制軍團中僅次於大將軍及副將軍之職位，為監督軍事活動之人。

專欄

戰國武將的綽號

如果沒有強烈鮮明的性格，就沒有在戰國時代生存的資格，所以武將們各別都被冠上符合其個性的獨特綽號。其中最有名的就是靠謀略驅逐主君，掌控美濃一國的「美濃腹蛇」齋藤道三。一旦咬住決不鬆口，確實將毒注入的腹蛇，是非常符合他的綽號。在川中島有激烈交戰的上杉謙信及武田信玄被並稱為「越後龍」和「甲斐虎」，其中終生未娶且決不為已利而戰的謙信又被尊稱為「聖將」。

火攻比叡山且殺害僧侶三千多人，令人感到害怕的織田信長則被叫作「赤鬼」，以面目猙獰的赤鬼來形容其惡魔般的性格真是再適合不過，但就是因為他像惡魔，才能在戰國中生存。被戲稱為「猴子」或「禿頭老鼠」的是豐臣秀吉，二者都是織田信長所取，是在取笑其瘦弱的長相。而豐臣秀吉的外甥秀次，因為秀吉疏離他，讓他因此做了許多殘忍的行為，所以被叫做殺生關白。遭織田信長放逐的十五代將軍足利義昭則為「窮困將軍」，他是需要藉由諸大名援助才能過活的將軍，財政情況可以說是十分拮据。在賤岳與豐臣秀吉爭奪織田信長後繼之位的柴田勝家，在戰場上被稱做「進攻柴田」和「鬼柴田」，另外還有「破瓶柴田」的別名。因為之前所屬城池被包圍時，眼看蓄水池已快見底，他卻讓士兵盡情喝水，因為他認為「死後的水是無用的」，士兵要喝水才能作戰，於是打破自己的水瓶，讓士兵喝完水，再去討伐敵營。其他還有曾擊退老虎的加藤清正為「鬼將軍」，池田輝政為「西國將軍」，當然也有一些失禮的稱號，像是被織田信長評為大意不得的鄉下大名長宗我部元親，就被信長形容成「無鳥島上的蝙蝠 1」。

1 比喻沒有優秀的人或強者的地方，痞子也能逞威風。

第三章

戰國三英傑 一統天下的爭鬥

——織田信長——豐臣秀吉——德川家康——

織田信長 通往「天下布武」的大戰略

信長的戰略▼以創造和破壞統治天下

織田信長自一五六七年（永祿十年）開始，使用表明「武家將掌控天下」之意的「天下布武」朱印，並在桶狹間打敗今川義元，加入戰國群雄爭奪行列，比任何大名都早一步完成上京夢想。以下就讓我們來檢測疾馳於天下統一道路上的革命者織田信長，其猶如鬼神般讓人畏懼的戰略。

以「天下」為目標

織田信長在一五六〇年（永祿三年）於桶狹間擊敗今川義元後，就懷有「我會成為平定天下之人」這樣的野心。戰國時代的武將都像織田信長一樣想成為天下人，武田信玄、上杉謙信、毛利元就以及九州的島津義久和東北的伊達政宗都曾懷有這個野心，但織田信長為了實現這個目的，使用和其他人截然不同的戰略。相對於其他武將為了擴大領地而反覆激戰，織田信長則致力於控制戰略據點的流通狀況。

只要握有物資及人們會通過的地區掌管權，就可以斷絕敵對武將的生存根源，而且還可擁有金錢及貴重物資的支配權。有句話說：「能控制流通者，就能掌控日本。」這個道理在現代亦為有用的通用策略。擁立將軍足利義昭上京都的織田信長，對副將軍及京畿內管理等地位完全沒興趣，而是積極去取得堺市、草津、大津等地的支配權。織田信長不只握有九州、瀨戶內海通往南洋貿易的堺市管理權，也確實掌握東海通往關東必經之地的近江草津，和通往北陸的大津等流通地區的控制權，將這幾個地方當做戰略據點，織田信長可說是近世第一位以合理性去思考戰略的人物。

而且織田信長不僅像其他武將一樣，將目光放到有效率的「火槍」上，更進一步積極接觸將火槍傳來日本的南蠻人[1]，如基督教傳教士的弗洛依斯和奧爾岡蒂諾（Gnecchi-Soldi Organtino）[2]等。雖然他們是以傳教為目的，但也能從他們口中得知當時的世界情勢及歐洲的政治、軍事組織、造船術及戰術等日本完全接收不到的最新情報。又因為傳教士大多為軍人出身，織田信長特別注意他們透露的軍事情報，並積極從他們那裡學習許多強大的軍事技術。像是織田信長建造的鐵板船身軍艦和大炮及長篠合戰中使用的火槍三段式連射法，都是從歐洲人身上學到的技術。

織田信長就是靠著徹底蒐集看起來無關緊要的情報，再加以運用的合理主義（可行性），統一戰國亂世期的日本，為近世國家的形成開啟了新道路。

信長的巨大野心

織田信長第一次提出「天下布武」（武家掌握天下權力）宣言，是在他攻陷齋藤道三之子義龍所在的稻葉山城奪得美濃政權時。從父親織田信秀時代算起，共費時十六年才掌控美濃，接下來織田信長將挾帶這股驚人氣勢走上奪得天下的路途。織田信長首先牽制的地區是朝廷和將軍所在的京都，並在此立定足以掌控全國的戰略，他之所以會侍奉流離的足利義昭上京，也是為了鞏固自己地位所行的策略。織田信長利用侍奉將軍足利義昭，廣招各地武將臣服於他。但因足利義昭叛變，他立刻使用武力殲滅周圍的敵對武將，並且和德川家康聯手共組同盟，打敗強敵武田勝賴，奠定入主關東的基礎。而在北陸打倒朝倉義景後，織田信長命令柴田勝家鎮壓上杉謙信，豐臣秀吉則在中國地方和當時的霸者毛利輝元展開對決，也立下計劃派兵到四國攻打長宗我部氏。如果這四方戰線都能成功的話，織田信長就能掌控關東、東北，過幾年若再征服九州，即可君臨天下。

織田信長在擁有流通據點的物資、人員情報掌控權的同時，亦確實地追求其「天下布武」的信念，但妨礙他實行的就是比叡山和石山本願寺等宗教勢力者，所以他毫不留情的除去這些障礙物。但織田信長的野心並不止於此，他內心還藏有一個遠大的計劃，那就是為對付西班牙、葡萄牙、英國和荷蘭人，他想要先從朝鮮半島制服中國，進而奪得越南到菲律賓的統治權。另一方面在國內放逐將軍足利義昭，使室町幕府體制崩解，他下一個目標就是確立「織田幕府」。朝廷方面則認同織田幕府的建立，甚至給與織田信長官位任命權，包括太政大臣[3]、關白、征夷大將軍等。但織田信長並未就此滿足，他在傳教士范禮安（Alexandro Valignano）[4]面前述說自己在追求比天皇還高的位置，野心的終極目標為自身神化，也就是追求猶如活神仙的存在。

體悟「人生如夢」的安土城專制君主

若說織田信長所建造的安土城天守閣，除了有城池機能，同時兼具信仰象徵，一定有不少讀者會感到驚訝。事實上五層七階的天守閣所代表的，就是超越中國傳來的佛教、儒教、道教、日本古代的神道及基督教，表示「天道」思想——實現天道者即能制服天下，甚至跨足世界，而那個人就是神化的織田信長。織田信長在傳教士弗洛依斯面前表明自己是活神仙，而弗洛依斯則有以下的解讀：「信長認為自己是活著的神，主張世界上沒有萬物之主，希望得到所有人的崇拜。」而織田信長為何那麼想要成為神呢？那是因為他了解到，只用軍事力量是不能完全支配人類的，像火攻比叡山、和石山本願寺一向眾十一年間的持續纏鬥，及在伊勢長島、越前的濫殺一向眾等，他所對抗的都是藉由信仰而聚集，不斷竄生的勢力。織田信長從這些征戰中得知了信仰的重要性，所以積極接觸基督教傳教士，並從他們那裡得知洲的政治形態和羅馬教廷有緊密的關係。只有政治和軍事，是不能成為真正的天下人，唯有深植信仰才能成為擁有絕對權力的大人物。多數的戰國武將都只以領國擴張為目標，但織田信長是從世界觀點來追求日本新型態的權力支配。比起織田信長如此巨大的夢想及事事設想周到的性格，其家臣就顯得極度保守，因此才會出現保守派的明智光秀為了生存而扼殺了信長的遠大抱負。

1南蠻人：室町末期至江戶時代渡日的葡萄牙人、西班牙人。

2奧爾岡蒂諾：一五三〇～一六〇九，義大利耶穌會傳教士。一五七〇年到達日本，以京都為中心傳教。

3太政大臣：律令制度下最高官位，理論上為律令制度下的的最高長官，但自從關白出現後，太政大臣的政治力遭到架空。

4范禮安：一五三九～一六〇六，義大利傳教士。以耶穌會東洋巡察使的身分，於一五七九～一五九八三次渡日。

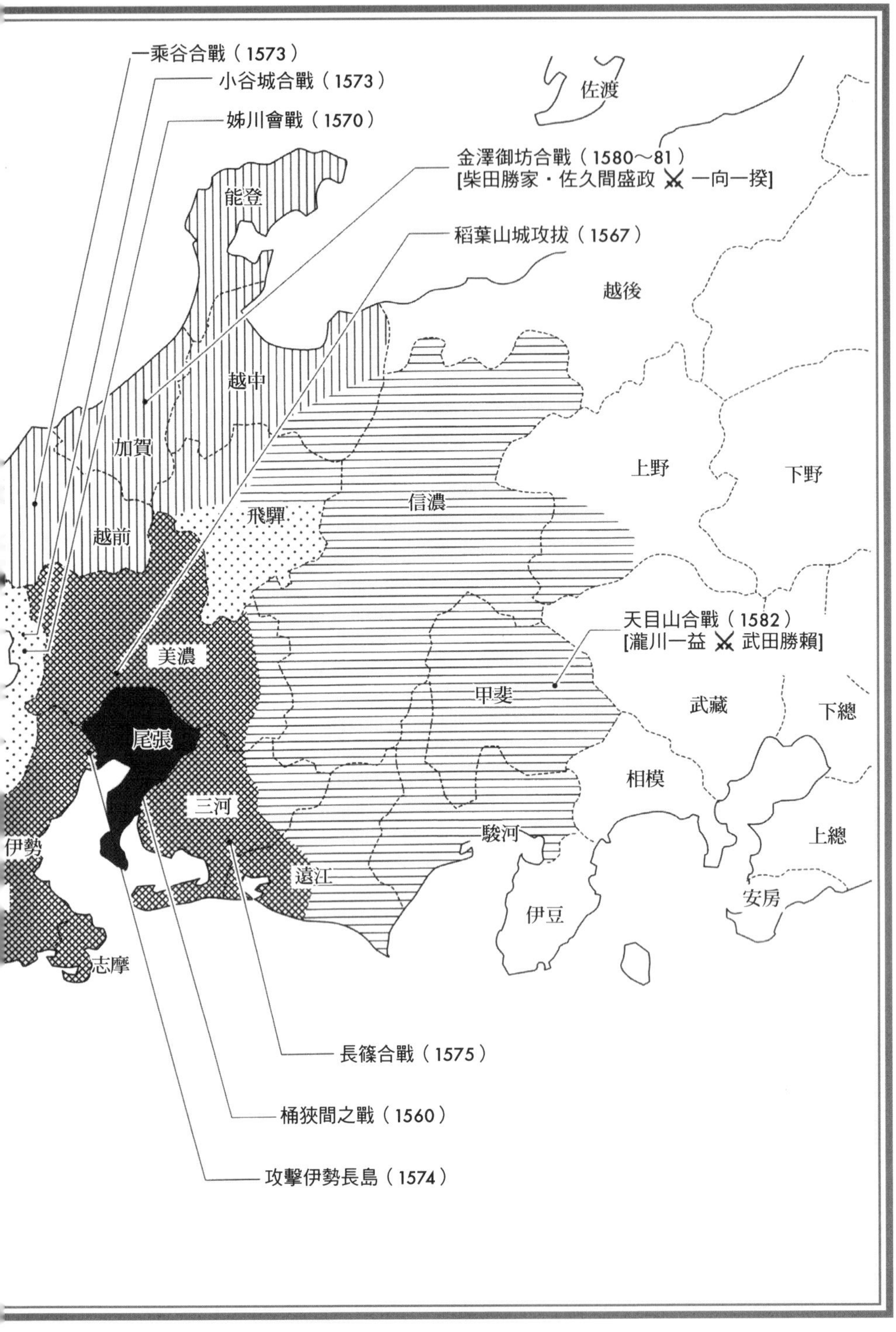
一乘谷合戰（1573）
小谷城合戰（1573）
姊川會戰（1570）
金澤御坊合戰（1580～81）
[柴田勝家・佐久間盛政 ⚔ 一向一揆]
稻葉山城攻拔（1567）
佐渡
能登
越後
越中
加賀
上野
下野
信濃
飛驒
越前
天目山合戰（1582）
[瀧川一益 ⚔ 武田勝賴]
美濃
甲斐
武藏
下總
尾張
相模
三河
伊勢
駿河
上總
遠江
安房
伊豆
志摩
長篠合戰（1575）
桶狹間之戰（1560）
攻擊伊勢長島（1574）

從主要對戰看織田信長的版圖擴大圖

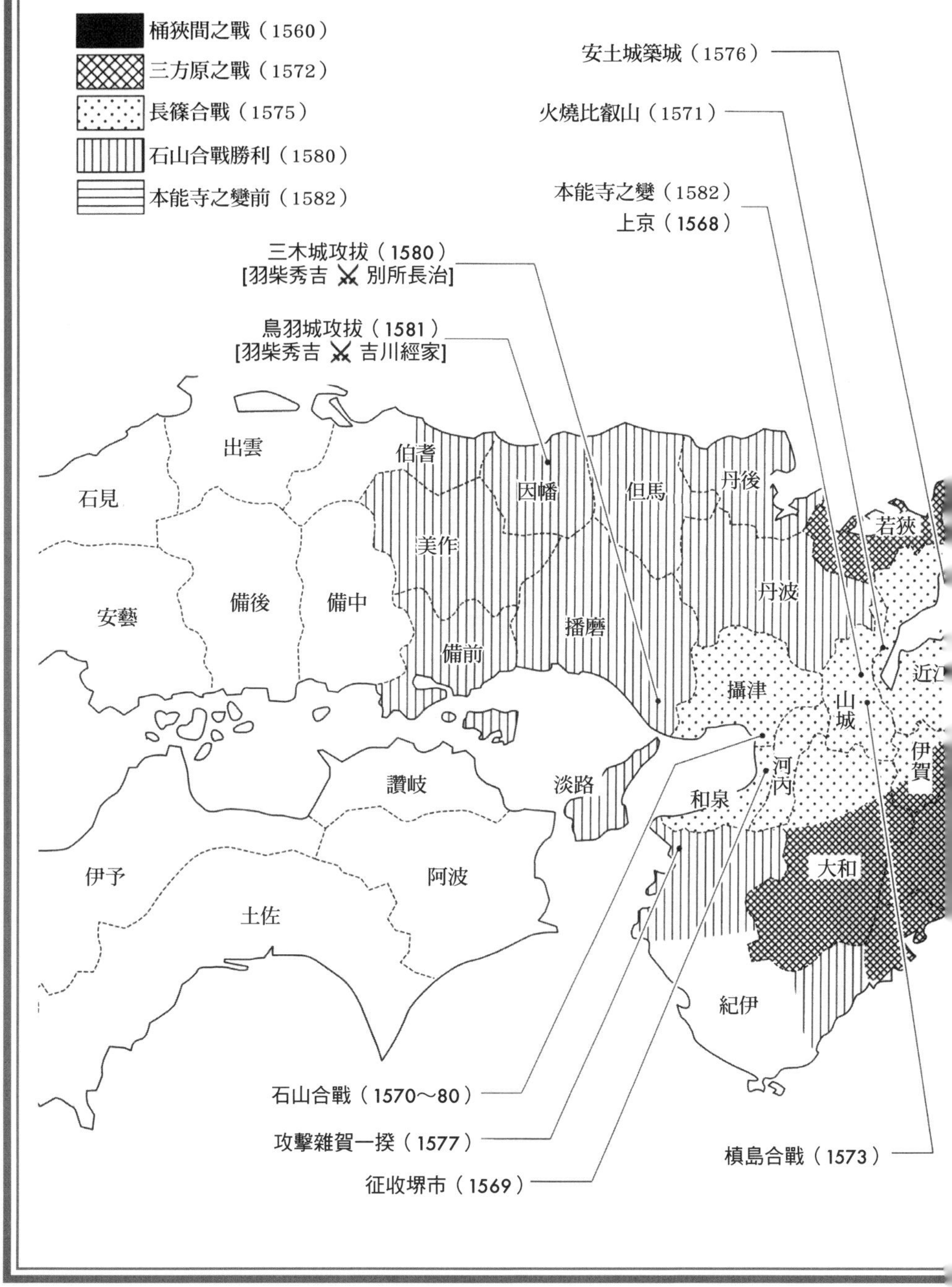

桶狹間之戰（1560）
三方原之戰（1572）
長篠合戰（1575）
石山合戰勝利（1580）
本能寺之變前（1582）
安土城築城（1576）
火燒比叡山（1571）
本能寺之變（1582）
上京（1568）
三木城攻拔（1580）
[羽柴秀吉 ⚔ 別所長治]
鳥羽城攻拔（1581）
[羽柴秀吉 ⚔ 吉川經家]
出雲
伯耆
因幡
但馬
丹後
若狹
石見
美作
丹波
安藝
備後
備中
播磨
備前
攝津
山城
近江
伊賀
讃岐
淡路
和泉
河內
大和
伊予
阿波
土佐
紀伊
石山合戰（1570～80）
攻擊雜賀一揆（1577）
征收堺市（1569）
槙島合戰（1573）

從築城看信長的思想

多次遷移居城

大多數的戰國武將都把領國內居城「當做據點，沒有想過要把居城遷移到他處。像是後期和織田信長交戰的上杉謙信，就算將戰線擴大到關東和北陸還是以越後春日山城為居城。武田信玄則是把整個甲斐都當做要塞，沒有建造居城，更別提在侵略地上蓋城池了。

比起他們，織田信長對於居城所在地就沒有那麼固執，他原來的居城在尾張清須城（清州城），但打敗今川義元後，戰略目標移向美濃齋藤氏，他毫不猶豫地在小牧山築城做為自己的居城。因為從小牧山城前往美濃進行攻拔的路線較短，是個較為便利的戰略地點，而織田信長在進攻美濃時命令豐臣秀吉建造墨俣城，也是為了成功分裂大垣城和稻葉山城的戰略要點之一。

不久後織田信長征服美濃，拋下小牧山城以稻葉山城（之後改名為岐阜城）為居城；他會這樣因應各個戰略目標遷移居城是受其父親織田信秀的影響。織田信秀的第一個居城是勝幡城，但由於因計得到了那古野城，便拋下織田信長自己到古渡築居城。古渡城為熱田神宮到三河的要衝，因為織田信秀懷有支配三河的理想所以才將居城移到此處。因應戰略目標遷城不只代表織田信長對居城的想法，另一個目的是為了徹底確立兵農分離制度。

築安土城為「天下布武」象徵

這個時代的將領、士兵都是在其領地居住且一邊進行農耕工作，萬一發生緊急狀況他們便快速換上軍裝，急忙趕到城裡，也就是所謂的兵農合一狀態，因此織田信長想要設置在必要時能全軍一齊出發的常備軍。他命令戰鬥主要人員的家臣及其家族加上負責供應補給物資的商人們，遷移至小牧山城和岐阜城，而農耕者就直接留在當地。

就這樣隨著織田信長遷移居城，形成兵農分離的專門戰鬥集團。上杉謙信和武田信玄等有力的戰國大名，因為講究世代流傳下來的居城，所以將領、士兵們只能在農閑期出征，這個因素也成為其無形的致命傷之一。織田信長在築安土城的同時，正式確立了兵農分離制度，派遣強大的常備軍到各處。其實安土城的建造也是為了戰略目標，意圖控制京都且以堺市為中心征服京畿的織田信長，因為在京都和岐阜中間地帶設城，使其更具戰略性，而且安土地處日本的中央，可以掌控東西向的流通。織田信長在此建造的巨大居城，亦象徵其統一天下的決心。

五層七階的天守閣比東大寺大佛殿還要高，再加上它是被建在標高一五〇公尺的安土山上，人們更是驚嘆其直衝天際的雄偉姿態。天守閣內部是呼應織田信長欲支配天地的想法做設計；據說安土城的雄偉還被描繪在屏風上送給羅馬教宗，織田信長建造這座城不只是向日本，亦有向全世界展現其野心的意圖；說織田信長的築城著重戰略性，其實追根究柢也是他欲神格化的思想表現。

1居城：領主所居住的城池。

織田信長的必勝戰術

臨機應變的用兵術

桶狹間之戰

以奇襲術決勝負

早的出征命令

一五六〇年（永祿三年）五月，今川義元率領大軍入侵尾張前，織田信長的重臣們主張應該趕快決定要籠城亦或是到前線佈陣準備作戰，但信長卻沒有下明確的指示，還中斷軍事會議，獨自一人回房打呼睡覺，令重臣們不禁搖頭嘆道：「沒想到織田家也會被一時的順利給蒙蔽雙眼。」但是在五月十九日天還沒亮時，信長接獲今川軍進攻丸根砦及鷲津砦的急報後，毅然起身，翩舞自己喜歡的謠曲作品《敦盛》：「人生五十年，與天相比如夢似幻。有幸一度為人，焉有不滅時？」隨後即下令吹螺著裝集合，自己也趕忙吃飯駕馬出征。其實信長早已勝券在握；今川義元的前線基地為大高城，運送食糧到大高城的就是侍奉今川的松平元康（德川家康），因此間接看出今川義元會從尾張的沓掛進入大高城。信長表示：「要前往大高城一定要通過一條名為狹間的細長窪地，所以等義元本隊到來，隊

伍延伸排列時，我軍全部集中在此必能拿下義元的項上人頭。」

兵少的一方若想贏過大軍，一定要將兵力集中襲擊敵營才能拿下勝利，這就是織田信長的打算。因為他確實掌握了義元陣營的動向，他派遣透波、亂波[1]等間諜滲透敵方駐守要塞、家臣身旁和各地方吸收情報，透過他們即可得知今川義元的動向。出生於沓掛、熟知地形的簗田政綱就是其中一人，還有聚集在生駒家宗「生駒小屋」的民間武士如蜂須賀小六和前野長康也都有所行動。

織田信長第一次見到生駒家宗的女兒就讓她懷孕陸續生下兒子信忠、信雄和女兒五德，這個「生駒小屋」可算是信長的諜報機關，年輕時的豐臣秀吉也常出入這裡，不久後豐臣秀吉即歸屬織田軍門下。

可信情報為勝利保障

跟隨織田信長出征清須城的下屬只有五、六人，但到達熱田神宮時卻多達一八〇〇人。織田信長離開熱田到達古鳴海時，接獲傳令兵報告丸根砦、鷲津砦已淪陷的消息，隨即下令全軍約三千餘名馬上朝善照寺砦出發。此時的今川軍正在鳴海城周邊和佐佐政次等三百兵力交戰，因此信長本隊的動向並未被敵人發現。但佐佐政次和其三百士兵遭今川軍擊潰，此時織田信長展開陽動作戰，將隊伍分開，並發給一部分士兵代表己方的小旗幟，命令他們假裝本隊，有氣勢地進入善照寺砦。

此時簗田政綱的密探捎來「義元本隊已從沓掛進入桶狹間」的消息，接著第二個密探也告知「義元本隊在田樂狹間稍做休息」的情報，完全和織田信長所預想的一樣，也就是義元本陣旁應該只有二千兵力。織田信長深信會贏得這場勝利，便下令「一口氣突破義元本陣，拿下義元人頭。」這就是情報的可行性，織田信長為了因應今川義元的侵略，安排了許多間諜，像是常出入「生駒小屋」的民間武士蜂須賀小六和前野長康等就變裝為農民，等待今川義元一行人，他們還拿出酒和餅給今川義元一行人在桶狹間當午餐享用。

織田信長收到正確情報後立即向義元本隊進攻，而此時的今川義元完全不曉得信長的行動，悠然地前進，看到歡迎他們來到的農民還特地停下來休息，更在田樂狹間吃中飯；今川義元因為太過自信而造成這一時的大意。

滂沱大雨中以今川義元為目標

此時的織田信長腦中只想著如何不讓敵人發現而快速到達今川軍所在的田樂狹間，休息過後今川義元即往大高城出發，織田信長心想「要贏義元就只能在窪地決勝負」，所以下令從善照寺砦往中島砦進軍，而中島砦此時是有大批敵軍包圍、無處可逃的「死地」狀態。就因為敵方認為此處為死地，才會疏忽，以為織田軍不會進攻。雖然織田方的家臣建議不要做沒有把握的進攻，但織田信長還是一意孤行，大膽地朝「死地」進軍。之後再從那裡一直線往今川義元所在的田樂狹間前進到桶狹間山山麓，一口氣往上進攻。

那時織田信長也得到了勝利女神相助，因為突然下了場滂沱大雨，使得織田軍的行動得以隱匿進行，而且這場雨也使今川軍不得不停下腳步。織田信長到達桶狹間山頂時，雖然今川軍還在和大雨搏鬥，但田樂狹間卻是一片晴空萬里。織田信長拿起長槍大聲號令開始攻擊後，立即闖進義元本陣。敵方也因為這突如其來的攻擊被打得無力反擊，大多數士兵都還來不及拿武器，只能留下旗幟、弓箭等，甚至連今川義元的轎子也丟下就倉皇逃離。

而佩戴旗幟的三百織田軍則圍成圓弧狀包圍今川義元，因而讓其他織田軍得知今川義元位置迅速趕來，包括服部小平太和毛利新介都趕往此處，最後是由毛利新介砍下義元的首級。這場戰役花了兩個鐘頭時間就殺了今川軍三千多人，最後由重視地形和情報的織田信長以少數兵力集中攻擊，拿下壓倒性的勝利。

織田信長也因為打敗東海名將今川義元而打響「尾張織田信長」的名號，一舉成為戰國時代戰場上最受注目的主要人物。

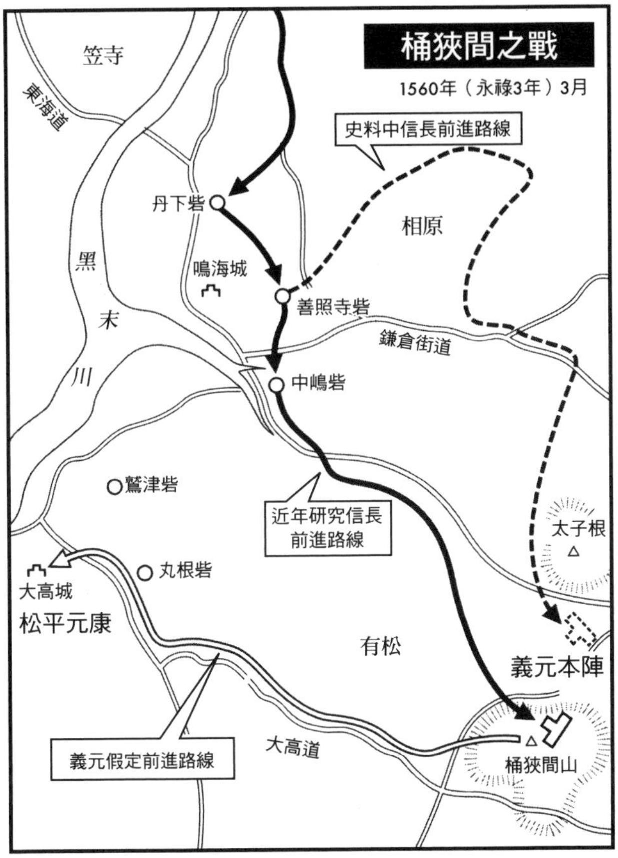

1透波、亂波：日本忍者。

姊川會戰

引入野戰的絕妙陽動作戰

引朝倉、淺井聯合軍入野戰

一五七〇年（元龜元年）四月，織田信長突然帶兵離開京都，為了討伐和足利義昭合作的淺井義景而率軍從若狹前往越前；朝倉氏和淺井氏為同盟關係，彼此約定不論織田信長攻打哪一方，另一方一定要派援軍支援。另一方面，織田信長則是一心認為就算攻打朝倉氏，身為妹婿的淺井長政應該也不會有任何動作，便毫無忌憚地進攻越前敦賀的天筒山城，並攻陷金崎城。到了要直闖朝倉氏所在地，準備越過木芽峠時，小谷城的淺井長政卻派兵支援朝倉氏。這樣下去必遭二軍夾擊，所以織田信長立即下令撤退，但此時撤退比前進更難。在隊伍最後頭率軍的是豐臣秀吉，他和德川家康協力追擊朝倉軍，秀吉的奮戰加上織田信長的快速撤退，被形容為「如鬼神的逃生門」，成為後世撤軍作戰的最佳典範。

遭朝倉、淺井聯合軍夾擊不得不撤軍的織田信長決定要將心中的怒氣發洩在對戰上。織田信長暫時返回岐阜調整兵力，在六月率領加上德川家康援軍共計二萬五千兵力再一次出征。但是淺井長政的所在地小谷城是出了名的久攻不落險要地，若強行攻城會犧牲不少兵力，再加上攻城需要比敵方多十倍的兵力，所以織田信長心想無論如何都要把朝倉、淺井軍引出，在城外進行野戰才有勝算。這時織田軍選擇先包圍其支城橫山城，因為橫山城為南北連接近江的重地，若能掌握此地便可以分割淺井氏的勢力範圍。這樣一來，朝倉、淺井軍必會出城應戰。織田信長的陽動作戰果真如預期的非常成功，無法捨棄橫山城的朝倉、淺井軍，出發到流經橫山城附近的姊川。

淺井軍八千再加上一萬的朝倉軍，共有一萬八千兵力，兩軍分隔兩邊作戰。對戰組合為織田軍對淺井軍，德川軍對朝倉軍。

率領五千精銳部隊參戰的德川家康越過姊川直逼朝倉軍，經過激戰和不斷的反擊，終於暫時擊退朝倉軍。朝倉軍雖有德川軍二倍的兵力，但由於總大將朝倉義景未親自出征，所以士氣不如德川軍高昂。德川軍以家康為中心，再加上大久保忠世、本多忠勝及榊原康政，人稱三河武士的頑強不屈、齊心協力下痛擊朝倉軍，但前鋒的酒井忠次卻遭朝倉軍壓陣攻擊被迫撤回姊川。

血染姊川的九小時決戰

在這場戰役中打頭陣的德川家康為了得到織田信長的認同，抱著必死決心應戰，家康在冷靜思考後命令榊原康政從朝倉軍側面進行突擊。朝倉軍左翼部分雖有淺井軍作接應，但右翼部分完全沒有任何防備，所以遭榊原康政從姊川的下流轉了個彎橫向急襲後，隊伍即潰散情勢逆轉，朝倉軍開始敗退撤軍回姊川。

而二萬織田軍有五千留守，監視敵方的橫山城，一萬五千在姊川展開對戰；以數量來看，織田軍佔優勢，但淺井軍對這場戰役的氣勢也不容小覷。由磯野員昌帶領的八千淺井軍首先點燃戰火，率先渡過姊川壓迫織田軍，因此共十三段的織田軍，前十一段隊伍遭擊散，當下退到離姊川約一公里處，信長本陣也遭淺井軍攻擊。

此時稻葉一鐵率領約一千德川援軍很快擊退朝倉軍並突擊淺井軍隊右翼，使戰役露出一絲勝利的曙光。再加上在橫山城做準備的氏家卜全、安藤守就及安藤範俊指揮的約三千兵力亦往淺井軍左側進攻，淺井軍被左右夾攻無法變換守備隊形，不久即戰敗逃往小谷城。

淺井軍的遠藤直經為了要拿下織田信長首級，殺害夥伴將頭顱掛在身上混進織田軍，但遭竹中久作認出，兩人進行激戰，最後遠藤直經死亡。這場激烈戰役足足費時九個鐘頭，最終朝倉、淺井聯合軍戰敗，傷亡人數約一七〇〇，織田、德川軍則約為八百人，據說姊川被血染得呈現一片鮮紅的狀態。

不進攻小谷城的理由

這場對戰能獲得勝利的其中一環要歸功於德川軍的奮戰不懈，德川軍因為在戰場上頑強、不輕易屈服而名聲遠播；但另一方面織田軍內的重要將領，如池田恆興、木下秀吉、柴田勝家、森可成和佐久間信盛等人，卻在這次戰役中表現不佳遭擊潰。因為他們之前在敦賀金崎撤軍時花費太多心力，才使得這次作戰如此力不從心，這也顯現出織田軍於戰後軍隊疲乏的弱點，而且織田信長委權給佐佐成政的五百人火槍隊在戰役中也沒有突出表現。織田軍中真正對勝利有貢獻的是人稱「美濃三人眾」的稻葉一鐵、氏家卜全和安藤守就三人。織田信長從這場勝戰中體悟出自身軍隊的弱點，並著手思考解決方法，反覆思量如何在大軍對戰時能獲得完全的勝利，也特別對火槍隊的效果不彰作了自我反省，想著怎樣在戰役中有效利用火槍的機能性使其發揮最大效果，而他作出結論後將之應用於長篠合戰。織田信長追擊朝倉、淺井軍到小谷城，待攻陷橫山城的豐臣秀吉加入後，成功壓制小谷城。接著朝淺井方的磯野員昌駐守的佐和山城進攻，但由於沒有強攻，丹羽長秀等人遭包圍，同時亦被牽制而不能繼續南下。因為織田、德川軍已追擊敗逃敵軍到小谷城附近，所以織田方內部提出一口氣攻進小谷城的意見，但織田信長認為現在士兵已有多數損傷，而且也已達到封鎖朝倉、淺井軍和確保岐阜和京都交通路線的目的，於是判斷當下並不是乘勝追擊小谷城的最好時機。

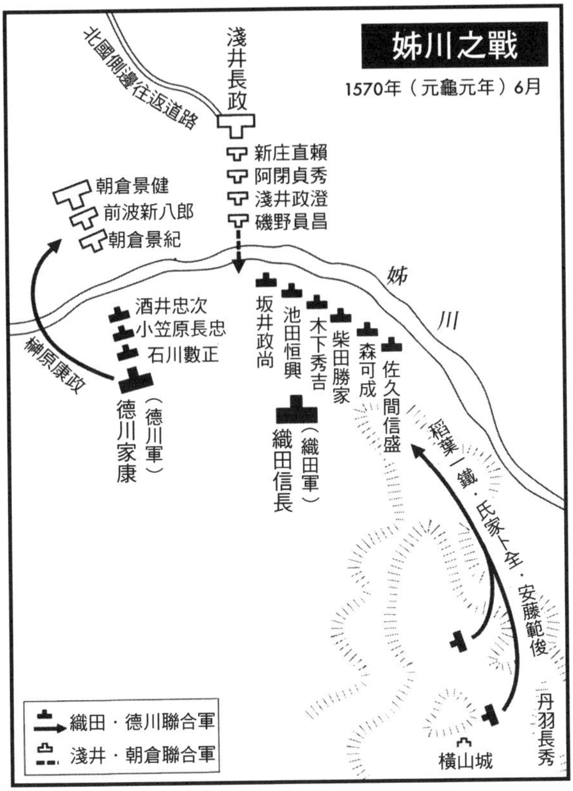

一乘谷、小谷城攻拔戰

分裂敵方戰力並成功短期攻陷

信長的絕妙作戰

一五七三年（天正元年）四月十二日，欲西上與織田信長交戰的武田信玄病逝。一直相信武田信玄會上京的將軍足利義昭，雖在京畿的二条城和宇治的槙島城舉兵準備出征，但已得知信玄死訊的織田信長隨即攻打義昭並將其放逐，室町幕府因而宣告滅亡。

八月時，淺井方的部將阿閉貞征倒戈織田方後，織田信長隨即起兵進入近江，斷絕小谷城的淺井長政和率領二萬兵從北國街道南下的朝倉義景二方的交通聯絡。

八月十日，朝倉義景的二萬兵力在木之本的地藏山佈陣，盯視包圍小谷城的織田信長一舉一動，儘管大將義景親自上陣，但氣勢始終無法提升。這也導致前波吉繼等有力家臣因為看透朝倉義景的能力而紛紛求去，轉向加入織田信長陣營。織田信長認為「朝倉軍已喪失戰意」，所以派嫡子信忠前往虎御前山牽制小谷城，自己則是進攻大嶽城，此時大嶽城的五百朝倉軍卻不抵抗直接投降。織田信長判斷朝倉軍在不戰而降後「義景必會撤軍」，果不其然朝倉軍開始撤退。織田信長下令柴田勝家、前田利家、瀧川一益、羽柴秀吉和丹羽長秀等人繼續追擊朝倉軍，自己則去討伐朝倉義景。而撤退的朝倉義景雖逃回居城所在地一乘谷，但已沒有重振軍容的氣力。朝倉義景將大野郡平泉寺的僧兵當作最後出擊的機會，欲往大野出發，但遭賢松寺同族朝倉景鏡背叛，被迫自刃結束生命，歷經五代一百年的朝倉氏歷史也隨之畫下句點。

攻陷小谷城

織田信長滅了朝倉氏後回到近江，隨即著手計劃攻擊小谷城。雖說小谷城的籠城兵約有四百人，但大多數都已逃往後山。而織田軍則有約三萬，從人數上的懸殊其實已可預知勝負結果。

八月二十七日織田信長命豐臣秀吉到小谷城京極丸攻擊淺井久政，意圖分斷他和大營的淺井長政聯絡。在京極丸的淺井久政抵抗不久後即自殺，接著豐臣秀吉就對鎮守大營的淺井長政進行攻擊。同一時間，淺井長政發現死期不遠，把織田信長之妹，也就是自己的愛妻阿市和三個女兒送往織田信長所在地後，在城內僅存兵力的保護下自刃，這樣一來，長期讓信長費神的朝倉、淺井氏宣告滅亡，信長也因此一口氣擴大其從近江到越前的領地範圍。

淺井長政與其父久政的首級也一樣被送往京都，掛在牢門前，新年過後的一五七四年（天正二年）正月，在岐阜城的新年酒宴上，三人的頭顱才被拿出來公開展示。

三個頭顱當然不是血淋淋的直接放上桌，而是在外塗上黑漆，再貼上濃淡不一的金粉。雖然有以骷髏當酒杯暢飲的傳說，但將骷髏放上宴席只是助興，並沒有真的當酒杯使用，說穿了，不過是織田信長將其長年積怨以此怪異方式發洩出來罷了。

存活下來的阿市之後雖嫁給柴田勝家，但後來因勝家和豐臣秀吉爭取織田信長繼位權而遭秀吉迫害，夫妻自刃身亡，而三個女兒中的長女淀殿嫁給秀吉生下秀賴，次女阿初嫁給京極高次，三女小督則是歷經風霜後成為德川秀忠之妻，並生下家光。在淺井長政死後數年內織田信長即倒下，其血脈則藉由豐臣及德川二家繼續傳承下去。

長島一向一揆殲滅戰

男女老少皆殺

可怕的怨念

一五七四年（天正二年）六月，織田信長率領三萬兵力前往尾張的津島，為了根絕長期以來威脅信長地位的長島一向一揆。長島的一向宗徒應石山本願寺的顯如要求，從三年半前就對織田信長發動攻擊。先是擊退瀧川一益的軍隊，再攻打信長之弟信興所在的小木江城，使其以自殺作終。雖然織田信長曾進行長島攻拔，但由於一向宗徒充分運用木曽川、長良川和揖斐川三川環繞的地利之便，以輪中村落[1]為要塞進行激戰，最後織田軍戰敗撤軍。此戰中氏家卜全戰死，柴田勝家重傷。

接著織田信長挾殲滅朝倉、淺井軍之勢，再次對長島加重攻擊，但是依然沒有顯著成果，信長準備撤軍時還遭一向宗徒追擊，費了一番功夫才逃出。第三次的長島討伐是在一五七四年六月，有鑑於過去二次的慘敗，所以特別慎重擬定作戰計劃。主要是以水軍為主要攻擊進行包圍戰，因為動員了包括尾張的兵船、瀧川一益的水軍和隸屬九鬼嘉隆的九鬼水軍，總數約有六百艘船，被眾多軍船包圍的一向宗徒則分別逃往篠橋、大鳥居、屋長島、中江和長島五個要塞。

以斷糧攻勢和火攻，根絕一向宗徒

完成包圍後，織田信長先對篠橋和大鳥居進行攻擊，就算是手持「前進者往生極樂，退怯者入無間地獄」旗幟頑強的一向眾，在連續的斷糧攻勢及火槍、弓箭攻擊後，還是提出投降。

但織田信長完全殺紅了眼，斬殺脫逃的男女老幼約一千多人，為了使籠城人數增多、兵糧耗盡，還持續追擊投降者到長島、屋長島、中江的要塞。不久後一向宗徒的食糧耗盡，陸續有許多人活活餓死，戰意漸衰。最後終於氣力用盡選擇向織田信長求和，信長也同意，但這之後就發生了令人不忍正視的殘酷暴行。從長島要塞投降的一向宗徒們開始坐上小船離開，三個月來的籠城使得他們個個骨瘦如柴。但織田方卻在此時拿起火槍瞄準一向宗徒開始狙擊，川水被鮮血染得鮮紅，屍橫遍野猶如地獄。意會到被玩弄的八百宗徒們於是視死反擊織田軍，一下子即陷入混亂狀態，織田信長的兄長信廣、弟弟秀成和叔父津田信次等人都在此時喪命。在中江和屋長島的二萬男女宗徒也遭受織田方無情的攻擊，織田信長還下令在其周圍架起柵欄並在上面點火，宗徒們就這樣被活活燒死。雖然織田信長也曾火燒比叡山殺了數千僧侶，但他在面對和自己敵對的宗教勢力時，態度可說是斬草除根。

因為長島一向一揆困擾他許久，他便將怨氣一次爆發出來，所以才會有如此殘忍的虐殺行為而滅了一向宗徒。但也有許多人對於織田信長這樣的作法感到反感，信長為了洗刷污名，決定下一次戰役一定要正大光明進行，而這場戰役就是長篠合戰。

1輪中村落：擁有堤防為屏障之村落。

長篠合戰　獨創的連續射擊擊退武田騎馬隊

火槍加上馬防柵，勝券在握的出征

一五七五年（天正三年）四月，甲斐的武田勝賴率領一萬五千大軍入侵三河並包圍長篠城。長篠城為信濃通往三河的要衝，武田方若掌握此處便可分開德川家康的三河和遠江。因此武田信玄和德川家康為了此城歸屬進行多次交戰，而德川家康也終於在信玄死後攻下長篠城。

負責守備長篠城的是跟隨德川家康的奧平貞昌（之後改名為信昌）所屬約五百人，而武田勝賴的武田軍有一萬五千人。地處大野川和寒狹川匯流成台地上的長篠城雖然為天然要塞，但面對武田軍的猛攻，城池陷落只是時間早晚的問題。

此時一名叫鳥居強右衛門的城兵暗中來到德川家康所在地請求援軍，但就在回去路上遭得知此事的武田方逮捕，並要求他朝長篠城大聲喊：「德川援軍不會來。」如此即可饒他一命，但強右衛門卻朝向城裡說：「德川援軍三天後就會到達，所以要死守城池。」而遭殺害。織田信長收到德川家康的援軍要求後，為了徹底擊潰武田軍，派遣嫡子信忠率領軍隊前往岐阜。織田信長為了不損傷兵力成功制敵，構思許久終於想出了一套必勝作戰計劃，那就是以大量火槍和馬防柵「徹底痛擊號稱戰國最強的武田騎馬隊。因為兩方對戰時必為野戰，所以火槍和馬防柵一定會發生效果。織田信長動員約二萬七千兵力，多數士兵都手持馬防柵用的木頭和繩索，再加上德川家康的七千士兵，兵力約有三萬，比對方多一倍的兵力再加上火槍和馬防柵的幫助，織田信長確信會拿下勝利。

認為敵方必定束手無策

織田信長沿著流經設樂原的連吾川佈陣，南北長度約為三公里。從上流開始待命的有丹羽長秀、羽柴秀吉、信長本陣、瀧川一益、石川數正、德川信康、家康本陣、本多忠勝、榊原康政、大須賀康高、大久保忠世等。對戰時通常會以在地者打頭陣展開攻擊，所以預定主戰場為德川軍佈陣的高松山一帶；家康本陣和瀧川一益，在其守備範圍內設制很多層，綿延約三公里長，間歇性的馬防柵。另一方面武田軍中止對長篠城的攻擊後便隔著連吾川和織田、德川軍對峙；武田軍從北部山腳下佈陣依序為馬場信房、土屋昌次、穴山信君、一条信龍、武田信豐、勝賴本陣、小幡信貞、武田信廉、內藤昌豐、原昌胤、山縣昌景等。

根據江戶時代撰寫的《甲陽軍鑑》記載，雖然武田方主要重臣主張此刻應避決戰撤軍，但武田勝賴卻有欠思慮地執意決戰。而且武田勝賴還特地召集重臣痛罵其行為膽小，重臣因而視死如歸出征。但是以上的故事，似乎是依照武田軍的敗北所做的虛構劇情。

對戰前日武田勝賴所寫的信件內容為：「雖然信長和家康已出動救援兵力到長篠城，但對方毫無對策的佈陣，看來是束手無策，此時我軍一口氣進攻必能拿下勝利。」武田勝賴和其重臣們都認為會拿下勝利。如果武田軍在出征前就認為不會贏，就會和朝倉軍一樣被敵方認為戰意喪失、士氣低落，但事實上武田軍可是士氣高昂地上場作戰。

當織田信長前來救援長篠城時，卻又在城池前停止前進，因此武田軍認為「敵軍膽怯」。會有這種想法是因當年武田信玄在三方原之戰中，大敗織田、德川聯合軍之故；武田勝賴及家臣們一致認為「我們擁有騎馬隊，織田、德川聯合軍不足為懼。」

引敵方接近馬防柵

織田信長為了引誘敵軍出外野戰並靠近馬防柵用了一個計策：已確認武田方佈陣的織田信長派四千兵力給德川家康的家臣酒井忠次，並下密令「繞道南部山區攻打武田方所屬的鳶之巢山砦，再進入長篠山，從後方攪亂武田軍。」如此一來武田軍受到後方攻擊就會繼續前進。酒井忠次領隊的四千人別働隊在五月二十日深夜暗中出動，襲擊面對長篠城的鳶之巢山砦是在隔天二十一日早上八點，但早在二小時前的六點，兩方已正式展開對決。

雖說織田信長這個計畫並不周到，但為了引敵出甕別無他法，而早上六點到下午二點的對戰期間，別働隊已攻陷鳶之巢山砦並進入長篠城，武田軍因為這突如其來的進攻而準備逃跑，這也是武田軍戰敗的原因之一。

五月二十一日早上六點，隨著清晨的到來武田軍再次展開攻擊，織田信長嚴令士兵不要出柵欄之外，等到敵方接近柵欄時便發射火槍。武田方的騎馬隊由山縣昌景率先前進，但到達馬防柵的瞬間即遭柵欄內不間斷的火槍發射攻擊。織田、德川軍持有的火槍約有三千多支（也有一千的說法），火槍隊分為三隊，一隊負責攻擊、一隊點火、剩下的一隊填充彈藥，也就是所謂的三隊式裝填法，或是三人一組依續完成攻擊程序。不管是哪一個方式都是為了防止精悍、迅速的武田騎馬隊進入，火槍隊的三交替隊型也是為了確保不間斷發射彈藥。

這次的火槍戰術徹底顛覆了以往的作戰方式，山縣昌景在靠近柵欄還來不及以刀箭對信長、德川軍發動攻擊前，就滿佈鮮血而倒下。但強悍的騎馬隊還是不斷出擊，接著進攻的是武田信廉隊，但也遭火槍齊發式攻擊死傷者超過半數而撤退。第三個前進的是小幡信貞率領的「赤武者」，但也是無力抵抗；接著是人稱「黑武者」的武田信豐隊，完全抵擋不了火槍威力；隨後進攻的馬場信房亦是敗退。

證明織田軍實力的創新火槍戰術

從早上六點開始的對戰中，武田軍不斷交替進攻，但最後還是敗下陣，淪為火槍的犧牲品。儘管如此，頑強的武田軍還是有一部分穿越了馬防柵侵入大久保忠世隊和瀧川一益隊，不過卻因為火槍和部分兵力的攻擊而慘敗。

接近八小時的對戰，武田軍雖發動十九次進攻，

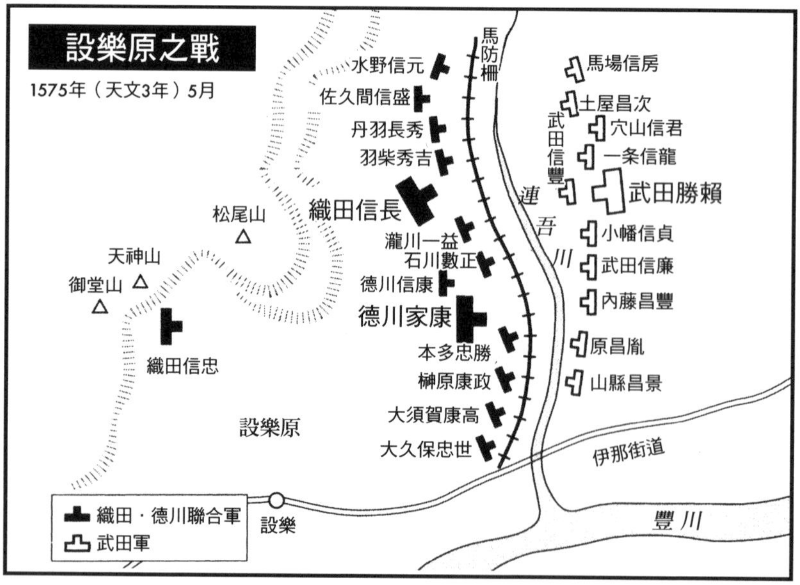

但只是使傷亡者人數向上增加罷了。戰場上滿佈屍體，最後武田勝賴戰敗脫逃。武田方的戰亡者有馬場信房、土屋昌次、小幡信貞、內藤昌豐、原昌胤和山縣昌景等，約一萬名的奮戰勇士。

這次的長篠合戰一改過去以刀和長槍為主的對戰方式，也再一次體悟到火槍這個新武器的強大威力所在。而火槍齊射法更是織田信長獨創出來，讓天下見識到織田軍實力堅強的最好實證。

ㄧ馬防柵：當時為了防止敵方騎馬進攻的裝備。

專欄

戰國大名和火槍

一五四三年（天文十二年）八月二十五日，葡萄牙人將二支火繩槍傳往種子島。領主種子島時堯將其買下並研究製造方法，火槍、火藥的製造技術是從紀州的根來傳往泉州的堺市，十年後日本即研究出火槍製造法且大量生產。而堺市也是當時日本火槍產量第一的地區，亦為火藥原料硝石（碳酸鈣）的輸入港。一五六八年（永祿十一年）上京的織田信長立即掌控堺市，打下天下統一的基礎，但認同火槍威力的不只有信長而已，就連率領日本第一騎馬隊的武田信玄也在一五六九年的軍役規章中規定「上戰場可以不帶長槍但一定要帶火槍」。

就這樣戰國大名互相較勁，各隊人馬擁有的火槍數雖無法精確推算，但還是可推定出當時的日本為世界第一的火槍所有國。一五六九年，英國樞密院調查入侵法國時的動員兵力中，持有火槍的人數為六千人；而一五七五年（天正三年）的長篠合戰中，織田軍使用的火槍數為三千支；一五八四年與島津氏的對戰中，龍造寺隆信則擁有七至八千支的火槍。雖然只是個簡易的比較，但從英國和一個九州大名的火槍擁有數即可看出火槍在日本的普及化程度。

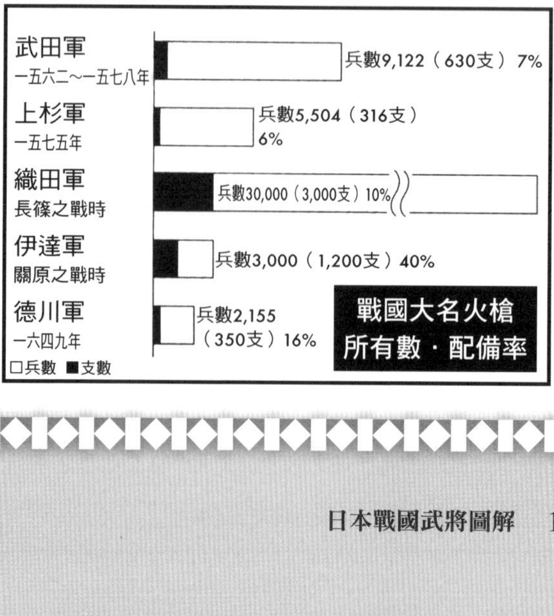

石山合戰

突破信長包圍網的巨大鋼鐵船

向石山本願寺課稅

當織田信長擁立將軍足利義昭上京時，分別和堺市及石山本願寺提出二萬貫及五千貫的稅金當做軍事資金。石山本願寺為親鸞創立的一向宗（淨土真宗）總寺，由第八代蓮如所設立。本願寺因為不像戰國大名一樣擁有領地，靠全國農民為中心於分寺和講經會募得金錢，而財力和大名不相上下。

織田信長也注意到石山本願寺的雄厚財力，便向其要求軍事資金，但其實他還有一個想法，就是要將本願寺趕出石山。後來豐臣秀吉之所以會在石山築大坂城，也是看中其不僅為瀨戶內海通往四國、中國、九州的買賣交易地點，亦為南洋貿易的基地，也因為它為戰略重地，織田信長才會如此渴望得到這個地方。對本願寺來說，織田信長提出的石山遷移要求是非常難以接受的，所以交付信長五千貫的稅金，迴避這項要求，但什麼時候會再被要求離開石山還是未知數。因此本願寺內部對織田信長的敵意日漸加深，而且和信長交戰的朝倉義景之女和十一代法主顯如（光佐）長男訂有婚約，所以大家氣勢高昂的認為沒必要屈服於信長。

一五七〇年（元龜元年）九月，織田信長進攻三好三人眾所在地，攝津的野田砦和福島砦。三

好方因為居於劣勢便向織田信長議和，但他完全不接受，還加重攻擊。又由於野田砦和福島砦對岸正好就是石山本願寺，所以織田信長在攻陷此地後就把攻擊目標移向本願寺。顯如認為此時是本願寺的存亡之際，再加上受到足利義昭反信長戰線之邀所以決定起兵。九月十二日深夜，本願寺門徒以早鐘聲為暗號，對信長陣營發動攻擊，石山十一年戰爭正式展開。

顯如更向全國門徒發出「堅守佛法，打倒信長」的檄文，宣告將和織田信長進行全面對決。主力的紀州（和歌山）門徒火速趕往石山，在織田信長附近的伊勢（三重）長島一向一揆則釋放蜂火表達支持，北陸、越後（新潟）、近江（滋賀）和安藝（廣島）等地門徒也從各地分寺出發或是開始大量輸送軍用資金和兵糧。而本願寺更連帶和近江的淺井長政、越前的朝倉義景以及甲斐（山梨）的武田信玄等人合作，為信長包圍網不可或缺的一環。

藉毛利水軍之力運送兵糧

但石山本願寺並沒有直接和織田信長對決，而織田信長也還無意要對難攻不破的石山本願寺展開攻擊。織田信長想先藉牽制本願寺，擊潰包括從近江到長島還有越前、加賀（石川）等地的一向一揆，摧毀本願寺各地的勢力。而織田信長真正對石山本願寺展開攻擊是一五七六年（天正四年），織田軍在天王寺、野田和守口等地築要塞和本願寺進行激戰。雙方展開慘烈槍擊戰，據說織田信長還因此腳受槍傷。儘管如此，他還是繼續作陣指揮，最後終於包圍、封鎖石山城，於是石山本願寺進入籠城戰。織田軍則是由陸海二方面包圍石山，尤其對木津川河口進行嚴格的海上封鎖，阻止兵糧的運入。和本願寺合作的毛利輝元則試著派遣毛利水軍運送兵糧入內，毛利水軍約有八百多艘船進入木津川河口，但織田水軍卻只有大船十多艘，小船二百多艘，明顯居於弱勢。於是毛利水軍馳騁瀨戶內海，充分發揮其能力，相對於只能等待的織田水軍，毛利水軍迅速地以火器焙烙、和火弓箭攻擊織田方的軍船，使其起火燃燒完全喪失回擊能力。接著毛利水軍再慢慢從大坂入港，將兵糧送達後悠然離去。經過這一次的失敗，織田信長還是堅持要以海路來封鎖石山本願寺的兵糧來源，為了克服織田水軍欠缺之處，他下令建造出具獨創性的船隻。

日本第一艘巨大鋼鐵船

織田信長向志摩（三重）的鳥羽九鬼水軍之主九鬼嘉隆下達「建造出能抵擋焙烙和火弓箭攻擊的巨大鋼鐵船」命令。先造出七艘不輸給毛利水軍的船隻，為了防範敵方的火器攻擊，在其中六艘船的船體裝上鋼板，更在船上設置三門大炮且裝備大型火槍，這就是織田信長所謂「兼備抵抗敵方火器攻勢且有回擊能力」二要素的軍艦。

一五七八年（天正六年）夏季，九鬼嘉隆率領這七艘軍艦從伊勢出發行經波濤洶湧的熊野灘，為了封鎖

大坂港全速前進。途中雖遭加入本願寺的雜賀眾數百艘小船攻擊，但織田軍鑑隊在沒使用大炮的情形下即輕鬆擊垮敵方，並在捕獲三十多艘小船後意氣風發地往堺市方向行進，從大坂入港後開始海上封鎖作戰。

同年十一月，毛利水軍再次帶領大艦隊欲進入大坂港，但以舊法應戰的毛利水軍，在對方以鋼鐵船防禦的對戰中完全沒有發揮空間，只能無力招架地承受織田水軍的強大火力攻擊節節敗退。這場海戰使得石山本願寺的兵糧補給路線斷絕，石山本願寺也因為食糧不足而呈現孤立無援狀態。

到了一五八〇年，京畿內的反信長聲浪都已一掃而空，唯獨石山本願寺還持續抵抗。但最後本願寺也因為無法應付兵糧攻勢而接受朝廷的和議，織田信長為了避免再這樣攻擊下去不必要的損失，便提出趕快離開石山便讓籠城者有活路的和議條件，顯如也很快做出同意回覆，打開城門。

雖然織田信長有意將居城從安土城移往石山，並在此地建造巨城，但終究沒有實現，而此遺志日後就由豐臣秀吉接手，在此處建造了大坂城。

—焙烙：將用火薰燒的火藥塞入料理陶器的「焙烙」中，用手持其線拋擲的武器，類似現今的手榴彈。

天目山之戰

甲州武田家滅亡的鎮魂歌

家臣團的離叛

一五八二年（天正十年）二月，織田信長終於決定要朝武田勝賴據點的甲斐（山梨）和信濃（長野）展開攻勢。織田信長在進行此攻拔的數年前，就暗中接觸作為織田方內應的武田家有力重臣。雖然自長篠合戰戰敗後武田軍團在武田勝賴的領導下更顯團結，但由於其周圍有強力武將北条氏、德川氏還有織田信長等在旁包圍且虎視眈眈，所以家臣們也有所動搖。

在此狀況之下，內應工作就越顯重要，信濃木曾谷的木曾義昌率先和織田信長約定謀反，也答應當信長侵略甲斐的帶路人，所以信長決定攻打甲斐。

從美濃（岐阜）行經信濃路進入甲斐的是信長嫡子信忠，從飛驒出發的是金森長近，德川家康從駿河（靜岡）出發，而相模（神奈川）則由北条氏政派兵，這幾個人一齊往甲斐前進並開始展開攻勢。

而武田勝賴則移城至一年前所建造，位於甲斐西北方韮崎的新府城，在其父信玄的時代並未在領內築城而是徹底攻拔四方敵國。因為他認為「人就是牆、就是城，唯有家臣團的齊心團結才是最堅固的城池。」

但武田勝賴卻為了甲斐防守而建造新府城，從攻勢轉為防守，也使得家臣紛紛從武田家出走。許多武田家武將在接獲信長聯合軍展開攻擊的消息後，也都一一捨棄武田勝賴投靠信長陣營，其中包括了勝賴的堂兄弟穴山梅雪（信君），他受到德川家康的勸誘後就決定謀反，因為連同族親人都背棄勝賴所以其他武將也都不作戰決定歸入織田軍門下。唯一把織田信長當敵人的只有武田勝賴的弟弟，高遠城的仁科盛信，他在高遠城帶領三千兵力與六萬信忠兵對戰，最終戰敗而亡。

在天目山消失的武田氏

當高遠城陷落的消息傳到新府城時，存活下來的部將紛紛逃亡，而武田勝賴也就只剩撤退一途。武田勝賴在重臣小山田信茂的勸說下欲逃往信茂居城的岩殿城，期待再一次的出發並放火燒毀新府城，往岩殿城所在地大月前進，但跟隨勝賴者卻只有五百多人。

就在武田勝賴一行人從石和到達勝沼之際，隨行者一個個脫逃，最後只剩下不到一百人。而且小山田信茂也不知是在何時消失，再一次現身時已成了討伐武田勝賴的一方，在笹子峠迎擊勝賴一行人。另外織田軍也在此時撤離甲斐繼續追擊武田勝賴一行人，先鋒隊由織田信忠、瀧川一益、河尻秀隆等五百人組成，很快地追隨在後。

而武田勝賴一行人則欲逃往天目山的棲雲寺，但受到猛烈的追擊，很快的就在天目山山路被追上，只有土屋昌恒等

三十名武士為拖延給武田一族的自刃時間而誓死回擊，土屋昌恒等人在細長的山路上如浪濤般激烈地和織田軍交戰。

在那段時間裡武田勝賴和其身為北条氏女兒的妻子以及兒子信勝都自殺身亡，連隨從的女子也都自殺，看到此景的土屋昌恒等人也氣力用盡遭斬而亡。

身為甲斐源氏一流的武田氏雖以武勇著稱，但隨著勝賴、信勝父子的相繼離世，武田氏四百年的歷史正式終結。

因為武田氏的滅亡也使得織田信長掌控範圍一口氣擴大至上野（群馬），亦鞏固其關東到北陸的統治基礎。

本能寺之變　拂曉的武力奪權

明智光秀謀叛的真相

關於明智光秀為何會對織田信長發動叛變，從以前就流傳長期以來光秀對於信長作風積怨已久的怨恨說，以下就列舉出一些主要事件。

①八上城事件：明智光秀在進攻八上城時，以母親當人質作為開城條件，但因不被織田信長所認可使其母間接被殺害。

②齋藤利三事件：明智光秀雇用稻葉一鐵家臣齋藤利三，但織田信長卻下令要利三回去一鐵身邊，違令殺無赦。

③惠林寺燒毀事件：在攻打武田勝賴時，織田信長下令燒毀和武田氏友好的惠林寺，但明智光秀向信長諫言，反招致信長不滿。另有明智光秀向織田信長直言道：「武田氏滅絕也是我們努力的結果。」卻被織田信長毆打並反問明智光秀：「你到底有做什麼？」

④設宴招待德川家康事件：織田信長任命明智光秀在安土城負責接待德川家康和穴山雪梅，因準備的魚不新鮮，遭發怒的信長解任。而織田信長命明智光秀出征中國，更加光秀深對信長的怨恨。

⑤長宗我部氏攻拔事件：明智光秀奉命與四國的長宗我部元親締結和平關係，光秀因而與其交好，但後來織田信長卻和長宗我部氏變為敵對關係，使得光秀立場為難。

以上皆為後世所記錄的事件，但真實度如何則不得而知，本書就明智光秀的野心說做以下說明。織田信長接獲包圍備中高松城的羽柴秀吉之援兵要求後，即命明智光秀前去救援，也就是加入豐臣秀吉指揮之下且沒收其領地丹波、近江，交換接下來要對付的毛利領國出雲、石見。其實明智光秀也察覺到自己正慢慢失去織田信長寵愛，再這樣下去恐怕會像佐久間盛信一樣，被貼上無用者的標籤而遭遺棄，所以計畫打倒信長，成為天下共主。此時織田信長為規劃備中高松城的最後作戰以及策劃中國遠征決戰計畫，僅帶些許士兵住進了京都的本能寺，明智光秀心想若突襲此處必能擊敗信長，而當時的情況也算是幫了光秀一把。織田信長之子信忠身邊僅帶幾名隨從待在妙覺寺，所以可以一口氣打倒父子倆。而織田信長重臣柴田勝家也正在北陸和上杉景勝交戰，瀧川一益則遠在關東，德川家康和一些近臣也在堺市觀光；雖然織田信長三男信孝為了前進長宗我部所在的四國而待在大坂，但他沒握有多大實權；剩下的羽柴秀吉也正以水攻包圍備中高松城，處於不能輕易移動的狀態。織田信長所有的有力家臣均不能迅速行動，明智光秀怎麼說也是個戰國武將當然有收服天下的野心，所以他心想只要殺死信長父子，且快速地壓制近畿地區，天下自然就能落入自己手中。一五八二年（天正十年）六月一日傍晚，明智光秀率一萬三千兵前往龜山城，二日一早到達京都旁的桂川時對全軍下達「敵人在本能寺！」的指示。

從容迎接死亡的織田信長

和織田信長一起住進本能寺的隨從僅有一五〇人，當時本能寺位於四条西洞院內，四周都被溝渠包圍，雖然有土牆，但在明智光秀的大軍壓陣下，就只像是原野中的一戶人家罷了。早起的織田信長在洗臉時突然聽到有人喊叫，他起初以為是小兵在吵架，但不久後卻聽到槍聲。侍童森蘭丸告知織田信長「明智光秀叛亂」的消息時他只大喊了聲：「無可奈何！」接著說道：「事到如今，還有什麼話可說？」織田信長的天下布武野心瞬間變成泡影，這是織田信長對死亡有所覺悟百感交集時說的最後一句話。織田信長步出正廳走廊，親自持弓箭和群兵應戰，弓弦斷了就揮長槍，但終就寡不敵眾，織田信長、隨從一一遭刺。年僅十八歲的森蘭丸也在奮戰過程中死去，而織田信長手腕在遭槍擊時說了：「事到如今只能這樣了。」接著退到內室，等女子們逃到遠方後在正殿放火，於火焰中切腹自殺。雖然他曾在出征桶狹間時吟唱「人間五十年」，但織田信長在四十九歲即結束其激烈的人生。此時暫住妙覺寺的織田信忠得知明智光秀叛亂後急忙趕往本能寺，但遭光秀大軍封鎖，不得已只能聚集在二条城內抵抗。同樣寡不敵眾織田信忠也在猛火中自刃，得年二十六歲。

織田信長的死是其一瞬間的大意所造成，陸續打破日本中世體制的近世人物竟在其就快統一天下之際倒下。雖然歷史是不講假設的，但織田信長當時還繼續活著的話，日本的發展應該會和現在大相逕庭，因為信長是個行事講求前瞻性的人，而打倒織田信長的明智光秀就完全相反，他完全沒有構思能力，這也是其一大致命傷。後來豐臣秀吉雖然幫織田信長舉辦了盛大的葬禮，但由於織田信長的身軀在雄雄烈火中化成灰燼，沒有遺骨，只好用木頭雕刻信長像，火化後當成骨灰存放在大德寺總見院中。

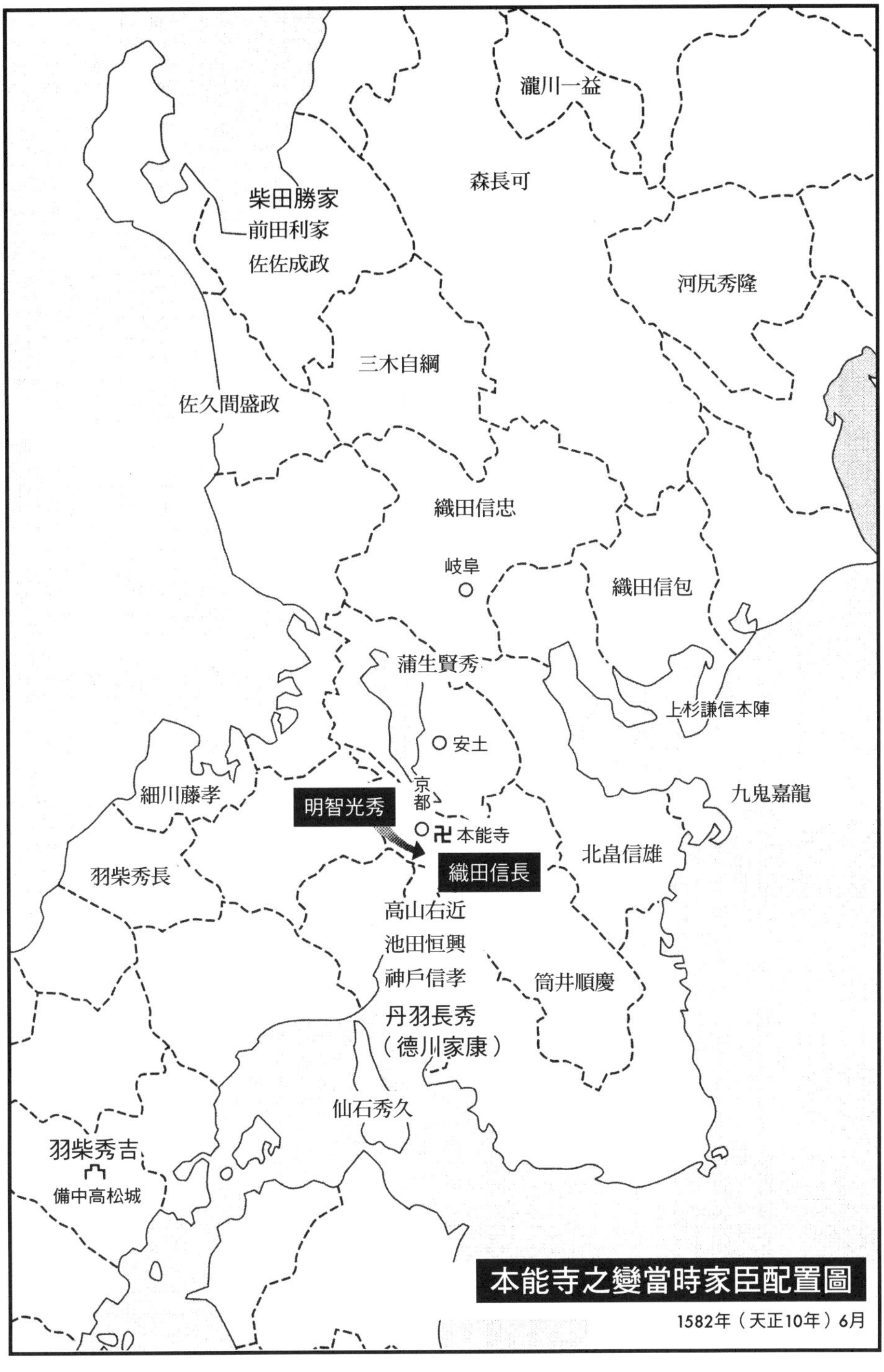

本能寺之變當時家臣配置圖

1582年（天正10年）6月

專欄

外國人眼中的織田信長

自我崇拜且傲慢，不信神佛的現實主義者

織田信長第一次見到耶穌會傳教士是在一五六九年（永祿十二年）四月，在建造二条城時接見了弗洛依斯之後，信長陸續和奧爾岡蒂諾、范禮安、卡布拉爾（Francisco Cabral）、阿爾梅伊達等人會面。織田信長很熱衷於和他們聊天，有時還聊到深夜。而這些傳教士也留下許多有關信長的記載，以不同於日本的觀點來看信長，是非常寶貴的記錄。像弗洛依斯和織田信長見過面後隨即寫了信回羅馬教會，信中這樣提到：「尾張之王，三十七歲，身材瘦，鬍子少，聲音高，喜好武藝，雖然粗魯但具正義、慈悲；傲慢而重名譽，隱藏其真正心意，戰術靈活，不從世間常規，很少聽信下屬進言。受到大家異常的敬畏，不飲酒，不輕易侍奉他人，且輕蔑日本王侯貴族的一切，總是高高在上和人說話，大家都尊敬且絕對服從他。有理解力能明確判斷，輕視神佛，不信異教及占卜，名義上認同法華宗，但卻不相信宇宙創造主的存在，確信死後即不存在，沒有靈魂不滅，所做所為都很又技巧，不喜歡拐彎抹角的說話方式。」而《日本西教史》則提到：「信長個性勇猛強忍、英邁果斷，是遵守道理的良將。通曉兵法，領軍時巧妙運用襲擊、建設要塞、軍陣隊型、地理等作戰要素，手腕為武將之最。」弗洛依斯信中又說：「最讓我驚訝的是信長家臣雖極度懼怕他卻還能侍奉於他，對於信長所下的命令他們都能迅速完成，像是信長只要揮一下手，家臣們就猶如世界末日般急忙退下，有時還因為太慌張而互相碰撞。」織田信長萬人之上的姿態不斷流傳。

弗洛依斯也就安土城的建造做了些敘述：「信長是個不相信有來世，且事事不親眼確認不輕易相信的現實主義者。他很有錢，他的一切都在所有領主之上，他也確信自己能超越所有人。他並向民眾炫耀自己的偉大，決心建立一個極度歡樂的『地上天國』，因而砸下許多金錢建築安土城。」從其描述中也可稍微看出他認為織田信長已慢慢顯出其殘忍性格及傲慢徵兆。

在一五八二年（天正十年）初，弗洛依斯的信中提到：「此時的信長因為自己的權力所及，而變得自大狂妄且越來越傲慢，並希望自己作為掌權者能永遠不滅地被人們崇拜，而在安土城內建寺院，還下令以自己的生日為祭祀日，每月定期慶祝。家臣們為了自身利益不得不痛苦地侍奉他，也不能有其他尊崇人物，信長的誇大妄想可說已達極致。」

最後目睹本能寺之變的弗洛依斯則淡淡寫下：「光提名號就能讓人不寒而慄的信長，最後卻連一根毛髮也沒留下就化為灰燼消失於世間。」

1卡布拉爾：一五二八～一六〇九，葡萄牙傳教士。一五七〇年渡日，管理當時在日本傳教一事，與織田信長、足利義滿等人會面，奠定傳教基礎。

織田軍團的祕密和真相

在戰場上軍隊向心力極高的織田軍團

分佔尾張各地的織田一族中，織田信長的父親信秀擔任守護代的清須織田氏地位是家臣之長。織田信秀後來雖擁有超越主家的勢力，但為了能積極應付周圍敵軍的侵略，特別加強軍事上的向心力。不久後尾張各地的織田一族均臣服於織田信秀之下，使其坐穩戰國大名之位，雖然信秀很早就過世但其戰鬥意志由信長接替下去。織田信秀的死使得織田一族內部產生動搖，進而演變成彼此殺戮爭鬥，家臣中不順從織田信長者也一一出現。織田信長則積極果敢地對付反抗者，擊敗了同族的織田信友和伯父織田信光，更殺害了自己的親兄弟信行。這種殘忍除去糾紛的行為不只有織田信長會做，其他大多數的戰國武將也是藉由打倒同族或手足才得以掌握實權。唯有擁有實力者才有資格被稱作武將，也才能獲得家臣和領內人民的支持，有能力的武將做為領主亦能防止他國的侵略，而入侵他國、獲得利益的更能得到支持。織田信長因為將所有反抗勢力一掃而空得到人們肯定其為尾張境內實力者，也增強對信長的向心力，尾張軍團因而成形。在打倒今川義元的桶狹間之戰時，織田軍的兵力只有三千到四千左右，只有三萬今川軍的十分之一。就算這樣織田信長家臣中也沒有任何人投靠今川方或是逃跑，而是接受信長的出擊命令踴躍出動，一口氣將今川義元的人頭取下。就是因為家臣團完全信賴年輕的織田信長其軍事能力，這次的出擊才會成功。這個時期支持著織田信長的家臣團，屬於織田家歷代重臣的有林通勝（秀貞）、佐久間信盛、柴田勝家，家臣則有前田利家、佐佐成政等人。而在桶狹間之戰擔任情報角色而活躍的則是蜂須賀正勝、前野長康，甚至也起用木下藤吉郎（秀吉）等沒有門第排場的一般人。比起那些身分表徵，織田信長更注重提拔有實力者；他講究「有實力就是一切」，這也是織田軍團如此強大的原因之一。

只問實力不問身分的任用法

「起用有實力者來強化軍團，有能力者不需派閥或身分來證明，但是無能者就算有多高的身分也沒有實質意義。」這就是織田信長的選人用才哲學。經常被拿來驗證織田信長用人哲學例子的就是豐臣秀吉和明智光秀，秀吉完成了家臣中無人能敵的黑俁堡築城，而信長就是看重其實力，後來才從侍大將[1]拔擢他成為近江的長濱城主；相反的，明智光秀為地方名門之後，織田信長當然不會因為他的背景就用他。當明智光秀在越前的朝倉義景家當食客時，認識了足利義昭和細川藤孝。明智光秀和細川藤孝經過一番長談後，決定將足利義昭帶往信長所在地，如此一來織田信長就有正當理由擁立足利義昭進入京都。但這並不代表織田信長認同明智光秀的能力，織田信長在監視足利義昭的同時，侍奉他上京。明智光秀因為沒讓這件事出任何差錯而獲得下一次攻擊若狹武田元明的機會，得以好好表現來回應織田信長對他的期待，光秀也終於得到信長的認可，並受賜近江的坂本城。另外長年侍奉織田家或是擔任家臣之長，有頭銜卻沒能發揮實力的人則會遭織田信長放逐，曾經背叛過織田信長的人也一樣逃脫不了被流放的命運。之前提到的林通勝、佐久間信盛和柴田勝家，曾一度背叛他，擁立其弟信行，雖說織田信長暫且放他們一馬，但對他們還是存有怨念，所以一得知他們無意跟隨自己後隨即放逐他們。林通勝因為伊勢攻拔失敗而遭大怒的織田信長流放，佐久間信盛則是因為在石山本願寺攻拔時發生失誤，遭織田信長放逐至高野山。佐久間信盛時常以織田家老前輩姿態給予織田信長意見，也時常和他爭論，但他還是忍了下來，最後終於因為石山本願寺的戰果不彰而讓他狠下心來結束雙方關係。一五八〇年（天正八年）八月，織田信長殘酷地列出佐久間父子三十年來十九項無能的事件，但佐久間父子侍奉信長三十年來，並非都在混水摸魚，他們在近江的六角氏攻拔、伊勢的北畠氏攻拔和姊川會戰等戰役中都立下戰功，可是卻因為花了五年進攻石山本願寺毫無成效而受到懲罰；也曾一度背叛織田信長的柴田勝家因為忠實遵守信長命令，且在越前和加賀攻拔中發揮應有的實力，所以免於被驅逐的命運。對織田信長來說身分和家世不重要，能確實執行自己所下的命令並達到預期戰果，織田信長就會任用為家臣使其地位提升；相反地，對於那些怠忽職守、無法呈現令人滿意成果的人會立即遭到流放；織田信長就是因為用人準則講求實力才會有如此強大的織田軍團產生。

挖角敵方有才能的武將強化軍團

織田軍團還有另一個特徵，「就算是敵方的有力武將，織田信長還是會將其納入家臣」，也就是所謂的挖角敵方將領。織田信長首先挖角的是宿敵美濃齋藤氏身旁，人稱「美濃三人眾」的稻葉一鐵、安藤守就和氏家卜全，就一般印象而言，織田信長總是殘忍處置敵方，但他也會為了增強軍團實力而將有力者納入門下。其他被信長招入軍團的還有原屬近江六角氏的瀧川一益、蒲生賢秀、氏鄉父子，足利義昭身旁的明智光秀、細川藤孝、忠興父子，甚至也有一國領主如北畠具教和九鬼嘉隆。此外活躍於京都周邊的松永久秀、筒井順慶、荒木村童、中川清秀、高山右近、三好長康等武將中的佼佼者，他們原本都不屬將軍或名門之後，但都成為信長的左右手而被賦予在最前線戰鬥的義務。這樣一來就不能說信長「用人無情」，因為服從的武將們拿出的功蹟才是其忠誠的最佳證明。這樣的挖角戰術隨著信長領土擴大而盛行，但其中也出現了像松永久秀和荒木村重那樣最後跟信長反旗相向的人。雖然織田信長是個講究實力至上的人，但對於叛徒或是無能者還是會給予無情的處置，「實力主義和無情處置」就是織田軍團會如此強大的背後原因，家臣們看著信長如此嚴厲的用人標準，無不繃緊神經、抱著必死的決心去侍奉信長，完全和傳教士弗洛依斯所觀察到的「信長家臣的恐懼和侍奉」描述不謀而合。而豐臣秀吉就是盡量不激怒織田信長且確實達成命令，才能得到信長的寵愛，在戰國亂世中嶄露頭角；反觀明智光秀雖然也是抱著必死決心侍奉織田信長而小有名氣，但他在看到了佐久間父子遭放逐後，會有「連佐久間父子這樣長年侍奉的家臣都會被驅逐，何況自己是捨棄了足利義昭才中途加入，不曉得哪一天會被放逐」的想法也不足為奇；再加上若達不到織田信長所期待的戰果，人頭就會不保，可想而知明智光秀在被任命為後援部隊，出征中國攻打毛利氏時，不安和恐懼都已達到頂端，所以才會想要打倒織田信長以保自己的命；織田軍團的產生雖然是以實力為優先但也顯露出其亦為恐怖控制下產生的成果。

徹底實行兵農分離且設置五方軍團

一直以來戰國大名所屬的士兵都為「半農半武士」，平常從事農耕，有戰事時身分轉換為士兵，因此在繁忙的農耕、收穫期是不能出征的。但織田信長實行「兵農分離」政策，設置常備的專業武士軍團，這麼一來農民不必出征可以將重心放在農耕上，而武士不受季節影響專心在軍事行動。不受季節約束可自由活動的軍團比兵農合一的敵軍握有進攻主導權，這就是織田軍團強大的祕密。而且常備軍團因為時常受軍事訓練，能特別加強使用槍砲的熟練度，也因此確立織田信長對軍團的絕對統率權和命令權。織田信長為了制衡天下又將織田軍團一分為六，分為直屬的親衛軍團和五支方面軍。五支方面軍分別為柴田勝家指揮的北陸方面軍，丹羽長秀的四國方面軍，羽柴秀吉的山陽方面軍，明智光秀的山陰方面軍還有瀧川一益的甲斐、關東方面軍。而為了因應各方面軍團的作戰，織田信長分派長子信忠、次男信雄、三男信孝等輔佐各軍團。在安土城的織田信長和親衛隊為天下統一進行政治工作的同時，各方面軍也拿下決定性勝利，此時信長前往各隊探視，以確立織田軍團的掌控權。在各方面軍團展開活動前，其實全日本都已在織田信長的掌握之下，雖然織田軍團的構想是這麼的廣大，但他最後還是在其野心實現前就離開人世。

—戰鬥時率領一軍的武士。

織田信長家臣團圖

- 信長
  - 馬迴眾
    - 堀秀政
    - 福富秀勝
    - 長谷川秀一
    - 矢部家定
    - 菅屋長賴
      - 尾張眾◆
        - 生駒親正・梶川高盛・兼松正吉等
      - 美濃眾◆
        - 牧村利貞・市橋九郎右衛門・豬子次左衛門等
      - 近江眾◆
        - 青木玄蕃允・丸岡民部少輔・富田一白等
  - 小姓眾：森　蘭丸・森　力丸・森　坊丸等
  - 右筆：武井細庵・楠木長諳等
  - 京都所司代：村井貞勝
  - 堺代官：松井有閑
  - 奉行眾：豬子高就・青木與右衛門・右下祐久・魚住隼人正等
  - 宿將
    - 【北陸方面軍】柴田勝家（越前北之庄城主）—— ●佐佐成政 ●前田利家 ●佐久間盛治 ●不破光治
    - 【近畿平定軍】明智光秀（近江坂本・丹波龜山城主）—— ●細川藤孝 ●筒井順慶 ●丹波眾
    - 【中國方面軍】羽柴秀吉（近江長濱・播磨姫路城主）—— ●蜂須賀正勝 ●黑田孝高 ●宮部繼潤 ●宇喜多秀家
    - 【北陸方面軍】柴田勝家（越前北之庄城主）
    - 【關東方面軍】瀧川一益（上野　橋城主）—— ●關 盛信 ●岡本良勝 宮三好康長
    - 游擊軍 —— ●織田信雄 ●丹羽長秀 ●蜂屋賴隆 ●池田恒興 ●高山右近 ●中川清秀 ●九鬼嘉隆（水軍）
  - 旗本部將：稻葉良通・氏家直通・蒲生賢秀・山岡景隆・京極高次等
- 信忠
  - 馬迴眾：尾張眾◆團 忠正・坂井越中守・丹羽氏次等；美濃眾◆齋藤新五郎・佐藤秀方・高木貞久等
  - 小姓眾：山口小弁・賀藤辰千代・佐佐清藏等
  - 奉行人：坂井利貞・河野藤三・前田玄以等
  - 部將
    - 河尻秀隆 —— 甲斐眾
    - 森　長可 —— 信濃眾
    - 水野忠重、水野守隆 —— 尾張眾

※本能寺之變發生前

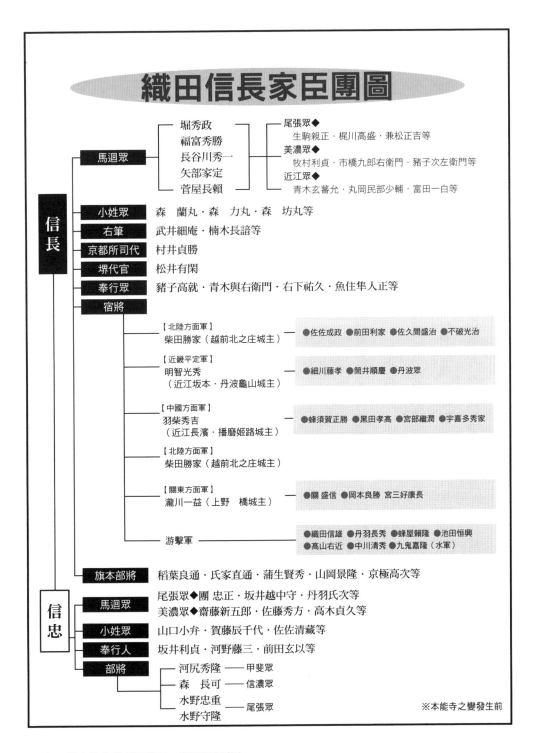

豐臣秀吉 平定天下的機智

秀吉的戰略 足智多謀的人心掌握術

尾張農民出身，在戰國亂世中嶄露頭角進而得到天下的一代英雄，既沒有顯赫家世也無財富的豐臣秀吉靠著天生的機智和行動力的發揮，從替織田信長提鞋的下僕到得其寵愛而發跡，最後成為「天下人」。看看在籬芭間成長，憑藉天生的人心掌握術的秀吉是如何奪得天下。

「知人心」的天才

雖然有不少武將以天下為目標，但只有豐臣秀吉是歷經三十次的轉職，被採用為武將最下級的家臣後，成為獨霸天下的人物。豐臣秀吉處事圓滑，懂得抓緊人心，其中最有名的是豐臣秀吉將織田信長的草鞋在懷中放暖的事件，從他所能做到的程度看來就能了解信長為何會如此疼愛他了。

豐臣秀吉就算擁有城池也還是獻上金銀財寶給織田信長，將其忠誠之心表於形，秀吉在行的就是人心掌握術。豐臣秀吉成為大名後從丹羽長秀和柴田勝家的姓氏中各得一個字，改名為羽柴秀吉，他深知這二位高高在上的織田家重臣是不會對自己存有什麼好感的，所以藉由改名來拉近距離，他能在短時間內冒出頭，原因就在於行事機靈且懂得拉攏人心。

但也不能說他是看人臉色做事的保守派，在對決時他也會採取一切必要的手段和機動力主動迎戰對手。當織田信長在本能寺遭攻擊倒下時，豐臣秀吉正在備中高松城進行水攻，但他立即和毛利氏議和並極快速從中國撤軍（稱中國大返還），且在山崎之戰中擊敗明智光秀；此外在賤岳之戰以陽動作戰剷除柴田勝家，還有越前攻拔，以上戰役的勝利都在在顯示出豐臣秀吉身為武將的傑出表現。對以天下為目標的豐臣秀吉來說，唯一難纏的敵手就是德川家康，在小牧、長久手之戰中，秀吉雖擁有對方六倍的兵力但還是遭家康痛擊。之後豐臣秀吉不僅使用人質戰術還積極討德川家康歡心，欲將他納入自己的組織之下，待他接受這樣的主從關係後，再真正地以形式締結上下關係。而且豐臣秀吉對天下也定有確實的戰略計劃，首先出征四國及支配九州，再來是趁統治東國之便，滅小田原的北条氏，最後登上天下人之位。

建太閣之城，護桃山文化

要成為天下人除了必要的強大武力外，也須有拉近人心的權威，織田信長尋求的是「神」的境界，而豐臣秀吉則是追求「頭銜」和「居城」。首先是只有源氏才能擁有的征夷大將軍頭銜，出身沒沒無名的豐臣秀吉卻沒有能改的姓氏，所以他成為藤原氏的養子得到關白的頭銜。但由於有不少反對聲浪所以他創了一個新姓「豐臣」，豐代表天長地久，臣則有統治萬民之意；也就是取了個支配萬民的姓氏，名正言順地擁有統治天下的權威。順帶一提豐臣秀吉將關白讓給養子秀次，自己則稱「太閣」。太閣指的是有關白經驗者，一直以來代表比關白還有實權的地位。

另外能向天下宣示權威的築居城計劃則是在豐臣秀吉打倒明智光秀後馬上進行，也就是在石山本願寺舊址建築的大坂城。此城是豐臣秀吉號令天下的所在地，所以必須比織田信長的安土城來得雄偉，才能向其他戰國大名誇示自己的力量。天守閣外觀五層，內部九層，面積總計四五〇〇坪，房間數為六百多間，大廳範圍更有一千張榻榻米那麼大，大坂城作為日本第一座雄偉的城池，可說是豐臣秀吉的權力象徵。豐臣秀吉為了向世人誇耀其權力，一切都講究一流。像是伏見城、聚樂第和為了正親町天皇所建造的仙洞御所，以及表現當地的建築物和繪畫、書畫等造型都以絢爛豪華為主，也就是所謂的桃山文化。而且豐臣秀吉也請超一流的茶道師千利休來提倡茶道文化，但講求閒寂恬靜的利休茶道和喜好華麗的秀吉有極大差異，利休因而被逼切腹自殺，所以桃山文化可說是因為秀吉才更加地發揚光大。另外豐臣秀吉也向天下發布其政策雛型，企圖得到國民的支持，刀狩制度[1]代表和平的到來，檢地制則將人民從多層稅務壓榨中解放，這些成為豐臣政權磐石的政策，也為持續百年以上的戰國亂世劃下句點。

天下人面臨的不祥之兆

對人生正處於顛峰狀態的秀吉而言沒有什麼是他所恐懼的，但他卻有一個潛藏的不安，那就是沒有可以繼承家業的子嗣。雖然秀吉和淀殿有一子鶴松，但他在三歲時即病死；還有個不祥之兆正在慢慢接近受天下歌頌的秀吉，那就是大陸出兵[2]。這原本是織田信長所構想但轉由豐臣秀吉來實現，在這過程中秀吉貪婪的名譽慾和征服慾展露無遺，不斷擴大領國使得軍事體制弱化，其實也可以說他是為了掩飾痛失愛子的悲傷才會把這轉換為老人特有的誇大妄想。在歷經文祿之役和慶長之役，二度向朝鮮出兵失利後，豐臣政權的組織架構弱化，善讀人心的豐臣秀吉卻還不曉得在這二次出兵後已有許多人起了離叛心。自從淀殿生下秀賴後，因為豐臣秀吉過於溺愛使得原本的繼承者——養子關白秀次——切腹自殺，秀吉的行為讓家臣們對豐臣政權的向心力下降許多，再加上出兵朝鮮時，豐臣秀吉栽培的武將和外來大名開始對立，尤其是石田三成、小西行長的文治派和加藤清正、福島正則及黑田長政的武斷派之間的對立已浮出檯面，甚至在他死後，這二方還繼續維持對立關係進入關原之戰。一五九八年（慶長三年）八月，死期將近的豐臣秀吉傳喚以德川家康為首的五大老，不斷叮嚀、懇請他們在旁協助年幼的豐臣秀賴使其將來能承接家業。這時的豐臣秀吉看不出威風一時的雄姿，只看到百般無奈的哀愁，他並留下一首辭世歌：「吾身隨露珠落下，隨露珠消逝。大坂之事，猶如夢中之夢。」豐臣秀吉出身一介平民，打造出豐臣政權對秀吉來說終究如夢，不久後豐臣政權即被以大老身分累積實力的德川家康奪取。

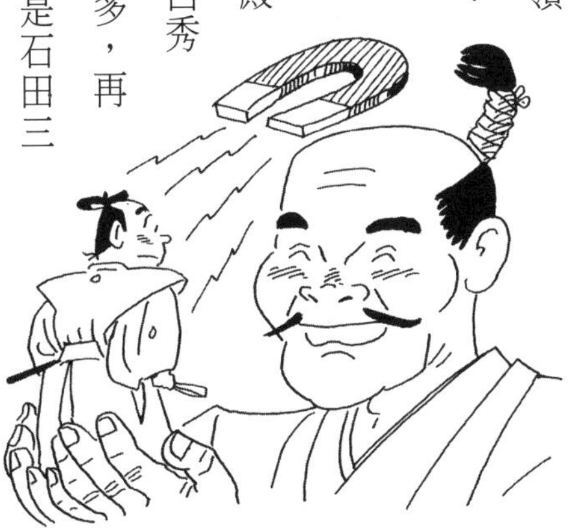

1刀狩制度：刀狩是日本史上的一個法令，最早由柴田勝家在越前實行，主要是沒收農民手上的武器，以達兵農分離的目的，但實際上是為了加強對庶民的統治，使日本武士和庶民身分階級更加穩固。

2大陸出兵：以侵略其他鄰近地區為目標的出兵計劃，第一個鎖定的目標為朝鮮。

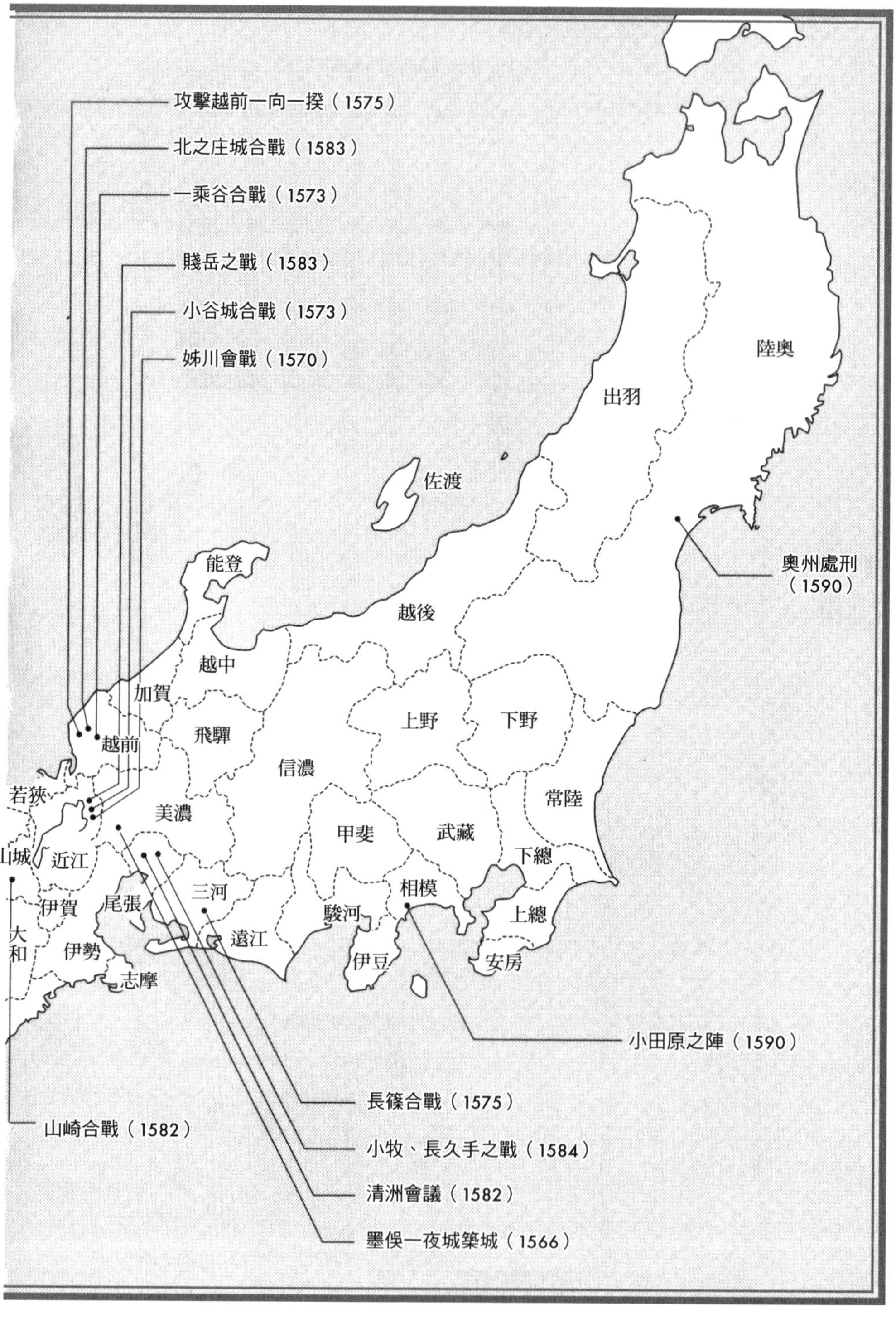
攻擊越前一向一揆（1575）
北之庄城合戰（1583）
一乘谷合戰（1573）
賤岳之戰（1583）
小谷城合戰（1573）
姊川會戰（1570）
陸奧
出羽
佐渡
奧州處刑
（1590）
能登
越後
越中
加賀
越前
飛驒
上野
下野
信濃
若狹
美濃
常陸
甲斐
武藏
山城
近江
下總
三河
相模
伊賀
尾張
駿河
上總
大和
伊勢
遠江
伊豆
安房
志摩
小田原之陣（1590）
長篠合戰（1575）
山崎合戰（1582）
小牧、長久手之戰（1584）
清洲會議（1582）
墨俣一夜城築城（1566）

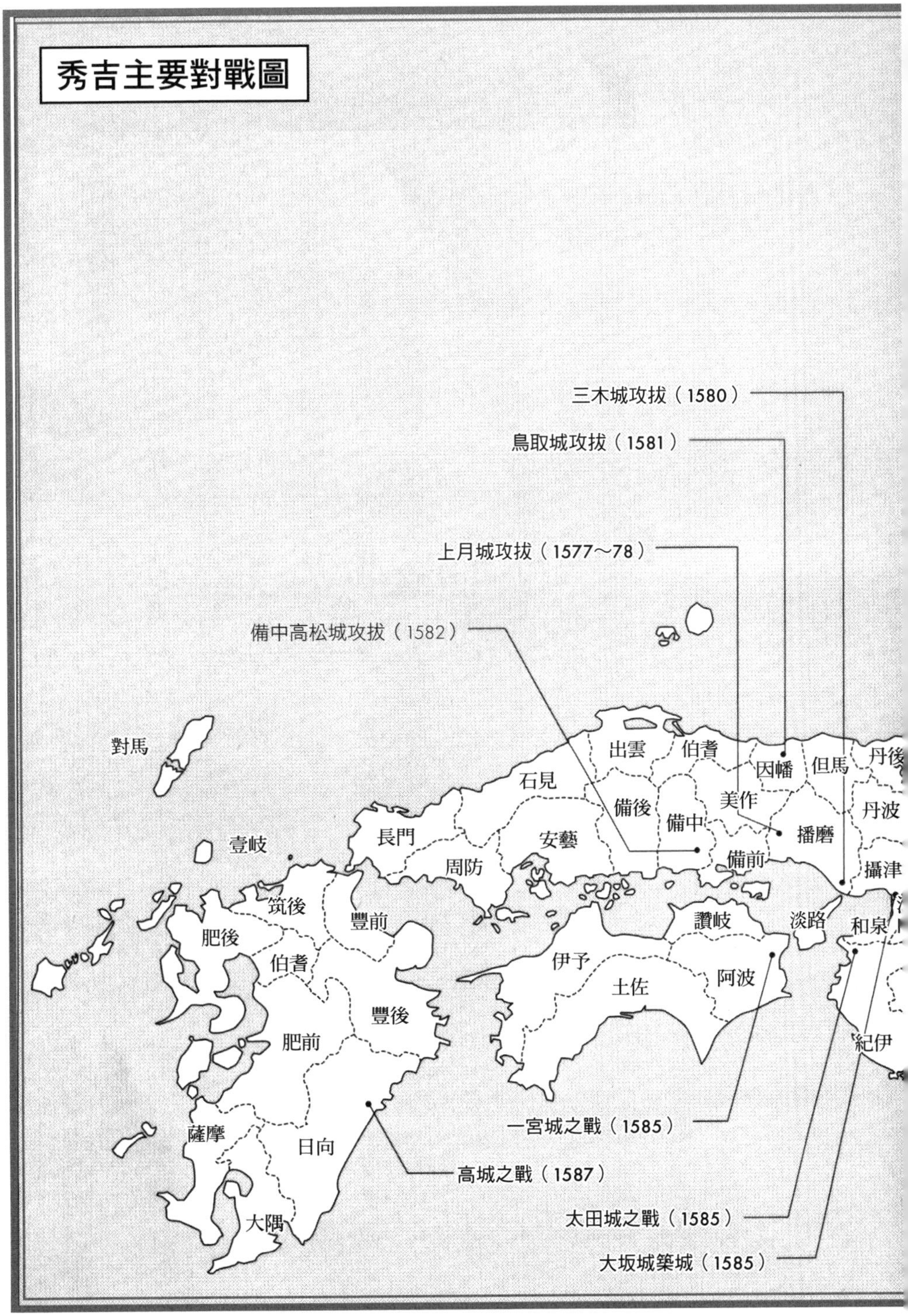
三木城攻拔（1580）
鳥取城攻拔（1581）
上月城攻拔（1577～78）
備中高松城攻拔（1582）
對馬
壹岐
出雲
伯耆
因幡
但馬
丹後
石見
備後
美作
丹波
備中
播磨
長門
安藝
備前
攝津
周防
筑後
讚岐
淡路
和泉
肥後
豐前
伯耆
伊予
阿波
土佐
豐後
肥前
紀伊
薩摩
日向
大隅
一宮城之戰（1585）
高城之戰（1587）
太田城之戰（1585）
大坂城築城（1585）

秀吉主要對戰圖

大坂城的軌跡

從攻城學到教訓

豐臣秀吉在攻拔中特別能發揮實力的就是攻城法，而織田信長和德川家康拿手的則是野戰，並不擅於攻城；但豐臣秀吉卻不太會打野戰，他在和明智光秀對決的山崎之戰，以及和柴田勝家交手的賤岳之戰中，是趁對方不備加上迅速作戰才能拿下勝利，尤其在與德川家康對戰的小牧、長久手之戰中更可明顯看出秀吉的野戰能力不高。比起野戰，豐臣秀吉所運用的攻城法就生動活潑多了，其中又以長期包圍戰術及斷糧攻法最為出色。豐臣秀吉在別所長治的三木城、吉川經家的鳥取城、清水宗治的高松城，還有北条氏政坐鎮的小田原城等攻拔中，都百分之二百發揮其攻城能力。豐臣秀吉從一次次的攻城中學到的教訓就是要建造一座久攻不落的居城，所以這個巨大的大坂城，其建築構想是來自秀吉攻城多年的自身體悟。當豐臣秀吉還是織田信長下屬時，就曾建造俗稱一夜城的墨俣城，此城是以泥土建造的土城，織田方和齋藤方就是在這裡多次進行攻防戰。豐臣秀吉在接到織田信長的築城命令後，動員木曾川附近的民間武士、船夫和木工等，一股作氣築好這座墨俣城，之後秀吉不僅數次這樣動員大量人力進行土木工程，也因此多次攻城成功，長濱城和山崎城也都是在短時間內就迅速建造完成。織田信長死後，豐臣秀吉為了成為君臨天下的統治者，建造了大坂城，這座城可說是集秀吉的智慧及戰略所託之城。

久攻不落的大坂城

一五八三年（天正十一年）八月，在廣大的石山本願寺遺址上大坂城的建造開始動工，從全日本約三十餘個領國中動員數萬民工及工匠，費時約三年成形，而後又花了數年建造溝渠，大坂城才終於完成。其中心部份和城郭範圍規模都很廣闊，比現在的大坂城至少大上五倍。而中心的天守閣據說有九至十層高，比織田信長的安土城還要高聳。

據傳教士弗洛依斯記載：「天守閣是以金色和蔚籃色做裝飾，令人感受到其莊嚴，而且大廳約有一千張榻榻米那麼寬，內部一片金光閃閃。」

豐臣秀吉將大坂城看做自己號令天下的誇大表徵，為了表現出天下人君臨日本，一切都講究超一流和超巨大，而且也懷抱此城不管遭受怎樣的攻擊也不陷落的自信。

豐臣秀吉有時候也會帶著德川家康等人登上天守閣，並自滿於其久攻不落的居城。但據說其實有二個方法可使其淪陷，一為大軍多年包圍使兵糧短缺，二為乾脆議和後再破其圍牆和溝渠，諷刺的是家康就是後來擊陷大坂城之人。但不管如何，被稱為「金色宮殿」的大坂城還是座豪華絢爛的巨大城池，豐臣秀吉在平定天下的同時也為了這座城投注不少金錢，而如此龐大開銷，依舊沒讓他的財政出問題。

豐臣秀吉的必勝戰術

長期包圍戰

三木城攻拔戰

斷糧道的飢餓戰術

儲備兵糧為應付長期包圍

一五七八年三月，豐臣秀吉帶領三萬大軍包圍別所長治的播磨三木城。對織田信長而言，領有二十萬石領土的別所氏去留，在他對毛利氏的攻拔中佔有重大意義。別所長治雖暫時加入織田方跟隨豐臣秀吉，但由於受到毛利方之邀，在加入信長包圍網後心卻向著毛利方。別所長治表面上以和毛利方對戰為由挖深支城的溝渠，並向本城的三木城運送大量兵糧、武器和彈藥，更招募鄰近的有力人士和農民約二萬人入城。此時城內有足夠二年閉城不出的兵糧，但若兵糧消耗完，城裡就會變成人間煉獄。察覺別所長治背叛之意的豐臣秀吉最後選擇包圍三木城，但到了四月，毛利氏為報復織田方包圍三木城而帶領三萬兵力包圍織田方最前線的上月城，這是不同於包圍三木城的陽動、報復作戰。此時上月城內有山中鹿介擁立的尼子勝久，鹿介投靠豐臣秀吉，並期望尼子家能有復興再起的一天。正在包圍三木城的豐臣秀吉率一萬兵力前往上月城，但由於敵方有吉川元春、小早川隆景所帶領的三萬毛利大軍，所以無法進攻，只能無奈的眺望上月城。雖然豐臣秀吉向織田信長要求援軍，但卻得到信長無情的要他放棄上月城全力攻陷三木城。因此遭遺棄的上月城不久後即陷落，尼子勝久切腹自殺，山中鹿介則遭逮捕殺害。

三木城淪為人間地獄

之後豐臣秀吉就將心力都投注在三木城攻拔上，但由於該城位在天然要害上很難攻陷，若是直接從正面進攻也只是一直耗損兵力罷了，於是秀吉轉換戰術，決定一邊孤立三木城、一邊牽制毛利軍，再一一擊潰周圍支城，同時亦截斷毛利軍的補給路線，也就是所謂的「斷糧戰法」。

首先切斷的補給路線為三木城西南方的魚住街道，毛利方為了對抗，本想從花隈城開闢淡河附近道路做新補給路線，但由於豐臣秀吉攻陷丹生城和淡河城，並封鎖周邊道路，所以毛利方只好放棄。對毛利方而言，三木城為攻擊織田信長的最前線，一定要想辦法給予援助，所以為運送兵糧入三木城而多次開拓新的補給道路，但每一次都遭到豐臣秀吉緊密的封鎖網給阻擋。三木城遭包圍後一年，城內糧食開始不足，等到所有兵糧都消耗殆盡後，城內可以說是一片餓鬼世界。舉凡地上的草、樹根及新芽，甚至蟲、蛇、鼠、牛、馬等都進了肚中，沒東西可吃時就會活生生餓死。

另一方面豐臣秀吉則是在城外逮捕逃出來的人，並剖開其肚觀察胃內殘留物，藉以調查城內飢餓程度，在包圍三木城的第二年，一五八〇年（天正八年）八月一日，秀吉推測城內已無食糧和戰鬥力氣，下令進行總攻擊。地形險峻的三木城雖還能承受攻擊數日，但別所長治知道已無來日，便以保城兵性命為交換條件開城，自己則自刃而亡。據說隨後從城裡走出來的城兵們個個都骨瘦如柴到不成人形，豐臣秀吉日後也對自己的「三木飢餓戰術」感到自滿不已。

鳥取城攻拔戰

銅牆鐵壁包圍網下的斷糧戰術

以高價壟斷米源

攻陷三木城後過了半年，豐臣秀吉再次帶領三萬大兵前往山陰入侵因幡（鳥取）。雖然因幡鳥取城有山名豐國坐鎮，但由於其仰賴的但馬山名氏已向豐臣秀吉表示降服，所以他亦無心應戰且不顧家臣們的反對加入豐臣軍門下。但就在豐臣秀吉撤軍離去後，對山名豐國做為不滿的家臣們即聯手放逐他，並向毛利氏提出請將領入城的要求，而毛利方也允諾，決定派遣同族的石見城主吉川經家前往鳥取城。吉川經家的主要任務為抵擋秀吉的再次攻擊並死守鳥取城，而經家自身也抱著必死決心，在一五八一年（天正九年）二月高舉自己的首級匣進入鳥取城。進入城內吉川經家對於城內兵糧極少一事感到驚訝，其實這只是秀吉策略中的一部分。

對於這座堅城秀吉打算一開始採取單純的包圍戰術，但又怕重蹈三木城覆轍，所以在進行包圍戰的同時，也阻止兵糧流入城內。先準備好若狹的買米船再以高價買下若狹、丹後、但馬地區的米，之後更以高價買下鳥取本地的米。鳥取地區的米價頓時水漲船高，大家競相賣出大量的稻米，最後山名豐國還把城內儲蓄的米全都賣出了，所以在吉川經家進城之前，豐臣秀吉早已為斷糧作戰佈好局。

於是吉川經家開始向各地方買米，但由於國內已無庫存米可買，因此不久後鳥取城就因為兵糧問題而變成人間煉獄。吉川經家在要求糧食補給的信上這樣寫道：「我雖已盡力去籌集米糧，但還是不能達到理想範圍。城內約有一千名士兵，雖有火槍和彈藥但糧食極度短缺，我認為秀吉應該會在七月到十月的四個月間攻擊鳥取，這段時間也因戰亂而無法耕作，所以請火速運送糧食。」就如同吉川經家的預測，到了七月豐臣秀吉再次率領二萬餘名大軍侵略因幡並包圍鳥取城。

鳥取城陷入吃人肉的情況

接下來豐臣秀吉徹底實行包圍網，將附近多數的農民趕往城裡，讓城內糧食能早點被消耗掉。甚至還在城後的太閣之平山佈好軍陣，並在城四周挖渠道、築土堡再以柵欄圍起，完全切斷城內與城外的聯絡。且於重要地點設武器庫，在河裡放置刺木柵，水底放置網子防止敵兵的侵入，而在佈陣區的後方為阻止毛利軍的攻擊也做了渠道和土堡的建造。鳥取城內一千士兵加上被追趕入內的農民約四千人，兵糧一下子就呈不足現象。毛利方雖多次嘗試以水軍送食物入內，但都遭早已等待多時的秀吉水軍擊沉，一粒米也沒送達。等到糧食殆盡，鳥取城就和之前的三木城一樣呈現餓死者遍野的慘狀，甚至還出現吃人肉的情形。

因為餓死者人數不斷攀升，吉川經家對籠城已不抱期待，遂以自己的生命換取士兵存活而開城。歷時五個月的地獄圍城生活也隨著秀吉勘稱完美的斷糧戰法而劃下休止符，這次的攻擊也被稱為「鳥取斷糧戰」。

備中高松城攻拔戰

反用地利的空前水攻

驚天動地大作戰

從三木城的「飢餓戰」到鳥取城的「斷糧戰」，使得豐臣秀吉對大規模的包圍斷糧攻擊很有自信，想要乘勝追擊的秀吉等到播磨的宇喜多直家歸於自己門下後，終於決定要進攻備中（岡山），正式和毛利氏展開對決。毛利氏在備中的最前線為清所宗治的高松城，其周圍的七座支城為其要害，清水宗治和他的五千士兵都對毛利氏忠誠不二，作戰意志非常高昂。

一五八二年（天正十年）三月，一萬七千名豐臣軍加上一萬宇喜多軍臨近高松城，但豐臣秀吉在看了高松城的地形後認為不宜直接進攻，便決定先攻陷其他支城來孤立高松城。

到了四月，豐臣秀吉開始對七座支城中的宮路山城和冠山城發動攻勢，特別是在攻擊冠山城時，為了讓其他城池有所畏懼便使勁力攻，結果效用奇佳，其他支城看到冠山城的下場後，因對豐臣軍產生畏懼，讓豐臣軍輕鬆攻陷其他支城。進入五月後，在高松城附近蛙之鼻佈軍陣的豐臣秀吉意外發現高松城其實也是個要塞地，雖然是建造在吉備平野上的一座平地城，但四周有很深的沼澤和溝渠，若要往內進攻只有大池和北沼間的一條狹窄道路，大軍排成一列前進，最後也只會淪為城內箭炮的犧牲品。雖然豐臣秀吉打算用斷糧攻勢，但毛利本隊也有可能從背後出擊，這時秀吉考量到高松城地處低窪到了梅雨季必會積水，所以才會「水淹高松城」！秀吉為了堵塞流經高松城附近的足守川，在四周築堤防，意圖使高松城被水淹沒，這是前所未有的作戰方式。

全長三公里的堤防讓高松城浮在水中

五月八日，豐臣方馬上進行這個大規模的土木工程，動員附近的農民運送大量土袋，並支付他們一袋一升米和一百文錢的運費，農民對於這個打破常規的優沃賞金都感到很滿意所以興高采烈的配合，不分日夜協助工程的進行。這個浩大工程約花費六萬三五〇〇石米及六十三萬五千貫[1]錢，有一說因為秀吉如此大手筆的大方花費，所以花十二天就完成堤防工程；有錢能使鬼推磨的秀吉式奇想也算是這次作戰得以成功的一環。

完成後的堤防為長約三公里，上面寬十公尺，下面寬二十一公尺，高六公尺的巨大堤防，上面並設置許多彈藥庫，到了夜晚可以點火監視敵方動靜。而被堤防堵住的足守川則流向高松城，使城的周邊大積水，不久後水位高度直線上升，再加上正值梅雨季，不斷降雨亦讓水位急增，數日後高松城就變成浮在巨大人工湖中的小島一般，完全被水包圍。等待毛利援軍的清水宗治只能咬緊牙關，乘小船在湖上作無謂的抵抗，但水位時時刻刻都在上升，整座城已面臨被淹沒的危機。

後來以毛利輝元為總大將以及「毛利兩川」的小早川隆景、吉川元春在內的一萬多援軍終於到達，他們三人分別在不同處佈陣，毛利輝元在猿掛山，小早川隆景在日差山，吉川元春則在岩崎山和豐臣軍展開對峙，但毛利軍一看到高松城情景無不大吃一驚。

高松城從石牆到整座城都快被水淹沒，而且水位還在不斷上

升，整座城的作戰能力都已喪失。再這樣下去整座城會被水完全淹沒，城兵個個都會溺死。毛利方想盡辦法要將食糧送進城內，但都被豐臣方的包圍網給阻撓無法接近，只能遠眺漸漸沉沒的高松城。毛利輝元以高松城做交換，派遣使僧[2]安國寺惠瓊前去打探對方是否有議和空間，惠瓊為京都東福寺修行的禪僧，之前曾和豐臣秀吉見過面，交涉術可算是毛利氏中最優秀的一人。

以「切腹」為講和條件

對於安國寺惠瓊的議和要求，豐臣秀吉的回應是「割讓伯耆、出雲、美作、備中、備後五國」和「清水宗治切腹」兩個條件。這五個領國已經是毛利氏領國的一半，還要求對毛利氏忠貞不二的清水宗治自殺，提出的講和條件可以說對豐臣方極度有利。

豐臣秀吉之所以會提出讓毛利方難以接受的條件其實也是為了等待織田信長的援軍，因為此時的秀吉已派使者到安土城向信長提出援軍要求。在等待後援時先攻陷高松城，並以有利於我方的條件講和，這一切都是豐臣秀吉為了讓織田信長開心迎接勝利所作的準備。

而織田信長也決定要從京都出發至高松城，但最後卻沒成行，他在六月二日清晨被應該前往支援豐臣秀吉的明智光秀殺害，在本能寺結束生命。

三日晚上豐臣秀吉收到織田信長的死訊，面對這突然的消息秀吉表情呆滯隨即放聲痛哭，而黑田孝高（如水）則在旁小聲說著：「時來運轉，只要除掉明智光秀天下就……」

豐臣秀吉聽到此話後馬上收起悲傷振作起來，並切斷通往敵方的交通網絡，防止使者將織田信長的死訊透露給毛利方。同時傳喚安國寺惠瓊，表示願意退讓議和條件，只要清水宗治切腹即可馬上締結和睦關係。於是安國寺惠瓊斷然前往高松城，告知清水宗治只要他自刃，城兵和毛利氏都可受到豐臣方的幫助，宗治得知後也決心切腹。四日早晨清水宗治乘著小船摒氣凝神直視敵方後，壯烈地自我了斷。

清水宗治的死讓毛利方消除了和平的障礙，在得到毛利輝元同意後，雙方成功交換講和誓詞。毛利方完全不知道織田信長死訊而與豐臣秀吉議和，其實這裡頭隱藏著秀吉龐大的野心。

1貫：當時貨幣單位，一千文為一貫。
2使僧：做為使者的僧侶。

山崎之戰　快如風的「中國大返還」

隨著織田信長橫死而有奪取天下的機會

本能寺之變是發生在一五八二年（天正十年）六月二日清晨，而正在備中高松城進行水攻包圍的豐臣秀吉則是在三日半夜才得知此消息。

豐臣秀吉很快就作出因應之道，馬上帶軍返國討伐明智光秀，所以趁毛利方未收到此消息前，率先締結議和之約，而毛利方也認為這是最好的決定，同意豐臣秀吉在四日提出清水宗治自我了斷的講和條件。

五日在準備撤軍的同時，豐臣秀吉順勢打探毛利方的談判態度，秀吉推斷對方還不曉得織田信長死訊，所以在六日將包圍高松城堤防的水放掉，防止毛利軍的追擊，同時迅速帶兵前往姬路城。兩地距離約七十公里卻只花了二天就抵達，可說是神乎奇技的「中國大返還」。不久毛利方得知織田信長死訊，但已無法追擊豐臣秀吉，只能悔恨不已。豐臣秀吉到達姬路城後立即整頓軍備，將城內的金銀財寶和糧食分給部屬，告知此次為決一死戰之刻，這裡也可看出秀吉掌握人心手段之高。

六月十一日一早，豐臣秀吉進入攝津尼崎並得到大坂的織田信孝、丹羽長秀及池田恒興的加入，使兵力大增達四萬。

明智光秀孤立無援的短暫天下

另一方面明智光秀在討伐織田信長後卻誤算連連，因為沒有人願意和他站在同一陣線。明智光秀最仰賴的丹後舞鶴城主細川藤孝、忠興父子都沒有任何行動，細川忠興娶了光秀女兒玉子（之後的葛拉夏）彼此為姻親關係。得知織田信長死訊的細川藤孝將頭髮放下以表哀悼，細川忠興則是將妻子囚禁起來。

明智光秀對大和的筒井順慶也有所期望，但順慶卻按兵不動先觀察情勢，而他這種在洞之峠佈陣，觀察情況的西瓜偎大邊作法，後來被稱為「洞之峠的牆頭草」。其實在洞之峠佈陣的是明智光秀，郡山城完全沒有任何筒井順慶活動的跡象。也就是說，明智光秀雖認為他只要打倒織田信長統治京畿，就能產生光秀政權，但他卻沒有同一陣線的支持者，再加上他並沒有想到豐臣秀吉會那麼快速進攻，可說是又一次的誤算。

六月十三日，兩軍在山崎展開對峙。豐臣軍有四萬，明智軍由於兵力分散於安土城、京都、淀町，所以前線軍力只有一萬六千，而且脫逃的士兵還持續增加中。兵力明顯居於劣勢的明智光秀欲以山崎天王山為據點扭轉情勢，但豐臣軍的中川清秀隊在往山手前進時，已先占領了天王山。而且高山右近隊也統治了山崎的鄉鎮，明智光秀的作戰只能趨於被動。

這天從一早就一直飄雨，到了中午兩軍被淋的濕漉漉，隔著圓明寺川有多次小衝突發生，但以雙方陣形來說，在天王山被壓制明智軍是較不利的。下午四點，兩軍情勢突然趨於緊張，兩軍的戰火是由明智軍右翼前鋒的丹波眾首先開啟，他們對著佔據天王山山腰的中川清秀隊開戰；往御坊塚

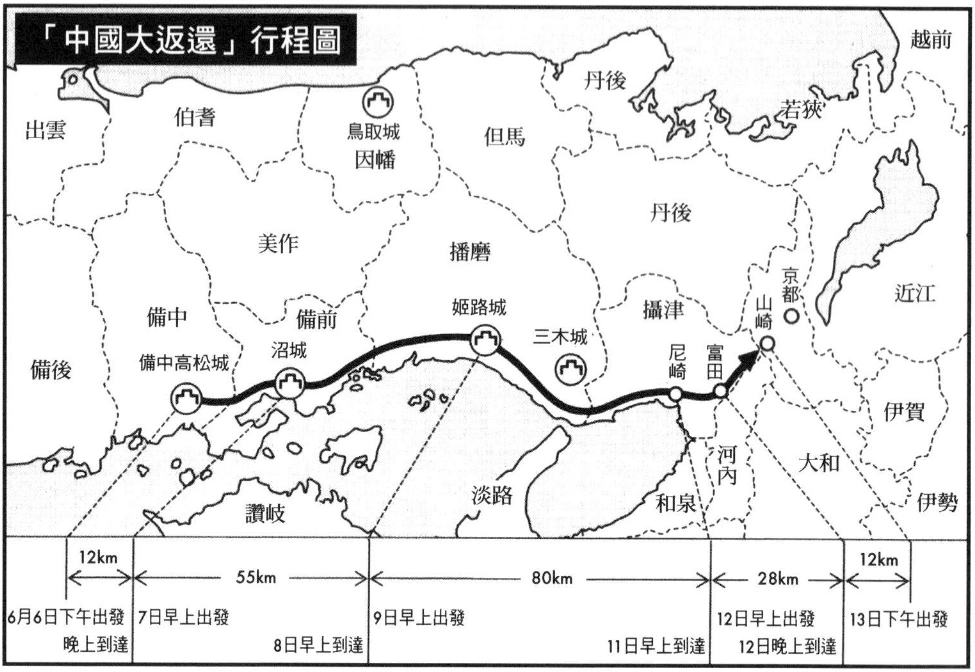

「中國大返還」行程圖

前進的明智光秀則命援軍奪取天王山。

另一方面豐臣秀吉視山崎對戰為此次戰役的關鍵，於是指任弟弟秀長和黑田孝高等精兵投入戰事。以秀吉本隊為首，織田信孝、丹羽長秀隊同時對天王山山腳下的山崎城鎮展開攻擊。而往天王山前進的丹波眾由於遭受豐臣軍中川清秀隊一連串的攻擊，一下子就被擊潰，中央的齋藤利三隊雖奮力抗戰但左翼遭豐臣軍壓制，不一會兒就被豐臣軍給左右包圍。

豐臣秀吉看到這樣的情勢後更是下令發動總攻擊，隸屬於明智光秀的齋藤利三隊雖下定決心奮力抵抗，但畢竟平地作戰人數多的總是佔優勢，居劣勢的齋藤隊因而節節敗退。到了日落之時明智軍已明顯居敗勢，明智光秀即放棄御坊塚的本陣逃往後方的勝龍寺城。

勝龍寺城雖然稱的上是座堅固城堡，但由於位處平地根本無法抵擋數萬大軍的攻擊，明智光秀在考量到近江應有再起機會，便連夜逃出勝龍寺城，而在城內的士兵因為沒有了總指揮，也只能在隔天一早向豐臣秀吉投降。

十四日早上，明智光秀在逃往近江途中，於小栗栖遭農民襲擊被竹槍刺死，所以俗稱光秀的「三日天下」，實際上是十一天。

還不曉得明智光秀死訊的豐臣秀吉，十四日親自進軍近江並在三井寺佈陣以待，據說秀吉就是在這裡收到光秀首級，確認其死訊。

總而言之，豐臣秀吉毅然決然的「中國大返還」成功地打倒明智光秀獲得勝利，這場戰役不僅為了憑弔亡主織田信長，也讓人看到秀吉的實際功績，所以他很快的就拿下織田家的主導權，也為掌控天下踏出第一步。

「清洲會議」中周詳縝密的預測

豐臣秀吉因為幫主君織田信長報了一箭之仇，突然急躍成為織田家家臣的最上位者，雖然秀吉之前曾經為了討好柴田勝家和丹羽長秀，從其名字中各取一字為自己的姓，但現在丹羽長秀成了秀吉下屬，柴田勝家則和秀吉為同等地位。

在山崎之戰過後十四天，也就是六月二十七日，尾張的清洲城內召開決定織田信長繼位者的會議，世稱「清州會議」。

繼位家督的候選者有二人，二男信雄和三男信孝，他們二人都為他人養子。第一重臣柴田勝家認為，加入討伐明智光秀的信孝比起面對伊勢和近江情勢變化不懂進退的信雄更適合，所以推任信孝為繼任者。但豐臣秀吉卻提出一個大家意料之外的人選：「照道理來說應該要推任信長嫡孫，也就是信忠嫡子三法師繼位。」秀吉下了個很大的賭注，因為三法師才三歲。但對豐臣秀吉來說，與其立已成年的信雄和信孝為繼承人，還不如推立幼小的三法師，自己也可以藉由擔任其監護人將天下收為已有。

雖然這個提議遭柴田勝家反對，但由於其他重臣都同意豐臣秀吉的想法，因為秀吉有為織田信長討回公道的戰績而且提出的意見又合情理，所以決定繼位者為三法師，而這個結果也造成勝家對秀吉的不滿持續增加，沒多久兩邊就呈現激烈對立狀態。

三法師即為後來改名織田信秀的岐阜城主，但由於在關原之戰和德川家康的敵對關係而遭放逐至高野山，在二十二歲時便失意病逝。

賤岳之戰　快速掃過北國街道返回美濃

為了引出柴田勝家的大型陽動作戰

一五八二年（天正十年）冬，豐臣秀吉趁柴田勝家被大雪困在越前北之庄無法自由活動時，果敢地為天下統一而行動。首先包圍柴田勝家養子勝豐鎮守的長濱城，此為北陸通往京畿的戰略要地，只要壓制此處便能阻止勝家的南下，而被豐臣軍包圍的柴田勝豐很快就舉白旗投降。其實柴田勝豐對於柴田勝家重用其外甥佐久間盛政一事早已懷恨在心，所以心早就沒有向著勝家，而「知人心」的豐臣秀吉便從柴田父子不和關係中，成功讓勝豐臣服於他。

接下來豐臣秀吉更用四萬六千兵圍攻和柴田勝家交好的織田信孝所領有的岐阜城，許多美濃武士也轉向跟隨秀吉，使得信孝成孤軍一人，便向秀吉求和。

隔年的一月，柴田方的瀧川一益和織田信孝共謀北伊勢起兵，秀吉得知後帶領五萬大軍侵入伊勢，三月時攻下龜山城。而在北之庄觀戰的柴田勝家不待大雪融化，即刻派遣二萬兵力出征。佐佐成政和前田利家也加入柴田軍，佐久間盛政則為先鋒從北國街道開始南下在柳之瀨佈陣。

接獲「勝家出征」消息的豐臣秀吉也立刻前往賤岳，將本陣設在木之本，其弟秀長則在田上山，堀秀政在左彌山，中川清秀在大岩山，高山重友在岩崎山，桑山重晴則在賤岳，各自佈陣和柴田軍展開對峙，豐臣軍總數約有七萬五千。兩方分別都在險峻山勢佈陣，因為先發者敗，所以彼此就這樣持續互相盯視了快一個月。而決定衝破這個窘態的人是織田信孝，他從岐阜城起兵侵略豐臣秀吉領下的大垣城，並在各地放火。

遭豐臣軍猛烈攻擊的佐久間盛政

因為織田信孝行動而大怒的豐臣秀吉帶領一萬三千兵力急速前往大垣城，其實秀吉此時懷抱陽動作戰的策略，故意讓這種對峙情勢持續，那麼織田信孝就會像現在這樣按捺不住而從後方攻擊，形成對豐臣方不利的狀況，而秀吉就可以發動攻勢引誘柴田軍出動，如果柴田勝家有所動作，秀吉就立刻折回將賤岳攻下。

為了使計畫順利進行，豐臣秀吉還命令蜂須賀正勝馴服美濃和近江沿途的農民，並在各村落撒大錢添購兵糧和騎乘馬隻，連火把也都準備妥當。柴田方得知豐臣秀吉往美濃前進後，就如秀吉所預測的開始行動。豐臣軍因分散各方，所以兵力不足的大岩山中川清秀和其部下遭到柴田勝家外甥佐久間盛政的奇襲而陣亡；另一方面，柴田軍開始發動攻擊的通知也傳到大垣城的豐臣秀吉耳中，秀吉立即率兵返回木之本。一萬五千名豐臣軍下午四點從大垣出發，五十公里路程只花了五小時，當然也是因為受到沿路農民們煮飯招待才能如此快速到達。豐臣軍在晚上九點左右到達木之本，這次的「返回美濃」也是豐臣秀吉得意的電擊作戰之一。另一方面想要乘勝追擊的

佐久間盛政則無視於柴田勝家的撤兵命令，持續朝有火把大軍佈陣的賤岳前進，後來盛政發現苗頭不對想要離去時，已來不及了，可以說是盛政的疏忽大意才會招致豐臣軍的猛烈追擊。

前田利家決定了柴田勝家的敗北

在賤岳西方佈陣的柴田勝家，為了和撤退的佐久間軍會合便往山裡頭移動，豐臣秀吉察覺敵方行動後也立即對柴田軍發動攻擊。而柴田勝家隊雖很努力地要和被擊散的佐久間軍會合，但由於在這裡遭到豐臣大軍的攻擊而潰散敗退。柴田勝家則是離開中尾山的本陣，到南方四公里處的孤塚佈陣和擔任豐臣軍先鋒的堀秀政隊對峙，但收到夥伴的敗戰消息後，決定以旗本為中心進行防衛戰。不過為時已晚，其軍隊左右都有豐臣軍迫近，柴田勝家好不容易抓到其中一個機會死裡逃生，和一百多名近臣逃往北國街道的越前北之庄。

雖然這場賤岳之戰是柴田軍戰敗，但柴田軍中明顯有一隊可以說是脫離戰線的叛徒，那就是前田利家的部隊。看準柴田軍必敗，所以前田利家連一戰都沒進行就從戰線脫離。雖然前田利家之前是織田信長身邊的侍童，但長大後就跟隨柴田勝家一同對抗越後的上杉氏，同時也和豐臣秀吉保有密切關係，前田利家年長秀吉一歲，其家族親屬都和秀吉有良好互動。對前田利家來說，他真的不願意看到豐臣秀吉和柴田勝家對立，所以在兩方正式對決前，他奉勝家之命和金森長近一同會見秀吉，看是否有議和空間，秀吉也是在那時候成功拉攏二人。

但前田利家怎麼說還是柴田勝家的部下，如果拒絕出兵的命令，一定會惹來殺身之禍，所以利家索性還是出兵，看情勢再作行動。前田利家親自率領二千多兵力前往勝家本隊附近佈陣，但一得到「佐久間盛政撤兵」的消息時，就決定放棄進攻而退往府中城，引入豐臣軍並告知豐臣秀吉柴田勝家的討伐路線。其實前田利家和豐臣秀吉定有密約，作了背叛行為的利家，之後得到了足以建構其「加賀一百萬石[1]」的本錢。

1因為前田利家懂得如何做才是對自己有利，選擇投奔豐臣家，並和之後的德川家康保持友好關係，才得以持續擁有加賀地區一百萬石土地領有權。

專欄

賤岳七把槍和九把槍

一五八三年（天正十一年）四月二十一日，豐臣軍在賤岳砦的本陣追趕脫逃的佐久間盛政軍，殿後的柴田勝政則是極力防守。此時率先衝進敵營的是豐臣秀吉從小培養的隨從，早上九點，加藤清正手拿掛有敵人首級的細竹走了回來，脇坂安治則是解決了柴田勝政，每個人都充分發揮能力。之後他們論功行賞，因此被稱作「賤岳七把槍」。但是七把槍中的「七」並不是正確數字，秀吉發放的感謝狀名單有：福島正則、脇坂安治、加藤嘉明、加藤清正、平野長泰、片桐直盛（之後的且元）、糟谷助右衛門尉、櫻井佐吉和石河兵介九人，賜予衝鋒陷陣的榮耀。但其中的在最前頭的石河兵介遭討伐身亡，櫻井佐吉則是在不久後病死，所以九把槍就變成七把槍。之前在織田家中代替信秀和今川義元爭奪東三河的小豆坂之戰中，立下戰功的七人稱為小豆坂七把槍，所以有人說「賤岳七把槍」是以此作出的聯想。而賤岳七把槍因為受到小瀨甫庵所著的《太閤記》記載宣傳影響，才會從名單中剔除石河和櫻井。他們之前個個都是只領有二百至三百石程度的俸祿，因為立下戰功，一口氣增加到三千至五千石，對豐臣秀吉來說這是為了突顯現在不是信長時代而是秀吉時代之意，所以給與七人如此高的評價。但也因此招來許多妒嫉，有人表示：「比他們更有能力的大有人在」，也有人挑毛病的說：「七個人一起才敢衝鋒陷陣」，不少聲浪一開始就不看好這七把槍，到最後甚至是鬧到天下人都有所批評的程度。

小田原城包圍戰

為掌控天下，集結大軍的大遠征

猶豫不決的「籠城政策」

一五八九年（天正十七年）歲末，豐臣秀吉正式對小田原城的北条氏政、氏直父子下戰帖。其實豐臣秀吉之前就曾對北条氏送達「與天下諸侯一同，上京受朝廷命令」的要求，也就是要其臣服並尊重關白秀吉，德川家康也因為將女兒嫁給北条氏直的這份關係，親自寫信催促北条氏上京。

對此北条氏欲派氏政的弟弟氏規上京，但卻在此時和信濃上田城主真田昌幸之間因為沼田領地發生糾紛，秀吉認為北条氏沒有臣服之意便向其宣告開戰。

隔年二月以德川家康為前鋒從駿府城出發前往小田原，接著上杉景勝和前田利家等人行經東山道（之後的中山道）從上野、武藏開始南下。瀨戶內、紀伊和伊勢的水軍也順著東海道沿岸在東航、清水港集結，總兵力達二十二萬。

另一方面小田原城內則是針對即將逼近的豐臣軍，連日展開軍事會議，北条軍約五萬六千，只有豐臣軍的四分之一。在軍事會議中分成直接出擊和籠城兩派意見，一直無法作出結論，所以之後沒有結論的會議才會被稱作是「小田原評定」。

此時豐臣軍的先鋒對箱根的山中城和伊豆的韮山城發動攻擊，雖然韮山城的北条氏規頑強抵抗，但山中城一下就淪陷，箱根更是不費力氣的拿下。

前所未有的二十二萬大軍

越過箱根的豐臣軍來到了小田原，之前小田原城遭上杉謙信和武田信玄襲擊時，是無法接近的堅城；而且城內街道都已經被大城郭給包圍，九個出入口也都加強防守，豐臣秀吉認為就算力攻也無法完全拿下，所以決定以長期戰也就是斷糧戰術應戰。豐臣秀吉在早雲寺設本陣，諸將領則分配至城的周圍。德川家康到達酒勾川後以此為中心畫半圓布署織田信雄、蒲生氏鄉、羽柴秀次、宇喜多秀家、細川忠興、池田輝政、堀秀政、丹羽長重等將領，再加上水軍完全封鎖海上，動員史無前例的二十二萬大軍。

讓北条方喪失戰意的「一夜城」圈套

另外豐臣秀吉還命令前田利家和上杉景勝等人攻陷北条氏散佈在關東地區的領城，意圖孤立小田原城。又由於進行長期包圍戰需要有與之相對的城池，豐臣秀吉便在小田原西方的石垣山建造石垣山城。這座石垣山城因為是在一夜就建造完成，所以又稱「一夜城」，但事際上並不是只花一夜完成的，從四月初開始築城到六月下旬才真正完工。

北条方對這座一夜之間突然出現的城池感到錯愕，其實豐臣方只是在完工的六月二十六日夜裡，將城前的樹木都給砍掉

而已，但北条方卻對這座一夜間突然出現的大城給嚇到而喪失戰意。其實豐臣秀吉之前就已算到「一夜城」的效果，在二天前的二十四日，降服頑強抵抗的北条氏規，並透過氏規勸告城內投降，但北条氏政和氏直父子完全不為所動，為了使其喪失戰意，豐臣方成功上演一齣一夜之間一座雄偉城池突然出現的戲碼，也因此讓北条方從積極徹底奮戰轉變為消極開城投降。

賜與德川家康關八州的真意

在石垣山城快完成的六月九日，豐臣秀吉答應接見伊達政宗。在豐臣秀吉的軍隊中以最上義光為首的東北諸大名都相繼來和秀吉行禮，但只有伊達政宗沒來磕頭請安。

其實伊達政宗是在觀望情勢，等到他認為豐臣秀吉獲得壓倒性勝利才前去會見秀吉。豐臣秀吉因為伊達政宗的遲來深感不悅，所以先將他監禁在箱根的底倉，但不久後秀吉還是認同了他的臣服之意。在石垣山城完工那一天，豐臣秀吉把德川家康找來，從石垣山城望向小田原城，約定滅了北条氏後要將關八州交由家康管理，二人並一同朝著小田原城撒尿。

其實豐臣秀吉對德川家康的能力感到不安，因為在小牧、長久手之戰中看出其實力，而且家康以駿河為中心的五個領國，治理也進行的趨近完美，這種種都讓秀吉備感威脅，於是

奪去他治理的五個領國，取而代之給他北条氏遺留下來的關八州，這樣一來德川家康的一切又都得從零開始。豐臣秀吉就是想要削弱德川家康勢力，要是他拒絕，就會遭受到和織田信雄一樣的命運。豐臣秀吉下令織田信雄將伊勢、尾張領地換為德川家康的五個領國，但遭拒絕，於是信雄的所有領地都遭到沒收。北条氏在七月五日投降，北条氏政、氏照切腹自殺，北条氏直則逃往高野山。從北条早雲時代算起，北条五代百年歷史終究遭滅，豐臣秀吉的統一天下可說是幾近完成。

專欄

夢想侵略海外的豐臣秀吉

一五九二年（文祿元年）五月，豐臣秀吉在得知高麗首都漢城陷落的消息後，寄給人在京都的豐臣秀次這樣一封信，信中寫下了平定明朝後的構想：「天皇移居到明朝的北京並給與他包括公家們領地在內，都城邊的十領國，空下來的日本天皇位置就讓良仁親王或是智仁親王來當擔任，秀次為明朝關白並給其一百領國，而日本的關白就由羽柴秀保或宇喜多秀家來擔任，派羽柴秀勝或宇喜多秀家到高麗，羽柴秀俊則待在九州……」而且豐臣秀吉本身也計畫在明朝的港灣都市寧波府設居城，更意圖侵占天竺。因為這樣的夢想實在太遙不可及，公家們無不對此構想感到吃驚，而且不難想像公家們收到秀吉「先去調查一下天皇到北京時應該舉行怎樣的儀式」的命令時困惑的模樣。豐臣秀吉侵略海外的夢想其實早就有脈絡可尋，一五八六年（天正十四年）三月建造大坂城時，秀吉就曾對傳教士提出：「日本境內平定後我會讓秀長來治理，我則是打算放心力在征服高麗和明朝上，而且我已經著手建造渡海的軍鑑，接著就希望你們幫我準備二艘歐洲船和航海人員。」豐臣秀吉更在一五九〇年（天正十八年）下令葡萄牙殖民地果阿（Goa）總督進貢，亦在同年和一五九三年分別派遣使者到呂宋（菲律賓）和高山國（台灣）要求進貢。日本的豐臣秀吉之所以會有這樣的想法應該是受到織田信長的影響，因為傳教士弗洛依斯在記載關於信長之死的記錄中有一段寫道：「信長在完成日本全國統一後，計畫編一支浩大軍艦隊征服明朝，並將得到的國家一一分配給子嗣治理。」這樣看來，可以說豐臣秀吉終其一生所追求的，都是織田信長遺留下來的夢想。

專欄

豐臣秀吉的黃金喜好

一五八五年（天正十三年）四月，凌駕於安土城規模之上的大坂城終於完成，豐臣秀吉想必對這座居城自滿不已，所以才會在客人來訪時站在前方愉快的介紹城內。在大坂城落成不久後的四月二十七日，來訪的石山本願寺使者是這樣描述的：「十個裝有三百枚金幣的黃金箱，而裝有五百枚金幣的則有八個，還有多到數不清的箱子裝有衣物、寢具、蚊帳等，放置金色絹織物和日用紙的空間、金屬製的木屐和以金線編織的草鞋等，多到數不清各種各樣的東西。」對隔年造訪大坂城的傳教士們豐臣秀吉更有如此誇耀的言論：「這個房間裡充滿金銀、生絲、綢緞和茶杯，而那間房間則放有刀、短刀及其他華麗的武器。」就連豐後的大友宗麟前來向豐臣秀吉要求援軍時，都對眼前的金銀財寶和華麗衣物感到讚嘆：「真是三國之最啊！」其中地板、天花板和牆壁都鑲有黃金，連窗戶的骨架都是黃金做的，紅紗覆蓋的黃金客廳更是讓人說不出話，只能瞪大眼睛瞧，這就是有名的「黃金茶屋」。據說寢室內甚至掛有豪華編織物，還有黃金裝飾的床，不管走到哪裡整座城都充斥著黃金。

而豐臣秀吉的黃金喜好更從城內延續向外，一五八六年一月十六日，秀吉把黃金茶屋的裝潢搬到正親町天皇居所內向其獻茶，而且執著到連茶具也都是黃金製的。因為這是豐臣秀吉當上關白後第一次進宮，當然想要辦的華麗盛大，黃金茶屋在宮內展示後也向世人公開。後來豐臣秀吉更因為聚樂第落成，向後陽成天皇提出出巡請求，而天皇也在一五八八年四月十四日造訪聚樂第五日。這也可以看做是豐臣

秀吉統一天下的紀念舞台，因為在此時此刻他也把他的黃金愛好發揮得淋漓盡致。首先在樂手們在進行演奏時公家、武將們以天皇乘轎為中心列隊往城內前進，不走五畿七道[1]而走一般路線是想讓在牛角貼有金箔的行列行經庶民百姓家時有夾道歡迎聲，這也是激起平民們興趣的要素。

天皇出巡的五天，豐臣秀吉每天都會獻上黃金和香木，對同行的公家們則呈上衣服和大刀甚至送上領地，使得他們每天都感到很開心，秀吉的送禮攻勢馬上就起了效果。而且當天皇要回去時，行列前頭裝有豐臣秀吉贈送的二、三十個長櫃，盛大的誇示讓大家都知道裡頭裝有黃金百兩、金線二十卷。接著豐臣秀吉更在隔年傳喚各大名到聚樂第，並將台上堆積如山的金銀財寶發給大家，秀吉還親自一個一個發放，據說此次總額高達金幣五千枚，銀幣三萬枚。雖然在《太閣記》中亦有批判：「從百姓身上搜括錢財，分秤金銀娛己，而且還全部分給大名，完全沒加惠底下人民。」但這樣厚臉皮愛好黃金才是豐臣秀吉的真實面貌，這也讓我們不禁聯想豐臣秀吉是否因為對自己的出身感到羞愧，所以才會以如此氣派的表現來保有威嚴。

[1]古代日本律令制下的行政區劃分，亦稱畿內七道。五畿指京畿區域內的五個國家，分別為山城國、大和國、河內國、和泉國和攝津國；而七道則指為交通網絡，分別為東海道、東山道、北陸道、山陰道、山陽道、南海道以及西海道。

豐臣軍團的祕密與真相

以「情」和「金」聚集的速成精銳部隊

就在織田信長於桶狹間打敗今川義元的隔年，也就是一五六一年（永祿四年），秀吉娶淺野長勝的養女阿寧（寧寧）為妻，並改名為木下藤吉郎秀吉。在織田信長身邊逐漸嶄露頭角的秀吉，出身低下也無其他特別血緣關係，所以娶了阿寧後，不僅可以和身為信長下級武士首領的淺野長勝有所關聯，也和阿寧娘家的木下家成為親戚，可以說是為自己的成功出線機會多增加希望。對獨自往上爬升的秀吉來說，如何壯大自己的親戚關係來成為下屬是個大難題。所以當秀吉成為君臨天下的太閤時就針對這個問題費了不少心力，而在那個過程中豐臣軍團也隨之形成。一五六三年，織田信長命豐臣秀吉進行美濃的伊木山砦攻拔並分配他一百名的武士，但這些人並不是直屬於秀吉，於是秀吉找來之前就有交情的蜂須賀小六正勝、前野將右衛門長康、坪內宗平衛、稻田大八郎和土田甚助等地方有力人士作為自己的部下，他們是沿著木曾川活動，人稱「川並眾」的民間武士。

川並眾非常有自主性，並不特別侍奉於哪位主君，而是看哪裡有錢或糧食好處就往那邊靠攏的傭兵首領，秀吉也因為馴服了他們，理所當然地成了木曾川沿岸民間武士的頭目。而且他們也擁有以自己為名的村落治理權，像是蜂須賀村和前野村等，村裡有其一族和下屬，只要登高一呼便可馬上聚集上百人的兵力，秀吉也因為川並眾成了自己下屬，進而擁有多數能自由使用行動的兵卒。

川並眾因為長年在木曾川沿岸活動所以有很好的機動性，不僅能掌握敵方情勢亦能像透波、亂波一樣擔任密探並攪亂敵方行動，秀吉也因為他們才能在一夜間築起墨俁城，進而得到織田信長更多的信賴。

支撐豐臣軍團的軍師

豐臣秀吉就是這樣逐漸了解如何應用地方豪傑和民間武士，並大方給予獎賞，也因為信賴他們而把很多工作交給他們辦，他們也欣賞秀吉的膽量大、有氣魄而甘心臣服於他。像是在美濃的稻葉山城攻拔時，豐臣秀吉就因為馴服了民間武士堀尾茂助（吉晴）才會在此次攻拔中立下最大功績。豐臣秀吉在跟隨織田信長征服美濃、北伊勢和近江一帶時，也吸收當地豪傑為下屬，他們沒成為信長的部下卻成為秀吉的在野勢力之一。

豐臣秀吉的軍團一開始是由各地方豪傑和其部下組成，但要成為軍團就要有人來訓練其戰略和戰術，所以需要軍師的存在，此時秀吉找來的人是美濃菩提山城主的竹中半兵衛重治。

竹中半兵衛因為只帶了十七名兵卒就攻占稻葉山城，優越的軍事謀略為世人所注目。織田信長也曾徵召他，但卻被拒絕，豐臣秀吉心想不管怎樣一定要招攬他入主軍團，便「三顧茅廬」不厭其煩地去拜訪，最後終於說服他加入。豐臣軍團也因為竹中半兵衛的加入，充分整備軍體制度，使得軍團戰術和戰鬥力都躍趨強力。

之後，豐臣秀吉在侵略播磨時，也延攬姬路城主黑田官兵衛孝高（如水）入軍團當軍師，和竹中半兵衛一起支撐豐臣軍團。在三木城攻拔時竹中半兵衛就是有名的「斷糧戰術」獻計者，但最後卻在緊要關頭病逝；黑田官兵衛則是在竹中去世後積極輔佐豐臣秀吉，並在高松城攻拔時大膽進言水攻戰法能在不耗損秀吉兵力的前提之下，成功使對方舉雙手投降。

尾張眾和近江眾

一五七三年（天正元年），織田信長打敗近江的淺井長政後，就將近江北部交給侍大將豐臣秀吉管理。豐臣秀吉三十七歲時成為擁有十二萬石城池的大名後，馬上著手建築面向琵琶湖的長濱城，而此時秀吉面對的課題就是如何打造出相符十二萬石資產的家臣團。一人打拚的豐臣秀吉不同於織田信長及德川家康，他並沒有歷代家臣。勉強要算家臣的，也只有弟弟小一郎秀長等的木下一族和蜂須賀正勝及前野長康等人而已，因此豐臣秀吉便考慮培養一群能成為軍團核心的家臣團。

豐臣秀吉將加藤清正、福島正則和加藤嘉明納為臣下，一五七五年更以和妻子阿寧（北政所）有親戚關係的淺野長政為首，及同是尾張出身的前田利家、山內一豐等人招入家臣團之列。

豐臣秀吉在成為長濱城主後亦費心力去挖掘近江人材，諸如石田三成、增田長盛、小堀政次、片桐且元、田中吉政、宮部繼潤、脇坂安治、大谷吉繼等人，之後更補進人稱猛將的織田信長女婿蒲生氏鄉和擅長會計的長束正家。他們常被統一稱為「近江眾」，是個個都懂得內政的「能吏派」，為豐臣秀吉軍團和政權中不可或缺的支撐力量。

而豐臣秀吉培養的加藤清正和福島正則等人則為「實戰派」，在九州、小田原平定和朝鮮出兵前線上都立下不少功勞，而石田三成和增田長盛等則是在戰線後方負責武器、糧食的籌措和計畫搬運事宜，屬於行政官。

豐臣軍團可以說在實戰派和能吏派的兩相輔助下，充分地發揮機動性。但由於他們個個都是以個人關係成為秀吉家臣，所以秀吉必須扮演統合軍團的人物，因為這當中潛在著分裂對立的危險性存在。事實上在秀吉過世後，加藤清正和福島正則等尾張出身的實戰派與石田三成等近江出身的能吏派反目成仇，而且這個對立關係還一直延續至關原之戰。但在秀吉還活著的時候，兩派都能在秀吉面前各司其職，維持良好機能運轉，這樣看來不得不佩服秀吉從中調解糾紛的手腕。秀吉和織田信長一樣著重編列實力至上的軍團，也因為他的配置得宜，使得豐臣軍團中的機動性和物資供應等軍隊體制得以確立。

丈量土地以掌控大名

豐臣秀吉也和織田信長一樣從敵方或順從者中發掘有能之士編入軍團，像是之前提過的黑田孝高以及宇喜多秀家、小西行長、高山右近等人。

但織田信長的驟逝使織田軍團潰散至四處，因繼承人所產生的對立關係也讓豐臣軍團一躍變得壯大有力，此時豐臣秀吉正背水一戰和明智光秀進行山崎之戰。豐臣秀吉以「為織田信長報仇」為由出兵，自然地凝聚軍團的向心力。而且在打敗因為繼承問題而對立的柴田勝家後，原本屬於織田信長的家臣也相繼臣服於豐臣秀吉，於是豐臣軍團的力量變得更加強大。包括池田恒興、輝政父子、蒲生氏鄉、丹羽長秀、前田利家、細川藤孝、忠興父子、九鬼嘉隆、長谷川秀一、前田玄以、山內一豐和佐佐成政等身經百戰的武將們。就連和豐臣秀吉對立，雄霸三河的德川家康也被秀吉以手段講和，並締結上下關係，秀吉可說是名副其實的成為天下之主。

之後豐臣軍團的向心力也與日俱增，而且各國降服和順從豐臣秀吉的武將們相繼加入其軍門之下。諸如毛利一族的毛利輝元、小早川隆景和吉川元春，以及四國的長宗我部元親和越後的上杉景勝等都歸順於豐臣秀吉。

在九州攻拔時擔任先鋒的則是大友宗麟和立花宗茂，而服從者則有薩摩的島津義久、義弘兄弟，一五九〇年（天正十八年）的小田原北条氏攻拔時，則有奧州強者伊達政宗發誓效忠加入戰場。之後豐臣秀吉雖一路順遂地征服天下，但由於他的家臣個個都是擁有一國一城的武將，所以不像之前那樣容易掌控。表面上是效忠於太閤秀吉權威之下，但私下都多少存有自己一統天下的野心。於是豐臣秀吉思考如何繼續維持支配這些強者的指揮權，結論就是在各大名領國實施檢地制，以其稻穀收穫量來決定兵員及兵糧量，這樣一來軍團就完全在秀吉的指揮之下。而到了小田原城攻拔時，更是根據檢地制，動員各地區人數配置部屬。總動員數加上後備隊高達二十二萬兵力，這個作法使得出兵朝鮮時能從全國大量動員士兵，豐臣秀吉就這樣從單打獨鬥晉升為支配全日本軍團的總大將。但也不能擔保這些人不會在豐臣秀吉死後倒戈相向，於是秀吉便以自己培訓的家臣為中心，設立一個叫「五奉行」（石田三成、前田玄以、長束正家、淺野長政、增田長盛）的豐臣政權行政機關。接著設置一個審理政務和軍務的體系「五大老」，成員有德川家康、前田利家、毛利輝元、宇喜多秀家和小早川隆景（之後由上杉景勝接任）。五大老的任務為五奉行的顧問，但由於這是個聚集許多實力大名的體制，所以會有不少意見對立，在豐臣秀吉死後，這個制度的缺失更是顯露無遺，秀吉期望藉由五大老之力延續豐臣政權之事終究只是一場夢。

豐臣秀吉家臣團圖

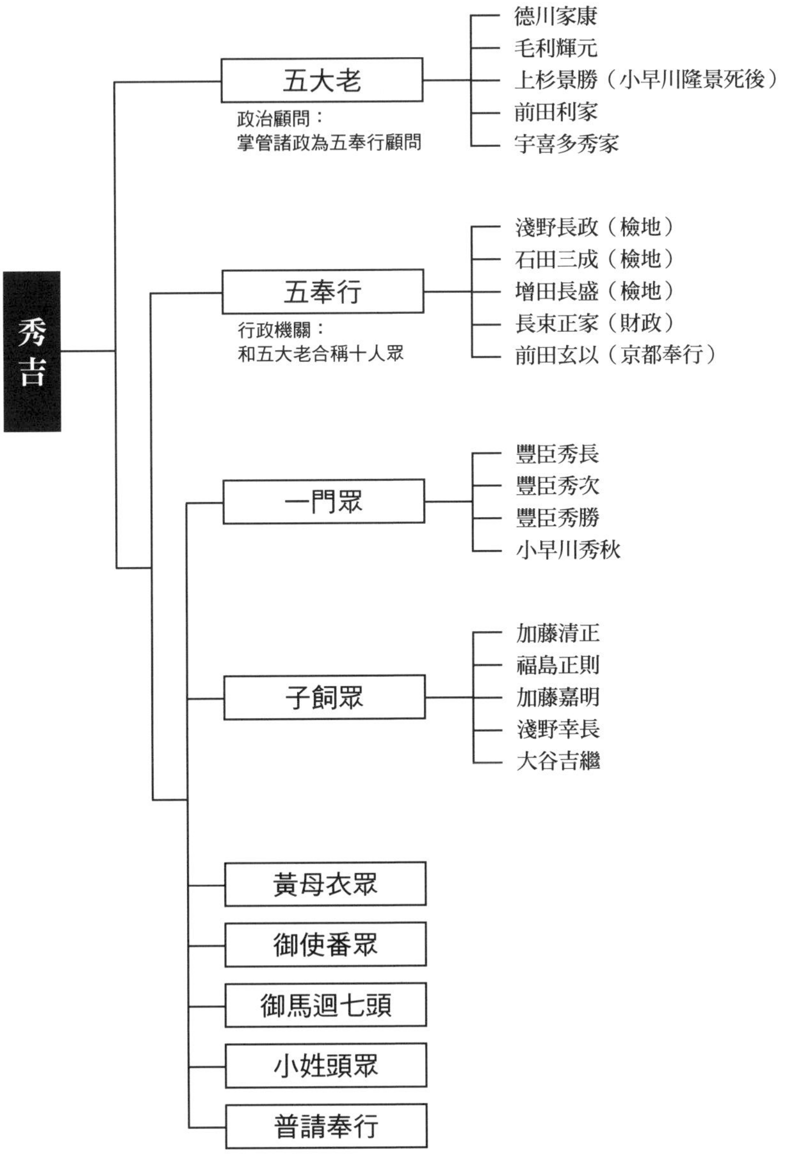
秀吉
五大老
政治顧問：
掌管諸政為五奉行顧問
德川家康
毛利輝元
上杉景勝（小早川隆景死後）
前田利家
宇喜多秀家
五奉行
行政機關：
和五大老合稱十人眾
淺野長政（檢地）
石田三成（檢地）
增田長盛（檢地）
長束正家（財政）
前田玄以（京都奉行）
一門眾
豐臣秀長
豐臣秀次
豐臣秀勝
小早川秀秋
子飼眾
加藤清正
福島正則
加藤嘉明
淺野幸長
大谷吉繼
黃母衣眾
御使番眾
御馬迴七頭
小姓頭眾
普請奉行

※末期家臣圖

德川家康

戰國最後的霸者

家康的戰略

「忍辱待時」——第一名的深思熟慮

若把織田信長、豐臣秀吉、德川家康三個人的關係以做麻糬來比喻，可以說信長是搗麻糬的人，秀吉是將麻糬捏成一顆顆的人，而家康當然就是最後那個吃麻糬的人。德川家康充分學習了織田信長和豐臣秀吉一統天下的構想，並完全奪取其辛苦經營的政策和組織制度，建立屬於自己且不易動搖的政權制度。總是排名第二的德川家康，其深思熟慮的計謀到底是……

飽嘗辛酸的人質時代

德川家康出生地的三河是夾在駿河、遠江今川氏和尾張織田氏中間的小國，因此不管依附誰都是危及自身存亡問題。因為如果順從某一方必定招致與另一方交好的家臣不滿，實際上家康的父親松平廣忠和祖父清康都是遭家臣殺害。德川家康從小就是如此飽嘗冷暖辛酸、弱勢的過活，八歲時，被當做今川氏人質身分的情報遭有心人士以五百貫錢賣給織田氏。而失去城主的岡崎城就歸今川氏所屬，今川義元即接手城池的治理而駐守城內。之後德川家康雖然獲釋，但這次是作為人質被送往今川氏所在的駿河，過了將近十年的人質生活。

一五五五年（弘治元年）家康戴冠後改名元信，二年後雖娶了今川義元遠親築山殿為妻，但還是沒改變其為人質的事實。十七歲時奉今川義元之命第一次率領三河眾上戰場，雖然他在戰場上意氣風發的驍勇表現很得歷代家臣們的讚賞，但卻沒有被視為主君，迎回岡崎城，德川家康還是在今川義元的監視之下過著忍辱負重的日子。桶狹間之戰時，德川家康受今川義元之命，成功將送兵糧送入敵方的大高城內，忠實扮演好今川氏部下的角色。

不久德川家康得以從人質生活解脫且獨立的機會出現了，那就是今川義元的戰死。桶狹間之戰時今川軍放棄岡崎城並爭先恐後撤退至駿河，家康看準此機會成功入主岡崎城。德川家康雖力勸今川義元之子氏真發動復仇戰，但平庸的氏真卻在駿河按兵不動，於是德川家康在平定三河的同時轉而跟織田信長締結同盟，為的就是要讓信長認同其三河擁有權，並防止今川氏的介入。

如此一來這位三河的小領主終於能從充滿辛酸屈辱的人質生活中解脫，再一次重整已離叛的家臣團，並成為一國一城之主，開始其自立人生。在逆境中忍耐，等待時機的到來，機會來了立即決定馬上實行。德川家康之所以能忍辱待時和其果斷個性都是在人質時代培養出來的，這也成為他日後戰略的根本之道，雖說已自立門戶，但也代表著另一段忍耐服從日子的開始。

忍耐背後的算計

接著阻擋在德川家康前方的就是同盟的織田信長，雖名為同盟，但家康其實是歸順於信長之下。為了能和織田信長處於對等位置，德川家康積極提升三河軍團的戰鬥力和忠誠。和織田信長共組聯合軍，在近江的姊川和朝倉、淺井軍對決時，德川家康的果敢戰鬥心和堅守戒律都讓信長眼睛為之一亮。織田軍在和淺井軍苦戰時，德川軍一手主導大局和朝倉軍奮戰，將織田信長從困境中解救出來，德川家康如此努力表現其對織田信長的忠誠也是想要和信長處於對等地位。

織田信長從尾張出發往西行，德川家康則是從三河往東，二人分別擴展領土範圍，但家康卻遭武田信玄阻擋。德川家康在三方原之戰中因武田信玄的計謀而大敗，所幸有堅強的三河武士支持他，並大膽的和上杉謙信合作，實行遠交近攻政策來增加自己的力量，待武田信玄病逝後攻下其支城。接著和織田信長聯手滅了武田勝賴後，德川家康正式成為三河、遠江、駿河三國的大名，由和信長的同盟才打下如今的成果。之後織田信長因本能寺之變倒下，家康馬上固守甲斐和信濃，並打探有意一統天下的豐臣秀吉意向，家康面臨重大決定——要追隨豐臣秀吉還是要和他對決。就算臣服於豐臣秀吉，能成為對等的同盟者還是和當初的織田信長一樣？不獲得實力第二的肯定就沒辦法進軍天下，如此深思熟慮地思考下一步是家康個人的獨特風格，也因為他的慎重才造就其之後的戰略方向。德川家康在小牧、長久手之戰中和織田信長次男信雄合作與豐臣秀吉對峙，也在此戰中給天下百姓和秀吉看到他充分發揮的實力，受到秀吉的禮遇，這是他從以前忍辱生活中養成的第二名策略。成為豐臣秀吉屬下後德川家康極力從律令中表現出他對秀吉的忠誠並討其歡心，且出征小田原北条氏攻拔，順從秀吉提出的國土更換。「懷有企圖的忠誠者」就是侍奉二位天下人的德川家康態度，家康不像織田信長或豐臣秀吉一樣懷有奪取天下的野心，他所想的都是當下的問題和摸索自立之路，出現一統天下的野心是在豐臣秀吉臥病在床後。

成為戰國最後霸者的偉大平凡人

德川家康可以說是一生忍辱負重才有今日的成就，「人的一生任重而道遠，不可急於一時。」這雖不是家康遺留的家訓，但卻能用來形容未建立霸權時身上扛有重責大任而如旅人走天涯的家康。在未開發的關東經營領國到確立領國地位，家康的前半生可說是持續的在忍耐。所以他才會不斷努力地要達到第二名的位置，這是家康能成功的最大力量來源，也是他為何被稱做「平凡的英雄」或「偉大的平凡人」的由來。德川家康於忍辱待時之刻儲蓄力量，在最後收成勝利果實。而德川家康果真在豐臣秀吉死後馬上就有所行動，五大老中，地位等同於前田利家的家康打算使豐臣政權解體。一一廢棄和豐臣秀吉定下的約定，待前田利家過世後，情勢更轉變為所有關於政治之事都要先徵詢德川家康意見，否則無法施行。雖然此時世間都已稱德川家康為「天下殿」，但要當上「天下人」一定要擁有絕對的權力，如不能將反家康勢力連根拔除，就無法成為名副其實的天下人。因為上杉景勝與石田三成交好，為了引石田三成謀反，家康派兵討伐上杉景勝，勾起石田三成起兵動機。只要天下一分為二，德川家康就能鎖定目標，一口氣殲滅對方。而針對石田三成所作的假設也都和德川家康所構想的相符，三成可說是完全掉入家康所設的陷阱中。一六〇三年（慶長八年），德川家康在伏見城接受後陽成天皇頒授征夷大將軍頭銜，並正式認同家康的幕府制度。先後侍奉織田信長、豐臣秀吉二位天下統一先驅的德川家康成為他們二人都無法達到的「戰國時代最後的霸者」。

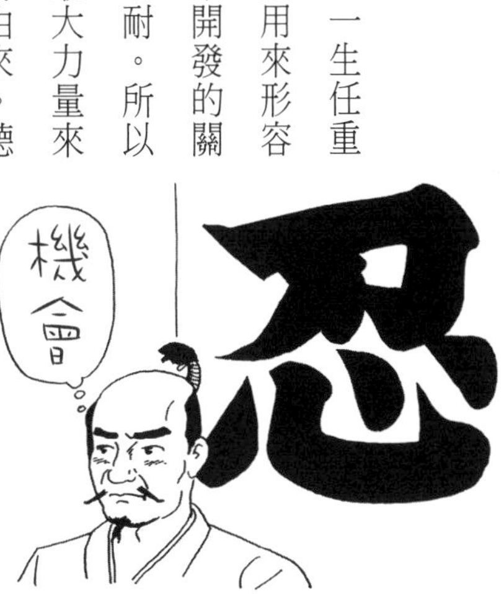

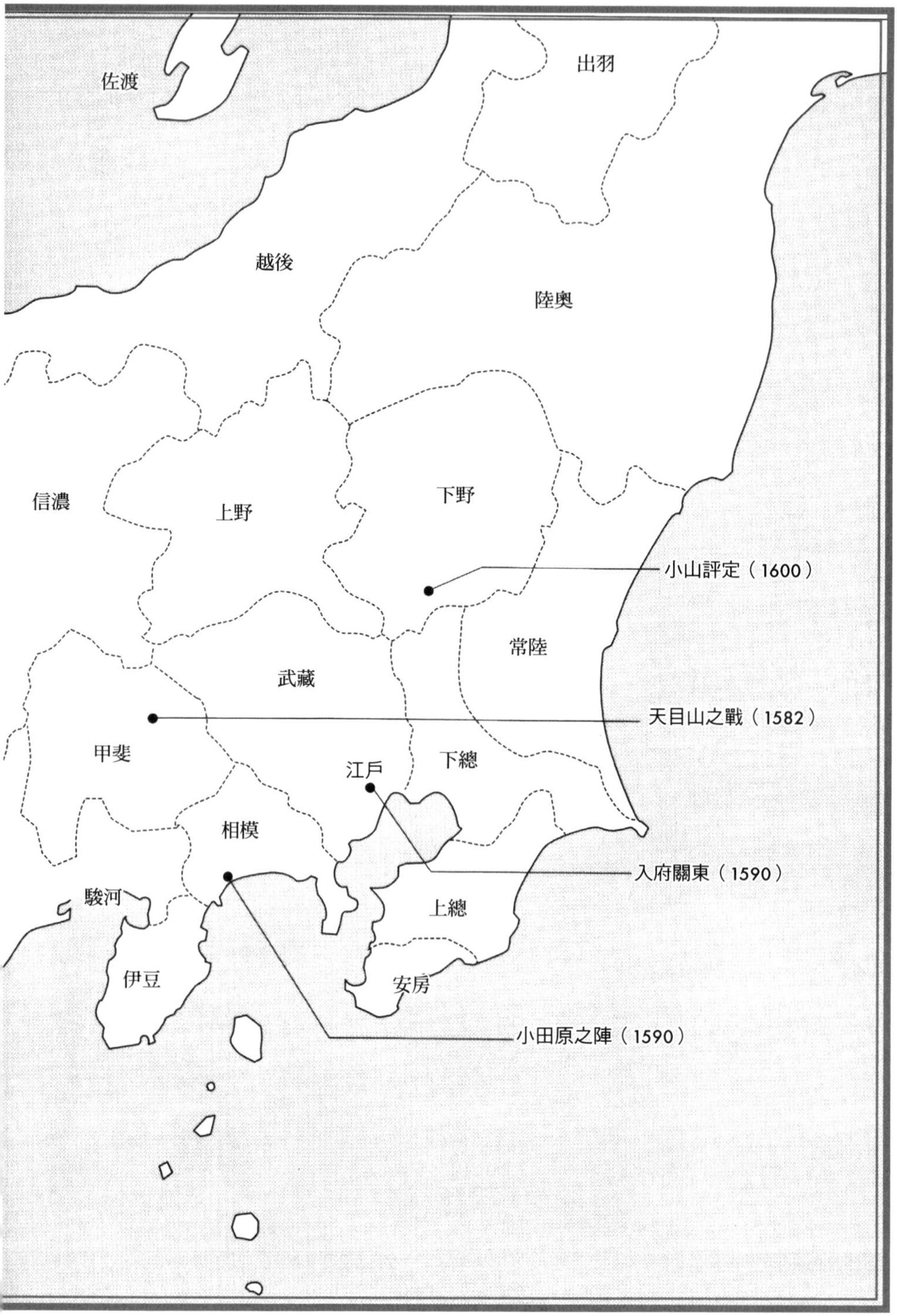
出羽
佐渡
越後
陸奧
信濃
上野
下野
小山評定（1600）
常陸
武藏
天目山之戰（1582）
甲斐
江戶
下總
相模
入府關東（1590）
駿河
上總
伊豆
安房
小田原之陣（1590）

家康主要對戰圖

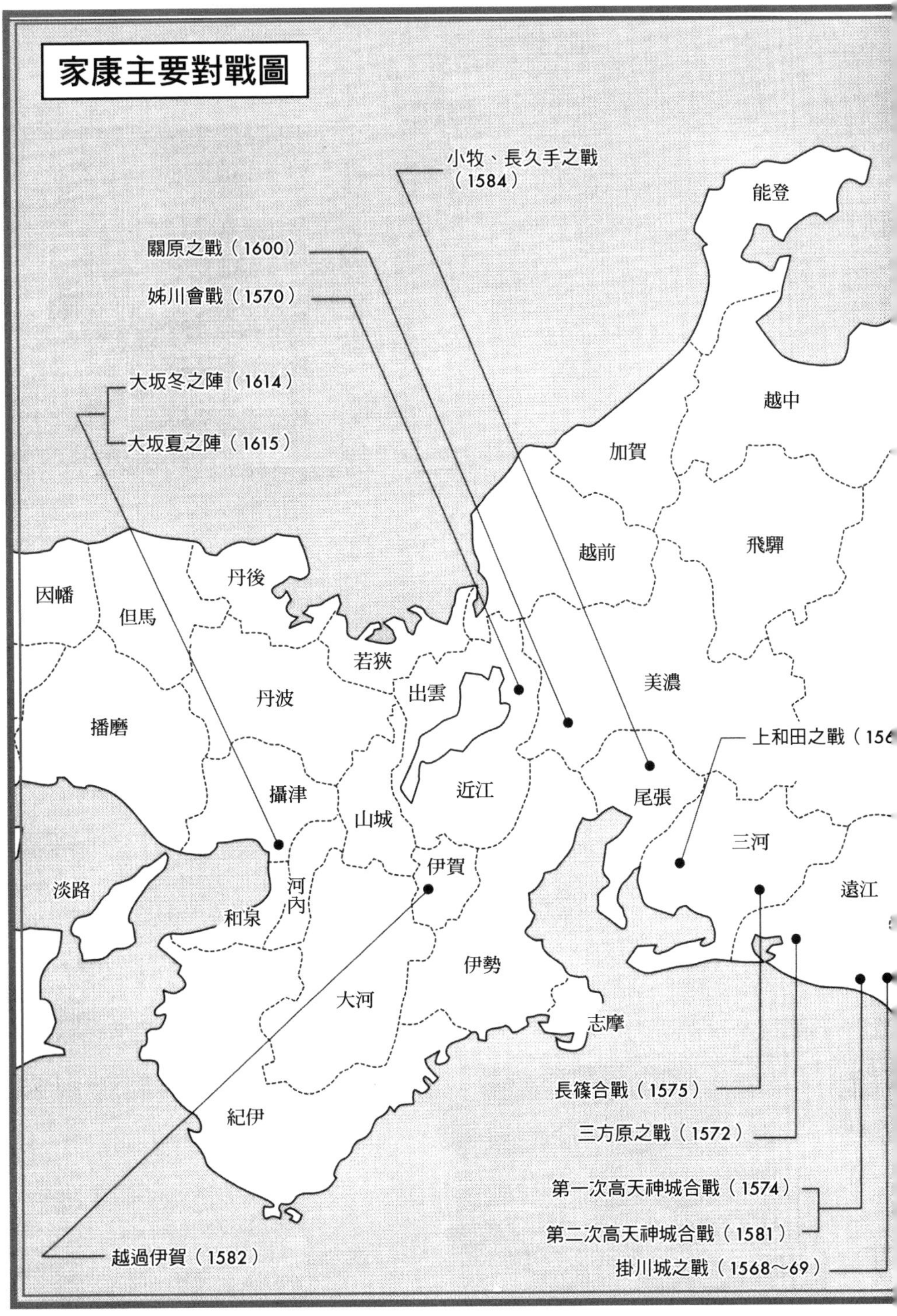

小牧、長久手之戰（1584）
關原之戰（1600）
姊川會戰（1570）
大坂冬之陣（1614）
大坂夏之陣（1615）
能登
越中
加賀
越前
飛驒
因幡
但馬
丹後
若狹
丹波
出雲
美濃
播磨
攝津
山城
近江
尾張
上和田之戰（156
三河
遠江
淡路
河內
和泉
伊賀
伊勢
大河
志摩
紀伊
長篠合戰（1575）
三方原之戰（1572）
第一次高天神城合戰（1574）
第二次高天神城合戰（1581）
掛川城之戰（1568～69）
越過伊賀（1582）

鎮壓四方的天下名城

重視家臣體制的建立

一五七〇年（天正十八年）七月，攻下北条氏小田原城的豐臣秀吉認為，這次戰役的成功，功勞最大的就是德川家康，所以將以關東為中心的北条氏舊領賜給家康，但家康必須把之前花盡心血統治的三河、遠江、駿河、甲斐、信濃五國歸還。

德川家康對於這個關東轉封並沒有表現不滿之意，反而在八月一日威風凜凜地進入江戶城。此城為鎌倉時代的江戶重長等人所建居館，到了室町時代，由太田道權將其擴建為城。北条氏以江戶城為其支城，但卻在德川家康家臣戶田忠次的攻擊下淪陷。

江戶城名雖為城，但只不過是個要塞，建築物本身殘破不堪，雨天時還會漏水。有鑑於此德川家康重臣本多正信勸他修繕城池，但卻得不到他點頭回應，他認為比起築城，應該優先解決的是如何整頓新領土及家臣的配置問題。德川家康認為就算擁有豪華的居城而內部卻沒有安定的家臣團，就無法抵擋敵人的入侵，這種想法亦看得出他腳踏實地的一面。接著他以關東為江戶中心積極建設附近的都市，為了促進經濟流通亦開發道路和河川。

德川家康在重視民政的同時也慢慢進行城池修繕工程，雖然首先修建的是城中心和西部，但各地戰火不斷，無法全心重建城池。織田信長和豐臣秀吉在戰爭中那種急於築城以表權力的焦躁作法並沒有出現在德川家康身上，家康重視實質多於形式的個人特質從築城的態度上也一覽無遺。

但是在那段期間德川家康正一步步確實地重修江戶城，動員家臣團進行西邊城池的修繕，本多正信則為築城總指揮，從早到晚不停辛苦工作。

德川幕府威望的象徵

不久豐臣秀吉病逝，德川家康在關原之戰後掌握天下大權。一六〇三年（慶長八年）德川家康被任命為征夷大將軍並在江戶創立德川幕府，使江戶成為日本中心，為了與幕府體制相互輝映勢必要好好整頓江戶城。此時德川家康才真正開始認真修建江戶城，但在著手築城之前他命令諸大名在江戶灣進行大規模的填海造地工程，依舊以都市建設為優先。翌年，幕府公佈江戶城修繕計劃及各大名的工作分配，從伊豆運來大量的大石頭建造巨大的石牆和溝渠。這次的工程重點為城中心和其他次要地點石牆，不久也完成五層的天守閣石牆建造。

整個工程到這裡還不算完工，德川家康還動員許多大名進行城郭擴張工程。大名們因為害怕幕府的威權把確實執行命令看做是對幕府的忠誠證明，所以各大名在此工程內無不爭相立功。對德川家康來說，建築江戶城也是為了要讓諸大名順從德川幕府，待豐臣家在大坂之陣完全滅亡後，家康的威勢更加高漲。德川家康死後幕府還是繼續築城，由繼位的第二代將軍秀忠為領導者，指揮工程的進度。但在秀忠時代江戶城還是沒完成，到了第三代的德川家光亦動員許多大名來建造城郭，一六三六年（寬永十三年）時進行最後的城郭外部工程，江戶城修建工作終於宣告完工，從德川家康建立幕府開始，江戶城歷經四十多年才整修完成。

不管從城內、城外看其外觀都有威鎮四方效果，江戶城雖比織田信長的安土城和豐臣秀吉的大坂城外觀看來樸素許多，但構造卻很堅固，與時刻都以威武形象上戰場的德川家康相當符合。

德川家康的必勝戰術

以萬全態勢進行野戰及攻城戰

掛川城之戰

以對城戰術成功孤立敵城

環繞掛川城的虛實戰略

當今川義元在桶狹間戰敗後，家康終於脫離人質生活回到故鄉岡崎城。而後家康雖與織田信長聯手欲鏟除今川勢力，但由於受到三河一向一揆的阻撓，使其領國支配計劃一直無法順利進行。等到家康鎮壓三河一向一揆後，他才真正成為三河的統治者，並從松平元康改名為德川家康，由朝廷任命為三河守。那段期間家康與武田信玄交換「今川領地以大井川為界，信玄從東邊的駿河進入，家康則由西邊的遠江入侵」的密約，一五六八年（永祿十一年）十二月，信玄從甲斐侵略駿河，同時間家康則從三河進攻遠江。而遭武田信玄與德川家康聯手圍剿的今川氏真只好捨棄駿河的今川館逃往掛川城，因此信玄不費吹灰之力就攻下駿河；另一方面武田信玄的士兵早在德川家康之前先行潛入遠江，並煽動當地一揆眾阻撓家康的前進，家康雖受到狡詐信玄的攪亂，但他還是得到今川氏家臣的內應支援，一一攻破諸城進入引馬（濱松）城。

接著德川家康攻拔的目標為今川氏真躲藏的掛川城，但那期間武田信玄的詭計還在進行，信玄的家臣秋山信友從信濃南下進攻遠江。得知此消息的德川家康對於武田信玄單方面破壞約定之事感到憤怒，並提出抗議，信玄也馬上向家康謝罪，但其真意為何不得而知，所以家康為了確實拿下遠江一定要想辦法攻陷掛川城。

對城進攻術

德川家康並不打算對掛川城展開全力攻擊，萬一戰敗，遠江必定會被武田信玄拿下，所以此時一定要慎重的思考攻城對策。德川家康雖對野戰在行，但對攻城沒有任何傑出表現，除非是速戰速決的戰略，要不然家康不會輕易攻城。德川家康採用的戰術為對城又稱向城，也就是在掛川城對面建造多數城池來包圍敵城。而掛川城也真的敗在此作戰手法下，家康在掛川古城佈本陣並在河田、笠町、曾我山、大六山、青田山、金丸山等地建築對城來包圍掛川城，更攻下天王山並以此為本陣撤下包圍網。

今川氏真雖欲夜襲討回天王山，但被家康識破，暗中派伏兵去迎戰，結果獲得大勝。而完全遭包圍的掛川城隨著城內兵糧漸消士兵們也有所動搖，城內的今川舊臣也聚集一堂，固守城池，但由於斷糧攻勢而不能有所行動，於是表決是否要和德川議和，結果一致通過。但今川氏真一人卻還有所猶豫無法下決定，於是重臣中的一人前去家康本陣提出：「願意幫助德川來消滅小田原北条氏，但要留主君氏真一命。」對此家康則表示：「至今未忘幼年受到今川家的養育之恩，所以並沒有要與今川為敵之意。」在一五六九年五月開啟掛川城門，而遠江也終於重回德川家康手中。

第二次高天神城之戰

與敵方少數守城兵的持久戰

武田信玄一天即放棄的天下堅城

話說「能制服高天神城者，即能掌控遠江。」──高天神城是位於遠江中心位置的天然險峻要塞，而德川家康和武田信玄間也圍繞著這座城進行無數次的攻防戰。首先是一五七一年（元龜二年），武田信玄抱著征服遠江的決心，率領二萬多名大軍進攻小笠原長忠駐守的高天神城。雖然敵方只有少數約二千多名的兵力，但還是無法攻下此城。武田信玄只攻擊了一天就了解到攻陷此城的難度，放棄攻城。武田信玄死後，武田勝賴無視於信玄留下要其隱瞞自己死訊三年且不侵略他國的遺言，在一五七四年（天正二年）五月，帶領二萬五千兵力決定侵略高天神城，其實武田勝賴是想藉由連父親信玄都無法做到的攻陷高天神城，讓天下知其武勇並強化武田軍團的向心力。攻下高天神城不僅可以證明武田勝賴優於父親，為了達到父親也無法拿下的遠江統治權，一定要想辦法攻下此城，但武田勝賴多次力攻卻還是無法突破小笠原長忠和其屬下的頑強抵抗。

另一方面，德川家康馬上派援軍前往高天神城，但只靠德川軍和武田軍交戰的話，很明顯會屈於劣勢，所以家康多次向織田信長要求援軍。雖然織田信長立刻派援軍前往戰場，但由於信長本身也專注於和石山本願寺連動的長島一向一揆攻拔，並無法分派大量兵力給德川家康。進入六月後，飽受武田勝賴包圍攻擊的高天神城已逐漸顯露出疲態，不久後西邊被攻陷，小笠原長忠等人也失去抵抗的氣力，因此決定開城。此時織田信長的援軍雖已出動，但還是晚了開城一步。德川家康只能咬牙切齒地看著高天神城的陷落，這就是「第一次高天神城之戰」。

武田勝賴雖得到高天神城，但他卻在隔年和織田、德川軍對戰的長篠合戰中大敗，為挽回名譽而焦躁不已的勝賴即下令死守高天神城。之後德川家康雖然和武田勝賴有過幾次你來我往的零星衝突，但高天神城的支配權還是屬於武田方。直到一五八〇年（天正八年）三月，德川家康終於為了高天神城攻拔往濱松出發，他了解到就算力攻此城，一時半刻也無法攻下，所以決定採取長期包圍戰。武田方鎮守高天神城的是岡部長教和軍監橫田尹松等一千人，而包圍的德川軍則有一萬一千之多。六月德川家康放火燒城外，目的就是要打探武田勝賴的動向。然而德川家康判斷武田方沒有援軍前來，便在城附近築對城，小笠山、熊之坂、火之峰、風吹、三井山、中村山、安威、獅子鼻共八座對城，並在城周圍挖溝渠，以柵欄樹枝嚴密包圍城池，完全封鎖高山神城。而且為了防備武田方援軍侵襲，還在對城後方挖掘深壕溝、築土堡、圍上柵欄防守，不難看出家康慎重的作戰方式。

德川家康不以蠻力進攻，而是等待敵方氣力喪失無法戰鬥，而高天神城內則是苦撐等待援軍到達，家康認為此時武田方援軍不會來，原因是此時的武田勝賴和織田信長及北条氏政都呈對立關係，所以兵力短缺無法馬上動員，事實證明家康的推論是正確的。而武田方的軍監橫田尹松也遭包圍，就算援軍前來，和德川軍交戰也可預見不利結果，所以便向武田勝賴上書進言：「派遣援軍對

我方極度危險，應該趕快捨棄高天神城。」但對武田勝賴而言此戰攸關面子，如果就這樣抽手有損武田家名譽。所以在一五八一年（天正九年）二月，武田勝賴為了開戰而有所行動。

費時二年終於攻下

武田勝賴帶領一萬五千兵力和北条氏政的三萬大軍對戰，但不久後勝賴認為敵不過北条軍，就返回原地捨棄高天神城。到了三月城內糧食已所剩無幾，陸續出現餓死者，於是籠城兵決定豁出去，要在三月二十二日深夜進行最後一次突擊，決定在前晚先將使者送往家康陣營。德川家康在休息期間很喜歡欣賞幸若舞[1]，推論明日即將出征的家康下令幸若與三大夫吟唱源義經之死的「高館」曲調，而敵方籠城兵則是聚集在柵欄旁邊看表演邊掉淚。隔天夜裡籠城兵開城門後，馬上對德川家康的包圍軍展開突擊，由城將岡部長教帶領僅存的士兵應戰。但由於遭德川軍一層又一層的包圍網阻擋，再加上火槍、弓箭攻擊，不久後岡部長教等六八八人全數戰亡。德川家康終於在進行持久包圍戰的二年後奪回高天神城，也因為這次的謹慎作戰將武田氏逐出遠江，一償領國支配之宿願。另一方面武田勝賴因為失去高天神城而放棄遠江，且因為無法調動援軍而遭家臣遺棄，一年後在天目山自殺。武田氏滅亡後，德川家康也順理成章成了武田五領國的領主。

1為日本中世到近世與能劇同受武家歡迎的藝術表演，內容多以表現武家興盛到衰敗為主，因而能得到極大共鳴與讚賞。其中又以一之谷合戰平敦盛與雄谷直實對戰之《敦盛》最受青睞。

專欄

千鈞一髮的「越過伊賀」

一五八二年（天正十年）六月二日爆發本能寺之變時，德川家康為了在安土接受織田信長的款待而待在堺市。德川家康五月二十九日就已到達，又因為六月一日一整天有茶會和觀光行程，所以身邊只有一些隨從。二日德川家康得知織田信長上京的消息後，即從堺市出發上京，先出發的本多忠勝則在途中遇見京都富商茶屋四郎次郎。因為茶屋四郎次郎以前為三河武士和德川家康也很親近，於是告知本多忠勝本能寺之變的消息。本多忠勝得知後急忙地趕回堺市，在飯盛山（枚方）附近遇到剛出發的德川家康一行人。而得知織田信長死訊的德川家康雖一度想要上京，但在本多忠勝和酒井忠次的勸說下打消念頭返回三河，為憑弔信長備戰。但是從堺市到三河的路上都佈有明智光秀的軍隊，走小路的話也有可能遭到民間武士或農民攻擊。此時幫助陷入窘況的德川家康的就是以服部半藏為首的忍者集團，半藏集結故鄉伊賀忍者二百人，甲賀忍者一百人在家康隊伍前後護衛，有了他們的引路，從宇治田原往信樂前進，並在甲賀的上忍多羅尾光俊所在地過夜，也因為有了他們的帶路，一行人得以越過加太（鹿伏兔）、出伊勢的國關，再從白子渡海，六月四日就回到三河。其中也有危險狀況發生，德川家康一行人在行經加太時曾遭一揆眾擋住去路，幸虧有多羅尾光俊的三男山口光廣幫忙擊散一揆眾，再加上伊賀忍者的護衛才能順利通過。而之前和德川家康一同待在堺市的穴山梅雪，因為對家康行動感到困惑便個別行動，但卻在行經宇治田原時遭一揆眾攻擊，命喪黃泉，所以說家康能從中逃出真的是千鈞一髮。這次的事件被稱為「神君越過伊賀」，也更加強化了日後德川家康和伊賀、甲賀忍者集團間的聯結關係。

小牧、長久手之戰

兩雄對決，虛實外交拉攏策略

以君臣之道起兵，向豐臣秀吉表明敵意

織田信長的次男織田信雄對於天下霸權落到豐臣秀吉手中一事極度不滿，本來應該是自己當上天下共主的，但現在卻不得不服從於家臣秀吉之下……。話雖如此，但由於織田信雄缺乏與豐臣秀吉對決的力量，所以他和東海霸者德川家康共組同盟，企圖和秀吉抗衡。德川家康雖然沒參與織田信長後繼者的決定過程，但因為長男德川信忠已死，所以他認為照繼位順序來看理所當然要由織田信雄繼承，於是應信雄之託向豐臣秀吉舉兵。以「信長遺子信雄應為天下人」的理由起兵，但其實德川家康另有其他打算，就是利用不滿的織田信雄來抑制豐臣秀吉的威權擴張，並將自己存在的最大價值給表現出來。於是豐臣秀吉找來侍奉織田信雄的三位家老，拜託他們勸阻其主君的意圖，但信雄發現後便將三家老殺死。織田信雄會作出這樣的行為，也就是正式向豐臣秀吉下戰帖，此時為一五八四年（天正十二年）三月六日。織田信雄更是以先鋒之姿攻打豐臣秀吉的據點伊勢，同時向德川家康要求援軍。德川家康也親自上陣從濱松城出發，十三日到達清州城和織田信雄會合召開軍議，就在同日夜裡，豐臣軍的池田恒興攻擊信雄的犬山城並奪得該城。得知消息的德川家康馬上率領約二萬大軍來到小牧山佈陣，以待豐臣軍的到來。

而豐臣軍的森長可看穿德川家康想法，在距離小牧山六十公里的羽黑佈陣，對此家康則是命令部下酒井忠次、榊原康政、奧平信昌等人急襲羽黑，森長可雖奮力迎戰但終究敵不過精悍的德川軍而逃往犬山城。

豐臣秀吉的猶豫

而豐臣方則以豐臣秀吉為首，出動三萬兵力往伊勢方面前進，但進入尾張後，總兵力卻增加到十萬。收到羽黑戰敗消息的豐臣秀吉進入犬山城，並南下在樂田佈陣。小牧山和樂田相距約三公里，兩方就這樣呈現盯視對方動作的對峙。此時德川四天王之一的榊原康政為了打擊豐臣方士氣，便向其散布內容為「有所成就的秀吉忘卻信長公之恩，不僅殺害其遺兒信孝公，現在又和信雄公敵對」的檄文。據說聽聞此事的豐臣秀吉大怒，並懸賞能取下榊原康政人頭者，之後德川家康與秀吉議和，當康政和秀吉見面時，秀吉想起當時的恩怨說道：「雖然那時對你的所作所為感到惱火，甚至一度要取你首級，但現在我確實感受到你的忠誠。」兩軍對峙進入四月後，池田恒興向豐臣秀吉獻上一個作戰計策，那就是「進入三河」戰略。

此作戰策略為趁家康在小牧山和豐臣方對峙時，派遣別動隊攻擊家康的據點三河。只要一部分豐臣軍攻打三河，德川軍一定會動搖而有所行動，此時秀吉本隊就能一舉殲滅對方。豐臣秀吉認為此法風險性極高所以遲未允諾，但由於其外甥三好秀次（之後的關白）熱切希望擔任總大將出征，秀吉終於妥協答應。別動隊由池田恒興、森長可為先鋒帶領七千兵力，中鋒則為堀秀政約三千兵力，殿後的總大將三好秀次七千兵力，總兵力共計一萬七千。

家康戰術奏效，長久手之戰勝利

四月七日別働隊暗中朝三河前進，但他們的行動在隔天就已被德川家康得知，家康知道如果兵力不足的本國遭入侵，一定會成為這場戰役決定性的致命傷，所以率領一萬四千兵力悄悄從小牧山移動至小幡城，兵分二路開始追擊別働隊。九日早上，別働隊到達三河國境不遠處的長久手。先鋒池田恒興和森長可行經長久手接近敵方的岩崎城，為了挑起城內戰火先鋒隊，首先對岩崎城展開攻擊。本來別働隊的作戰是要儘早入侵三河，但卻在此處耽擱而停下腳步；中鋒堀秀政在金荻原，殿後的三好秀次則待在白山林。等到日出之時，德川家康從敵方殿後的三好軍後方展開突襲，三好軍無力招架這突如其來的攻擊而潰散，總大將三好秀次則是僥倖逃脫，之後還因此遭受豐臣秀吉大聲怒罵。而走在前頭的堀秀政聽到打鬥聲就推知秀次本隊遭襲，馬上掉頭支援三好軍，但卻又遭其中一隊德川軍追擊。而秀次本隊則排成一列，以火槍擊退突襲的德川軍，此時擔任先鋒的池田、森隊也返回支援。德川家康此時前往長久手一帶的色金山佈陣並在上午十點發動總攻擊，兩軍陷入激戰，但由於別働隊來不及防備而慌了手腳，森長可中槍而亡，首級也被取下。

池田恒興在敗退的別働隊中奮力抵抗，因為這次的「進入三河」作戰是他提出的，所以絕不能在此退縮，但他還是在混亂中遭敵方殺害。這次衝突在接近下午時完結，此時的別働隊已經潰不成軍，好不容易逃出戰場的士兵則逃往樂田。

戰術獲勝的家康和策略成功的秀吉

得知戰敗消息的豐臣秀吉親自帶領數萬兵力站在最前頭，面向戰場所在地長久手，此時帶領少數兵力駐守小牧山的酒井忠次、石川數正和本多忠勝等人看到秀吉大軍南下便展開協議，酒井忠次與石川數正雖然一致反對出擊，但本多忠勝表示：「就算是家康公親自上陣也無法抵擋這大軍吧！就算如此我們還是要死命阻擋。」於是下山向豐臣軍發射火槍。但還是無法對領先在前的豐臣秀吉發動攻擊，本多忠勝本來認為挑起戰火的策略失敗，然而此時獲得勝利的德川家康已經火速從長久手趕回小幡城。

豐臣秀吉本想馬上對小幡城進行攻擊，但夜已深，於是決定隔天再展開總攻擊。而德川家康早在夜裡暗中返回小牧山準備，撲了個空的豐臣秀吉只好返回樂田本陣，再次回到二軍對峙的狀態。對豐臣秀吉來說，他只想趕快結束和德川家康的對戰情況，與對方進行一統天下的協商，所以在彼此對峙半年後的十一月，拉攏織田信雄，兩方議和。這麼一來德川家康的起兵理由也就消失，於是返回岡崎城。關於這次對戰，在戰術上是德川家康獲得勝利，但就策略而言成功的是豐臣秀吉。之後德川家康雖然多次拒絕豐臣秀吉的順服之邀，但由於秀吉將自己的母親和妹妹作為人質送至家康處，終於使得家康讓步而上京並宣誓臣服秀吉，家康這讓對方乾著急的作戰也確保了家康實力僅次於秀吉的地位。

德川軍團的祕密與真相

「三河武士」的團結力

德川祖先為松平氏，三河賀茂郡的松平鄉為發祥地。從第一代算起分別為：松平親氏、泰親、信光、親忠、長親、信忠、清康、廣忠，然後家康為第九代。而在一五六六年（永祿九年），家康終於一償從祖父時代以來的宿願統一三河，之後才將將姓氏改為德川。松平氏幾度面臨其他大國的迫害，而得以存活下來不僅靠俗稱「十八松平」的松平一族之力，還有在其背後支持的家臣團。

松平氏的家臣團分為一門眾、譜代、國眾等，一門眾是由有直接血緣關係的松平一族組成，譜代則是比一門眾親戚關係更薄一層的直臣」們組成，稱岡崎眾，而國眾則是由完全沒有血緣關係的三河豪族出任，亦稱國侍。家康也特別重用三河譜代的家臣軍團，其中扛起家康霸業的有酒井忠次、榊原康政、本多忠勝和井伊直政四人，他們立下許多汗馬功勞，被稱做「德川四天王」，為德川軍團的核心人物。

酒井忠次在德川家康被當成今川家人質的幼年時代起，就一直侍奉在旁，而他的剛直性格也為三河武士特有，德川軍團因有他這種無私的武士加入繼而成形。在桶狹間之戰中，織田信長打敗今川義元，使得德川家康終於實現多年來獨立三河的心願，此時的家康把身旁的防禦本隊分配到岡崎城，東三河的吉田城則由酒井忠次駐守，西三河的岡崎城由石川家成（之後交給石川數正）統轄，施行「三備」軍制。因此酒井忠次被稱作「東三河首領」，石川家成則為「西三河首領」。但石川家成後來被調往掛川城，所以由其外甥數正擔任首領。

德川家康還在岡崎設置「三奉行」，由本多作左衛門重次、高力清長和天野三郎兵衛康景三人擔任。賞罰如鬼嚴厲的本多重次，如佛慈悲的高力清長和不偏頗、公正判斷的天野康景，被人們稱作「佛高力，鬼作左，還有哪邊都不沾的天野三兵」，比喻德川家康用人之巧妙，家康依照家臣個性安排能充分發揮其性格的職位。

德川四天王和德川十六將

德川四天王中的本多忠勝自十三歲初上戰場以來，每次家康親上陣的戰事他都有參與，並立下不少戰功。在小牧、長久手之戰中更是以少數兵力挑起豐臣軍戰火來保護家康，其勇將形象深植人心。榊原康政也是自上戰場以來，就一直跟隨德川家康立下許多功勞，以在小牧、長久手之戰中書寫彈劾豐臣秀吉檄文之事最為出名。

井伊直政雖然出身遠江不屬三河譜代家臣，但家康卻注意到他而任用。他不能說是新手，因為他的武勇和智謀都被家康賞識，成為德川軍團中不可或缺的一人。由於井伊直政的部隊都身穿紅色盔甲，旗幟為也是紅色，所以人稱「赤備」，因為敵人只要看到那顏色就會有所畏懼，所以又被叫作「赤鬼」。

四天王再加上十二人為「德川十六將」，這十二人分別為大久保忠世、忠佐、內藤正成、平岩親吉、鳥居元忠、服部半藏、米津藤藏、渡邊守綱、蜂屋貞次、松平家忠、高木清秀和鳥居直忠。他們和德川家康苦樂與共，為了家康個個都能做到粉身碎骨、鞠躬盡瘁的程度。但德川軍團剛開始內部卻沒有很團結一致，當德川家康平定三河時，岡崎城下爆發三河一向一揆事件。半數家臣都靠至一向一揆方，和德川家康君臣關係親密的本多正信甚至朝家康上箭拉弓。

但其他背著德川家康加入一揆眾的人，在看到家康出現後，個個都不敢拉弓射箭就逃走，也因為這樣使得為主君效勞的風氣更加流行，這也是促成德川軍團強大的背後原因之一。平定一向一揆後，德川軍團又跟以前一樣回到上下同心的狀態，而後與織田軍互結同盟時因為參與了姊川會戰，其剛健質實及忠誠不二的氣度因此廣為天下流傳，被喻為「為了主君家康，連命都可以捨棄的三河武士」。

強化軍團的再整頓

德川家康也將對他付出百分之百忠誠的家臣們當作是寶物而投注許多心力，在臣服於豐臣秀吉後，有一天秀吉要諸大名們來聊聊他們的傳家寶，大名們都對自家的名刀或茶器而自滿不已，只有家康表示：「我的家鄉三河是個鄉下地方，沒有什麼能炫耀的寶物，但我擁有一群約五百名肯為我捨命的家臣們，他們就是我的寶物。」而事實上亦是如此，當德川家康在三方原之戰大敗武田信玄時，家臣們代替從濱松城撤軍的家康成為犧牲品，一一衝向敵方陣營，而且遭伐的家臣們連倒下也都是往敵方方向，如此驍勇善戰的德川軍團就算是戰敗，其英姿、聲名照樣流傳。

但就在豐臣秀吉制服天下時，德川家家老排名第一的石川數正卻往秀吉靠攏，離德川家康而去，這對德川軍團造成不小的衝擊。石川數正就如先前所提為「西三河首領」，和酒井忠次二人為德川軍團的二大支柱，之後也比稱為四天王和十六將的功臣們的地位還高，整個軍團也對他尊敬有加。但由於石川數正在小牧、長久手之戰中擔任和豐臣方交涉的角色，因而受到很會拉攏人心的豐臣秀吉誘導，從德川方出走奔向秀吉懷抱，而數正公然的背叛，也成為德川軍團的致命傷。

因為德川軍團的戰術、軍法都是以石川數正為中心，所以德川家康很害怕軍團的戰術、軍法會被豐臣秀吉竊取，家康為了不讓軍機洩露，於是再次實行軍團整頓。

首先派遣鳥居元忠和成瀨正一等人去調查武田信玄的軍術，進而聽從武田氏遺臣的意見，並讓榊原康政、本多忠勝和井伊直政等人去研究如何整頓軍團。家康對一直以來以酒井忠次和石川數正為首的「三備」軍制作改變，也就是改由包含先鋒、後備、旗本備[2]等八個軍備來增加兵力並擴大、強化軍團。這次的整頓軍團不只防止軍機洩露，也大大強化了德川軍團的機動性和戰鬥力。

戰功派帶動軍團活躍

隨著德川軍團轉移到關東，得到二五〇石的統治地，其體制也更驅於強化，所以家康以關東為中心分配家臣治理領地，同時也進行領國防衛和兵力補強。此時的家康賜領地給三十九名部將，但同族的松平支族只有八人受封，還是一萬石到二萬石領地的小大名，有軍功的譜代家臣則得到十萬石以上的獎賞。井伊直政獲十二萬石，本多忠勝和榊原康政各分到十萬石的土地，由此可看出德川家康對戰功的重視程度。

軍團的擴大也使得關原之戰之際，德川家康得以將軍團分為家康本隊的三萬多兵力和從中山道前進的三萬八千秀忠隊，當時能動員如此多兵力的只有家康一人，從這點看來家康已算是個實質的天下人。雖然秀忠隊在途中因無法攻下西軍真田昌幸、信繁（幸村）父子的信州上田城而有所耽擱，沒趕上關原之戰，但因為德川家康巧妙將豐臣方的大名拉攏過來，所以最後還是獲得勝利。

以安定內部為優先的組織

姊川、三方原、長篠及小牧、長久手之戰中，德川軍團作為德川家康最強的後盾而奮戰不懈，以主從關係為中心的團結大家族就是德川軍團強大的背後原因。而將其能力完全發揮極致的當屬關原之戰，德川家康雖然將原本順服豐臣秀吉的武將福島正則、黑田長政、加藤嘉明、細川忠興和山內一豐等人分配至前線，但家康還是沒有完全信任他們。對德川家康而言他還是比較仰賴譜代家臣，像井伊直政、本多忠勝等，他們為家康的近臣，並擔任東軍陣營的中樞人物。

但是在關原之戰獲得勝利後，德川家康雖然沒有冷淡對待自始以來為他出生入死的戰功派，但卻慢慢遠離軍政，因為家康認知到戰爭時代已結束。而接替戰功派登場的是以本多正信為中心的文吏派，他們雖然不擅長戰鬥，但在行政措施、外交、文政等領域，也就是所謂德川幕府經營的主體，有令人注目的傑出表現。

其中本多正信更是德川家康心腹且專注心力在德川體制的強化上，在關原之戰後譜代家臣都提升為大名被分配到各軍事地點，而同屬德川一家的結成秀康（家康二男）、松平忠吉（家康四男）和武田信吉（家康五男）都被派駐到重要區域。之後德川家康之子忠輝、義直（尾張家）、賴宣（紀伊家）、賴房（水戶家）也都被分派到要地盯梢外樣大名[3]以防止作亂；這樣的措施就是以本多正信和德川家康為中心施行而創造出以軍事力為背景，和平統治的德川政權之貌。

另一方面幕府組織以文吏派為構成中心，確立以穩定德川家為最優先的系統政治，也就是說成為親藩[4]的大藩[5]和外樣大名不會參與計劃，而是以譜代大名的將軍為中心的幕閣體制。德川家康建立的德川幕府是由松平氏歷代以來的一門眾、譜代的形式發展而成的組織化制度，這就是以穩定德川家內部為優先，極具日本色彩的組織型態。

1 直臣：直屬臣下，屬家臣團中一員。
2 旗本備：日文漢字「旗本」指鎮守本陣的武士，「備」為軍備之意。
3 外樣大名是在關原之戰被迫臣服的大名，他們有的擁有雄厚實力又因為外樣大名的領土多在偏僻的外邊，在鎖國時期反而最容易跟外國勢力結合，成為倒幕的主要動力。
4 為江戶時代的名門大名之一。
5 擁有廣大領地的諸侯。

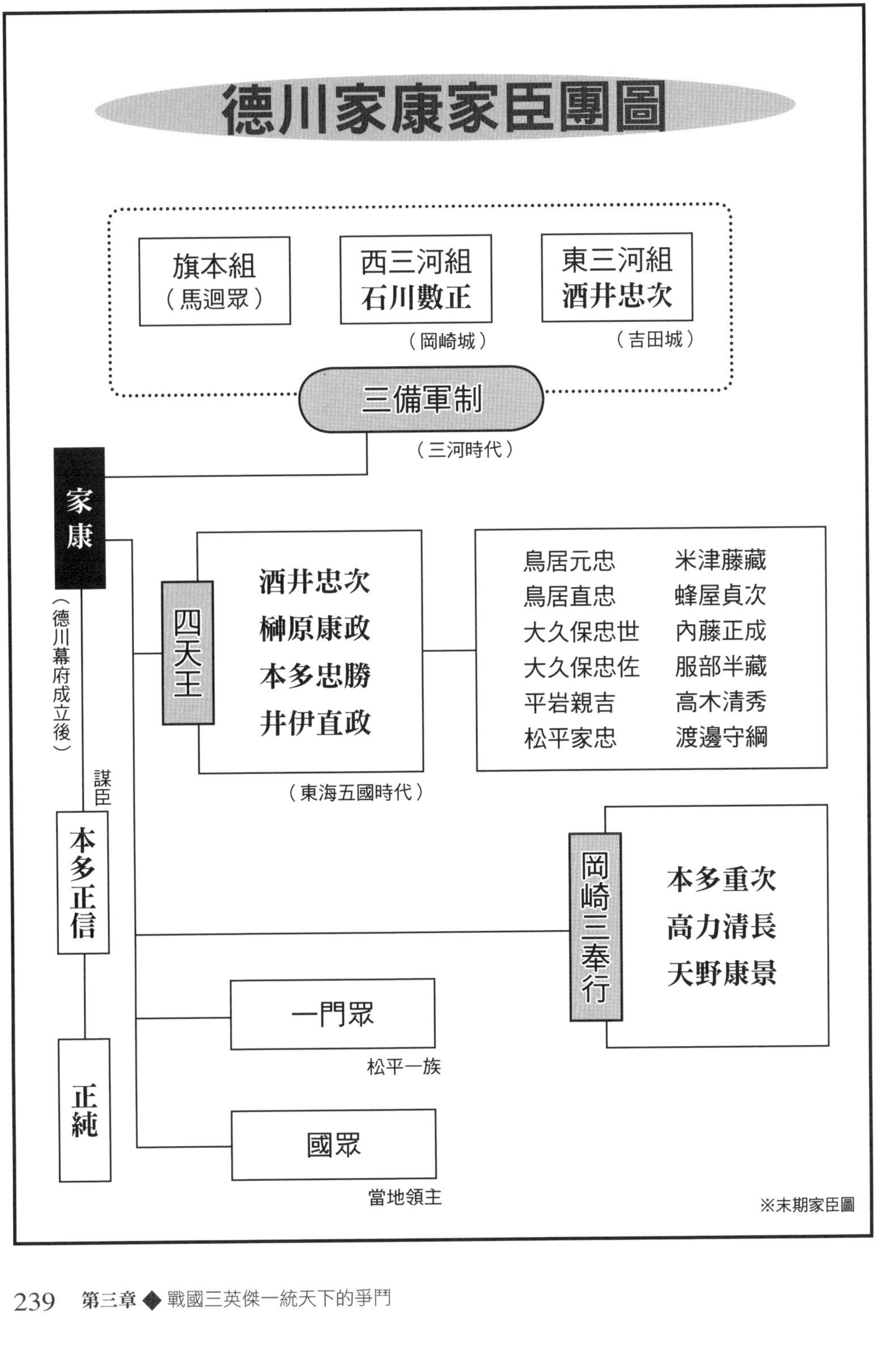
德川家康家臣團圖
旗本組
（馬迴眾）
西三河組
石川數正
（岡崎城）
東三河組
酒井忠次
（吉田城）
三備軍制
（三河時代）
家康
（德川幕府成立後）
謀臣
本多正信
正純
四天王
酒井忠次
榊原康政
本多忠勝
井伊直政
（東海五國時代）
鳥居元忠
鳥居直忠
大久保忠世
大久保忠佐
平岩親吉
松平家忠
米津藤藏
蜂屋貞次
內藤正成
服部半藏
高木清秀
渡邊守綱
岡崎三奉行
本多重次
高力清長
天野康景
一門眾
松平一族
國眾
當地領主
※末期家臣圖

專欄

德川家康子嗣之謎

德川家康有十一個兒子，其中讓他最為滿意的就是剛健的嫡子信康，但後來因為信康之母築山殿疑似串通武田氏想謀害家康之事輾轉被織田信長得知而遭殺害，之後信康也因為信長的殺母命令而自刃，結束其二十一歲的人生，據說家康一生都為信康之死感到懊悔不已。德川信康死後理當是由次男秀康繼位成嫡子，但德川家康卻將三男秀忠升為嫡子，究竟家康為何會對秀康如此冷淡呢？由於秀康的母親於萬出身低下，本來是築山殿的侍女，但被家康染指而懷有身孕，家康為了避免築山殿大怒便把她送到附近農家，隱匿產下一子。可以說德川家康從一開始就完全沒有表現出誠意，而且他也對這個孩子的身世感到十分懷疑。在小牧、長久手之戰後，豐臣秀吉提出想要養子的構想，家康就把十一歲的秀康給交了出來。說好聽一點是養子，但其實是人質，也因為豐臣秀吉很寵愛他，所以比起父親德川家康，秀康似乎和秀吉顯得比較親近。之後他成為結城家的養子，在關原之戰時也沒得到上戰場的許可，只能留在關東，而德川家康對秀康的冷處理也是造成秀康之子忠直品行不佳的遠因。另一方面德川家康對待成為御三家[1]之祖的九男義直、十男賴宣和十一男賴房的態度則大不相同，義直是在家康五十七歲時出生，賴房則是在家康六十二歲時誕生，據說賴房還小的時候家康還很常將他抱在膝上，一副好爺爺形象，和人們想像中對孩子不茍言笑的家康形象有所出入。因為這是發生在關原之戰後的事，所以出現了德川家康戰死在關原之戰，之後由影武者[2]代替的說法，其實仔細想想這只是很普通的老年人對孩子的疼愛之情罷了。

1德川御三家，是指尾張德川家、紀伊德川家和水戶德川家。

2泛指為了欺敵，身著和大將相同服裝的假冒者。

第四章

戰國末期

關原之戰

大坂之陣

關原之戰——瓜分天下的激烈衝突

◆序章◆

一六〇〇年（慶長五年）九月十五日，德川家康的東軍和石田三成的西軍展開激戰，合計動員兵力約二十萬的關原之戰為天下一分為二的「世紀對決」。豐臣秀吉死後，德川家康趁豐臣政權動搖意圖奪取政權，和為了阻止此事發生的石田三成產生猛烈鬥爭，賭上生死的武將們展開的虛實策略也在此時一口氣完全爆發出來。

❖老狐狸德川家康挑撥石田三成起兵

一五九八年（慶長三年）八月十八日完成統一天下霸業的豐臣秀吉殞落，秀吉死後德川家康馬上一步步穩固自己的天下大業。對此石田三成已猜測到德川家康可能有奪取政權的想法，所以很早就開始對家康有所警戒，兩人間的對立已根深柢固。一六〇〇年，上杉景勝和其家老直江兼續移居會津後立刻修築城內要塞並整頓軍備，而注意到上杉景勝一舉一動的德川家康以上杉氏有反叛之疑為由，率軍從大坂出發討伐上杉氏。德川家康並推論這樣一來石田三成必會舉兵，所以只要將其消滅便可順利拿下天下統治權。德川家康表面上是討伐上杉氏，但實際上是在等待石田三成的出擊，可以說在這場戰役下了極大的賭注。

而石田三成果真在豐臣恩顧大名的催促下舉兵出征，呼應其行動而起的還有毛利輝元、宇喜多秀家、小早川秀秋、長宗我部盛親和小西行長等人。這些大將們以毛利輝元為總大將展開行動，首先攻陷德川家康的據點伏見城入侵美濃再進入大垣城，這股勢力約為八萬五千多人。德川家康在下野的小山得知石田三成舉兵的消息後，和一同出征討伐上杉氏的福島正則、黑田長政、加藤嘉明、細川忠興和山內一豐等豐臣恩顧大名召開軍評會議，稱作「小山評定」。會議上德川家康提出：「欲追隨三成者，現在就可以離開，我不會為難。」但沒有一個人離去，反而一致通過「應該對無立場維護豐臣家的三成舉兵行為加以制裁」。他們長年對石田三成抱有仇視感，只是在家康的巧妙操弄之下自然地靠攏家康方。

德川家康在命令先鋒福島正則火速趕往美濃之餘，亦將次男結成秀康留下以牽制上杉氏行動，大將秀忠則率領三萬八千大軍朝東山道（之後的中山道）前進。德川家康則是在小山佈好陣後進入江戶城，但並沒有馬上動作而是先遠眺情勢，才帶領三萬二千大軍從江戶出發。雖然打頭陣的豐臣恩顧大名們對要和石田三成作戰感到些許不安，但他們還是勇敢地和三成正面對決，進攻岐阜城；而德川家康在確認其忠誠後隨即沿東海道上行，九月十四日和在大垣城西北方的赤坂和先鋒隊會合，在附近的岡山（御勝山）佈本陣；另一方面以總大將毛利輝元為首的西軍雖然集結在大垣城的中心，但由於輝元和豐臣秀賴待在大坂無法前來，所以由石田三成負責指揮工作。

◆九月十四日◆午後◆德川家康企圖西進

❖東軍從關原移動到佐和山然後朝大坂前進

石田三成的家臣島勝猛（左近）一得知德川家康到陣後，就提出西軍應率先出擊以提高士氣的意見。島勝猛和蒲生鄉舍一行人出大垣城橫渡杭瀨川和一部分東軍交戰，此時宇喜多秀家的一部分兵力也加入壓制東軍的行列；德川家康則在岡山本陣遠眺戰況後認為情勢對東軍不利，於是下令撤軍。對德川家康而言，此時比挑起西軍戰火更為緊急的是進攻戰略的部署，於是馬上展開對西軍諸將的誘降作戰，或是使其不上戰場作戰。

而毛利方在南宮山佈陣的吉川廣家和待在關原松尾山的小早川秀秋都已經和家康方作好內應約定，但由於德川家康還對二人所言不是完全相信，所以再以手段勸誘二人，終於在下午確定小早川秀秋投靠己方之意和吉川廣家不加入毛利軍之列的決定。德川家康在決戰前一日使出這樣的作戰手法促成小早川秀秋及其一萬五千兵力的反叛，成功封鎖西軍中三萬毛利軍的行動，所以在關原之戰中拿下勝利。在這個午後德川家康還採用了另一個戰略，排除應該要進攻石田三成據點大垣城的意見而是「全軍在關原一舉進攻三成所居的佐和山進入大坂」的作戰策略，並故意將此作戰洩露給西軍知道。

石田三成一接獲德川家康想快速通過大垣城攻擊近江，並進入大坂城的消息後，也火速出城前往關原，其實三成早想以關原為戰場，所以才有在小早川秀秋佈陣的松尾山佈本陣迎接豐臣秀賴和毛利輝元加入的構想；但豐臣秀賴和毛利輝元都未如石田三成預計出征，這是三成的估算錯誤。

夜◆西軍主力轉往關原

❖要夜襲家康本陣還是轉往關原？

石田三成在夜裡接獲德川家康西進的情報後即在大垣城召開軍事會議，會議上知名的薩摩勇將島津義弘（惟新）提出應該盡快夜襲德川家康岡城本陣的意見，但因為此作戰方式遭島勝猛否決而沒被採用。對此島津義弘感到惱火並決定退出，不插手此次作戰。

石田三成決意要在關原進行對戰後，就將七千五百兵力留在大垣城，西軍主力戰將們則急速動身趕往關原。晚上七點多天空開始飄起雨，之後轉變為傾盆大雨，西軍則乘夜色昏暗悄悄從大垣城出發。以石田隊打頭陣，其後有島津隊、小西行長隊和宇喜多秀家隊等，其他隊伍緊跟在後。

雖然從大垣城到關原最近的路程是經過垂井走中山道，但為了不要被東軍得知其行動，所以南下出牧田川後再經南宮山南麓通往關原。這段路程約十六公里長，滂沱大雨再加上夜色昏暗，西軍腳踏泥地前進更顯困難。石田三成在這次的行進中只帶了少數隨從，而為了確認參戰約定，拜訪南宮山下長束正家及安國寺惠瓊的佈陣所在地岡之鼻。

石田三成又因為聽聞吉川廣家和德川家康內通傳言而擔心不已，所以便委託吉川廣家和毛利秀元一同以烽火為信跟在東軍側邊，並和在松尾山的小早川秀秋重臣平岡賴勝會面，訂定同樣的約定。另一方面德川家康在得知西軍祕密前往關原的消息後，馬上下達全軍出戰的命令。十五日凌晨二點，東軍開始行動，以福島正則為前鋒從中山道西進，從岡山到關原走中山道的直行路線約六公里，打頭陣的福島隊急行，欲追上西軍的宇喜多隊之尾。

◆九月十五日◆凌晨四點◆往關原前進

❖佈陣有利的西軍和無法逃脫的東軍

十五日凌晨一點到四點，待西軍陸續到達關原後馬上進行佈陣。首先石田三成一行六千人在小關村一帶佈陣以控制北國街道，三成則在此陣北方的笹尾山佈本陣。豐臣秀賴麾下二千士兵則右鄰石田隊並排，隔著北國街道的小池村則由一千五百島津義弘隊佈陣。

接在島津隊之後的是四千小西行長隊，占據島津隊右手邊的天滿山；最後到達關原的宇喜多秀家隊一萬七千人則在天滿山前布署五段式陣型。其他已經在關原佈好陣的部隊有關原西南部山中村藤古川高臺的一千五百大谷吉繼隊，藤古川對岸的中山道沿途的則是吉繼之子吉勝和外甥木下賴繼帶領的二千五百士兵。在中山道以南的松尾山山腳則是脇坂安治、朽木元綱等四隊約四千人佈陣。此隊在大谷吉繼的指揮之下，目的是為了松尾山態度不明的一萬五千小早川秀秋兵力所作的準備。而南宮山周邊也都被毛利秀元、吉川廣家、安國寺惠瓊、長束正家、長宗我部盛親諸隊合計約三萬兵力駐紮，也因為南宮山如此周密的佈陣，只要東軍一進入關原便無處逃脫，所以德川家康才會特別重視南宮山的敵軍佈陣，想盡辦法確認吉川廣家的內應意向。此時西軍在關原布署的總兵力就達八萬多，比東軍兵力多出一萬以上。另一方面東軍則在四點左右往關原出發，德川家康在途中因為很在意南宮山的動向，所以派出池田輝政、山內一豐、淺井幸長等一萬四千兵力與其對峙，以便牽制西軍行動。

凌晨五點◆兩軍主力對戰關原

❖家康本陣移動到敵方附近的桃配山

東軍先鋒隊的福島正則隊和黑田長政隊到達關原的時間是凌晨五點左右，福島隊六千人和天滿山的宇喜多隊進行對峙，黑田隊的五千四百人則是為了對付天滿山和石田三成於笹尾山的西軍作準備。福島隊後有藤堂高虎隊約二千五百和京極高知隊三千待命，後援還有寺澤廣高隊的二千四百人。東軍更從關原北方到南方橫向一直線分別由五千細川忠興隊、三千加藤嘉明隊、二千九百筒井定次隊、三千田中吉政隊，以及德川家康四男，初上戰場的松平忠吉隊三千與從旁輔助的三千六百井伊直政隊並排佈陣。第一線的黑田隊到井伊隊背後有金森長近隊一千和生駒一正隊一千八百構成第二線，織田有樂（有樂齋）隊約五百人和古田重勝隊一千人形成第三線。待此陣容布署完成後，德川家康邊注意南宮山動向邊往中山道前進，進入桃配山佈本陣，在此部署約三萬多兵力，東軍總兵力約七萬五千。兩軍雖在關原對戰，但以陣形來說沿山背斜著佈陣的西軍比較有利，據說一八八五年造訪日本的陸軍學校教官麥克（Klemens Wilhelm Jakob Meckel）[1]參謀少佐在看到東西軍的佈陣圖後即斷言西軍獲勝。因為西軍的佈陣完全包圍東軍，可對東軍進行包圍攻擊。

1 一八四二～一九〇六，德國軍人。一八八五年，日本政府請他到日本擔任陸軍學校教官，對日本陸軍近代軍制的整備貢獻極大。

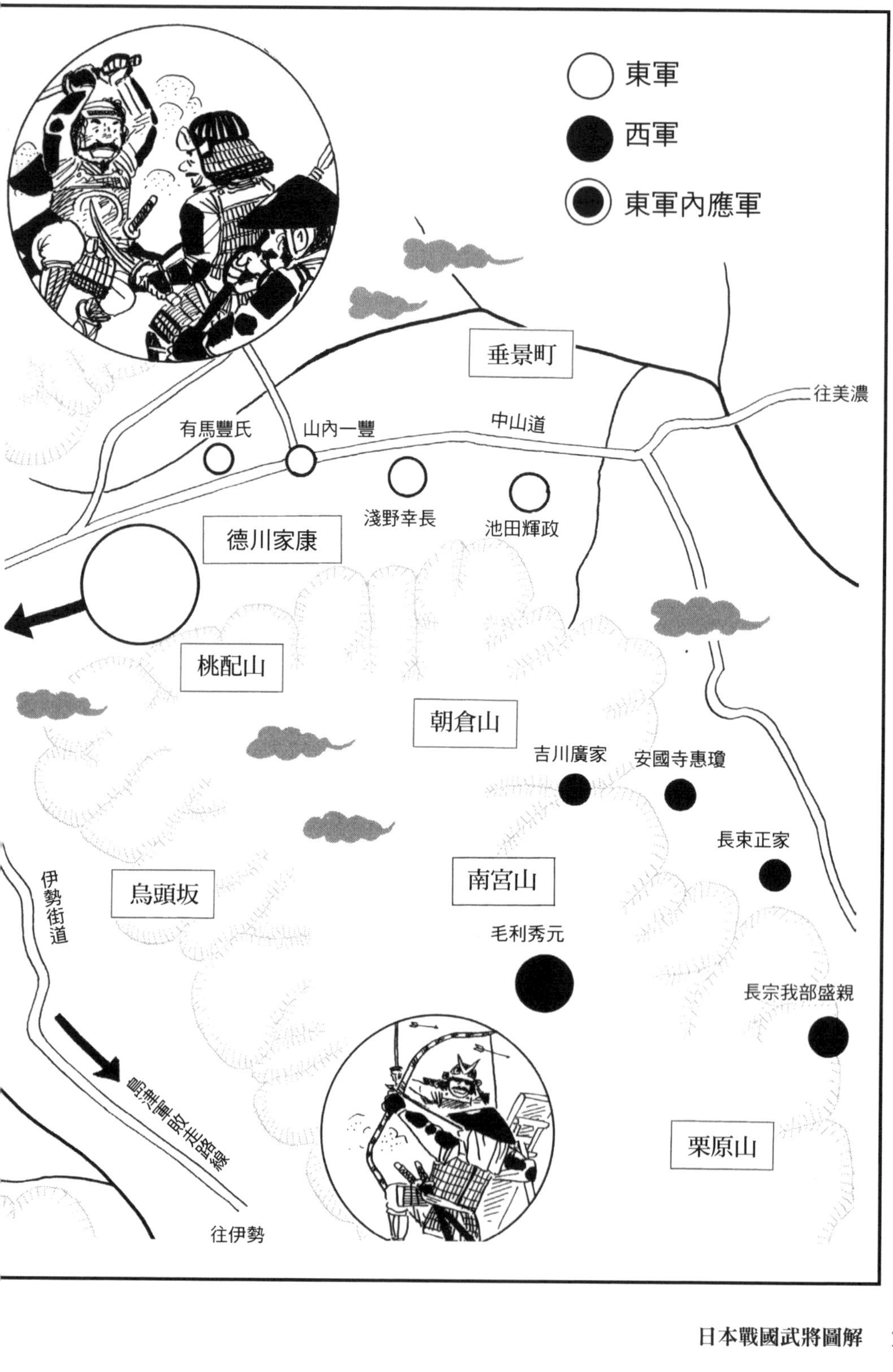
東軍
西軍
東軍內應軍
垂景町
往美濃
有馬豐氏
山內一豐
中山道
淺野幸長
池田輝政
德川家康
桃配山
朝倉山
吉川廣家
安國寺惠瓊
長束正家
烏頭坂
伊勢街道
南宮山
毛利秀元
長宗我部盛親
島津軍敗走路線
栗原山
往伊勢

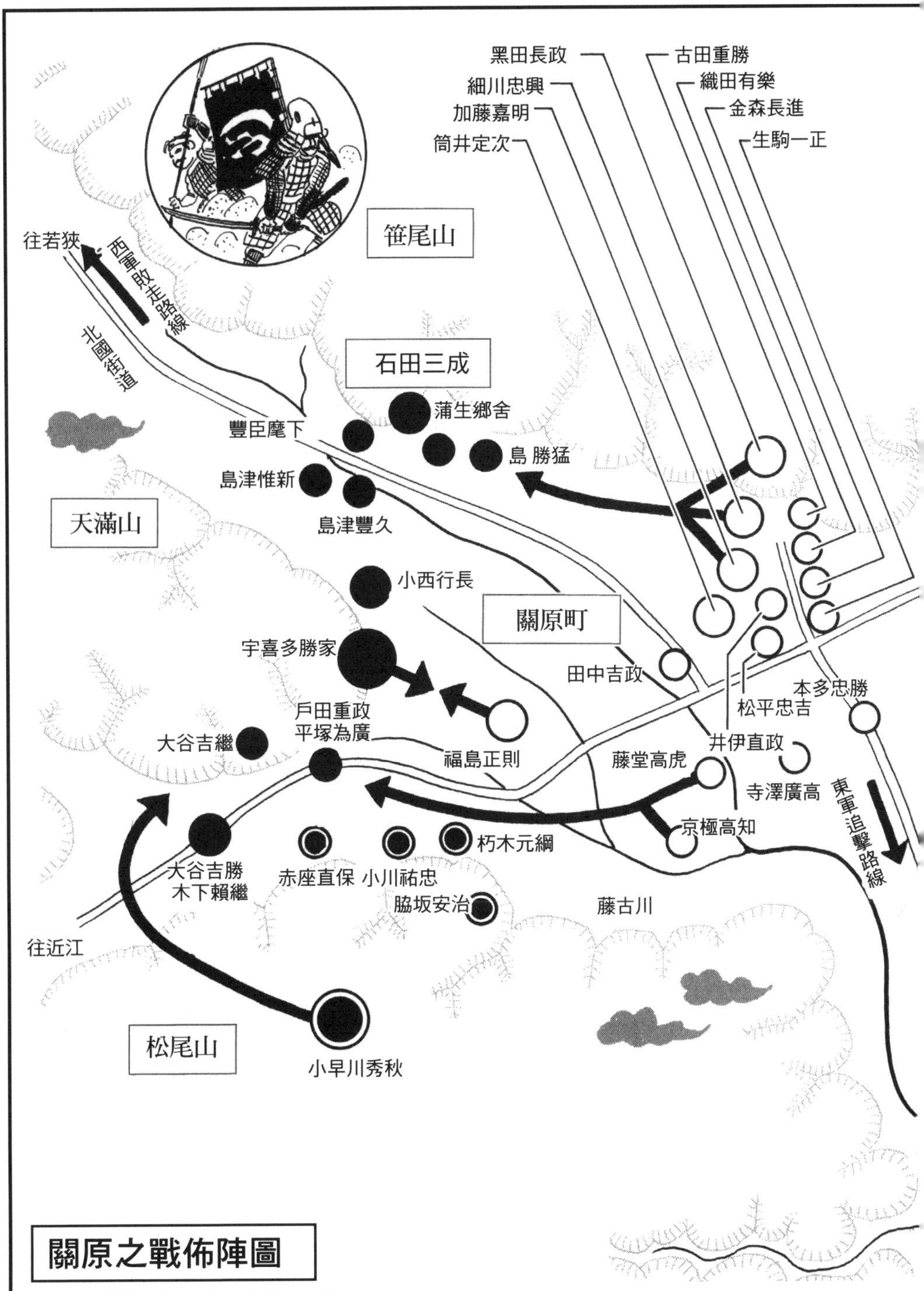

關原之戰佈陣圖

1600年（慶長5年）9月15日上午8點

上午八點◆終於點燃決戰戰火

❖福島正則展開突擊

清晨六點多，關原開始飄起小雨，大霧瀰漫眼前，一百公尺內的景象模糊不清，不久後雨雖暫歇但空氣依舊霧氣飄渺視線極度不良，有時大霧散開還可窺見東西軍間隔四百公尺相互對陣的隊形陣容。在此濃霧中有一隊人馬渴望往隊伍前線移動，那就是德川家康的四男松平忠吉和其舅井伊直政，人數約有三十人，他們企圖為東軍打頭陣，率先出擊。

但東軍的先鋒隊已決定為福島正則隊，對此井伊直政暗中心生不滿。這次的戰役表面上是和豐臣恩顧大名間的戰爭，但實際上為德川和豐臣的勢力對決。所以如果讓豐臣恩顧大名福島正則打頭陣，德川的武威就會淪為笑柄。井伊直政認為就算現在超前，但不能作東軍前鋒將痛擊德川的名譽，因此他表面為輔佐角色，其實一直暗中探尋能超越福島隊的機會。

後來井伊隊終於從福島隊旁超越到達最前線，對此福島隊的可兒才藏質疑：「我們才是今天的先鋒，你們沒有資格超前。」福島隊首先鏟除西軍主力宇喜多秀家隊，同時黑田長政隊則對石田三成隊展開攻擊，以上戰略都是昨晚在軍議中一致決定的，所以井伊直政完全知曉，但他卻虛偽的表示：「松平忠吉公為首次出征學習，所以正在見習中。」接著一邊前進出現在宇喜多隊面前發射彈藥，看到此情況的福島正則大怒表示：「被井伊搶先我們的面子放哪？」隨後立即重新指揮，早上八點原本一片靜寂的關原被瞬間響起的槍聲和叫喊聲給完全淹沒。

❖開戰後一小時雙方激戰不下

就在福島隊攻擊宇喜多隊的同時兩軍都燃放開戰鋒火，兩軍士兵頓時以驚天動地的叫喊聲展開攻擊。攻擊宇喜多隊的福島隊突然遭其隊中明石全登帶領的先鋒八千人擊退，福島正則大聲下令「不得撤退」而進行另一波攻擊，雙方就這樣多次一進一退的持續激戰。

另一方面東軍也對石田隊展開進攻，黑田長政隊率先衝入石田隊的左翼，而石田三成重臣島勝猛也隨即作出反擊，但島勝猛遭彈藥炸傷，石田隊的第一線瓦解。此時金森長近、田中吉政、細川忠興和加藤嘉明諸隊也加入對石田隊的持續攻擊。

東軍諸將都一致認為此次戰役最大功勳就是拿下石田三成的項上人頭，所以紛紛湧入石田隊中，但石田隊也加以反擊，將東軍的田中吉政隊擊退；藤堂高虎隊、京極高知隊再加上寺澤廣高隊和大谷吉繼隊進行反覆激戰。

織田有樂隊和古田重勝隊則突擊西軍的小西行長隊，打頭陣的井伊隊則朝島津義弘隊為目標進攻，但不知為何島津隊不出陣反擊，而是在陣內應戰。開戰一小時，關原充滿槍聲及喊叫聲但卻還沒有辦法分出勝負，此時石田三成確信西軍一定會獲勝，原因是他認為在南宮山的毛利秀元和吉川廣家等人會從側面襲擊家康本陣而獲得勝利。

上午十點◆一進一退的攻防戰

❖情勢依舊不明

兩方激戰過了二小時也就是上午十點，戰場上依舊你來我往分不清誰勝誰負，所以各地區軍隊還是不斷拚了命的進攻，大谷吉繼隊遭藤堂高虎隊持續進攻，面對東軍的襲擊小西長行隊只能以肉搏勇敢奮戰，石田三成隊中的島猛勝也負傷上陣，絲毫沒有退怯之意。在這激烈的攻防戰中尤屬福島隊和宇喜多隊的攻防最為白熱化，福島隊多次遭敵方擊退，靠著福島正則指揮，多次重整隊伍進行反擊，兩隊在進退之間上演猛烈攻防戰。而德川家康為了打破此僵局使情勢轉為有利己方，在上午十點多將本陣從桃配山移往陣馬野。此時兩軍距離不到一公尺，為了讓德川家康成功帶隊到陣馬野，東軍更加努力奮戰。

但德川家康內心非常著急，因為西軍雖號稱總兵力達八萬多，但實際作戰人數只有三萬多人，反觀東軍有六萬多兵力卻還無法拿下勝利。而石田三成也同樣焦躁不安，因為在石田隊旁佈陣的島津隊遲遲不出動只是觀望情勢，且在混亂中還對混入島津隊的西軍發動彈藥攻擊。石田三成雖派使者催促其參戰但都被拒絕，西軍陣腳大亂。

正午◆小早川秀秋叛變

❖南宮山的毛利一族遲遲不行動

石田三成決定放棄幫助島津隊後，馬上下令燃放烽火，這個信號可說是足以將兩軍戰局導往西軍有利情勢並獲勝的一大作戰重點。因為這個信號一旦發出，在松尾山佈陣的一萬五千小早川秀秋隊和在南宮山待命的毛利一族約三萬兵力就會對東軍發動攻勢，並決定西軍的勝利。

這個出戰信號是在上午十一時燃放，南宮山方面也已作出確認，但早在前一天就已和德川家康私底下達成不出戰協議的吉川廣家卻無視這個信號，而且在南宮山下佈陣的廣家還封鎖了山上毛利秀元隊的行動，因為在秀元隊前方位置的廣家隊不前進秀元隊就無法下山。而看到烽火的安國寺惠瓊和長束正家也派使者到毛利秀元所在地，要求他趕快上戰場。毛利秀元表示自己也很想出戰，但礙於吉川廣家不行動所以沒辦法前進。安國寺惠瓊和長束正家得到這樣的回應也無法自力出征，毛利一族約三萬的兵力就只能這樣在戰場旁的南宮山觀戰。毛利一族的旁觀雖然對關原之戰的勝負有很大的影響，但對此戰有決定性改變的人物就是同屬毛利一族在松尾山佈陣的小早川秀秋。小早川秀秋原是豐臣秀吉之妻北政所的外甥，後來被毛利一族的小早川隆景收作養子。

小早川秀秋在這場戰役中雖身屬西軍但其內心靠往東軍，秀秋一方面和西軍約定以烽火為信下松尾山，同時也和德川家康暗中締結在適當時機背離西軍加入東軍的密約，所以家康和石田三成才會為了確認秀秋的心意一直注視著松尾山的一舉一動。

❖「朝小早川秀秋發射槍砲威嚇！」

但小早川秀秋完全和二者所預期的背道而馳，他完全沒有要出動的意思，西軍不斷急派使者來催促他參戰，但他還是不為所動。到了中午德川家康的焦急也到達頂端，心想小早川秀秋該不會是在欺騙他，同時也感到惋惜，因為秀秋如果背叛石田三成，在南宮山的毛利一族一定會一起加入東軍，所以家康只好作出決定，那就是朝秀秋所在的松尾山發射威嚇性的攻擊。

小早川秀秋則是非常猶豫，因為西軍願意將豐臣秀賴成年前的關白一職讓給秀秋，而德川家康則是願意賜給自己京都大坂一帶的一個領國所有權，此時家康為了確保秀秋背離西軍的約定，更送來賜與其二領國的誓約書，雖說秀秋的重臣平岡賴勝和稻葉正成也已和家康達成協議，但最終決定權還是在秀秋身上。對於無法決定去留的小早川秀秋而言，德川家康的威嚇攻擊還真的發揮了效果，受到驚嚇的秀秋立刻對眼前的大谷吉繼隊發動攻擊命令。

已預知小早川秀秋背叛的大谷吉繼隊則沉著應戰，很快地就擊退小早川隊。由於只要一個人反叛就會有更多人也一起反叛，西軍的脇坂安治、小川祐忠、赤座直保及朽木元綱等五千兵力也都趁此好時機反叛，加入攻擊大谷隊的行列，也因為發生反叛事件使得大谷隊遭受很大的打擊。小早川隊得以重整隊形反攻，此時東軍藤堂隊等也紛紛趕到，就這樣大谷隊遭到殲滅，宇喜多隊也因為側邊遭襲而瓦解，最後小西隊也潰散，距離小早川秀秋叛變不到一小時，戰局就起了如此大的變化。

下午一點◆西軍主力潰敗

因為小早川隊加入東軍，使得一直以來全力奮戰的西軍產生動搖而慌了手腳，大谷隊遭滅後小西隊和宇喜多隊也一一崩解，東軍更乘勝追擊地向石田隊展開猛烈的進攻。德川家康在小早川隊行動的同時派出三萬精兵至前線發動總攻擊，而西軍的小西行長已逃往後方的伊吹山。宇喜多秀家雖展現殺死小早川秀秋的決心，欲衝往最前方，但受到明石全登拚命勸阻決定撤退。石田隊已遭孤立還是繼續奮戰，等到島勝猛和蒲生鄉舍相繼倒下後，石田隊也遭殲滅，石田三成則是沿著北國街道安全逃往遠方。下午二點在這個決定勝敗的戰場上，西軍陣容只剩下島津隊。

下午二點◆島津軍脫離戰場

島津義弘拒絕石田三成的出征要求，而將接近己方陣營者都看做是敵人加以攻擊，企圖在這個主戰場上保有中立，但由於島津隊失去脫離戰場的機會，所以遭到東軍一股作氣的攻擊，因此義弘作出突破敵人脫離戰場的決定。一五〇〇人的島津軍上下同心突破東軍，而這個作戰也意外地成功，雖然有許多人因而犧牲，但島津義弘還是成功脫逃，從這點不難看出其身為薩摩武士的氣魄。

◆終章◆

❖在關原確立天下的德川家康

就這樣歷經六小時的大戰終於劃下句點，這場將天下一分為二的戰事最後由東軍拿下勝利，因此德川家康確實拿下治理天下大權。下午二點過後，待關原的激戰聲完全消失，德川家康將本陣移到天滿山山腳下的藤古川高臺，並接見東軍諸將，當場驗證首級。德川家康對諸將表現一一給予讚美，十足天下人的樣態。而主宰這場戰役勝敗的關鍵人物小早川秀秋卻遲遲沒來會見，德川家康花了不少功夫終於把秀秋叫來還誇讚他：「因為有中納言殿（秀秋）的反叛，我軍才能獲勝，你可說是立下最大戰功。」因此德川家康賜與小早川秀秋備前、備中、美作共五十一萬石的領地。而僅在南宮山旁觀不插手的吉川廣家雖然是為了保護主家毛利氏而和德川家康密通，但由於毛利輝元為西軍總大將，所以戰後德川家康即把毛利氏所領削減至三十六萬石，完全無視之前的約定，作為旁觀者卻損失更多。西軍將領中的島津義弘和長宗我部盛親則分別逃往薩摩和土佐，島津領地所有權沒有影響，但長宗我部的領地都遭沒收。宇喜多秀家則是在逃亡數年後遭到逮捕，流放至八丈島，成功脫逃的石田三成、小西行長、安國寺惠瓊也都分別被逮，十月一日在京都六条河原斬首。

德川家康除去西軍將領的大名職務，並沒收總計六三三萬石的領地，將之分配給東軍有功將領和德川一門及譜代家臣，因此家康的直接管轄地從二五〇萬石一口氣增加到四百萬石左右，更加鞏固了德川體制，儘管大坂城的豐臣秀賴依然健在，家康還是成了名副其實的天下之主。

專欄

真田家讓德川秀忠來不及參戰的智謀

一六〇〇年（慶長五年）八月，德川家康接獲石田三成舉兵消息，在小山召開軍議過後，分配三男秀忠三萬八千兵力，命其為東山道別働隊總大將，因此德川秀忠打算先攻陷呼應石田三成而起的真田昌幸、幸村父子的信州上田城再離開美濃和家康會合一起與西軍進行對戰。九月四日秀忠軍到達信州小諸城，這是追隨東軍的真田昌幸長男信幸的居城。德川秀忠想以真田信幸為居中調解人與其父昌幸締造和睦，但被真田昌幸以要爭取時間為由拒絕，六日秀忠軍開始對上田城展開攻擊。

有著地利之便的真田軍先將流經城前的千曲川以堰堤堵住河水，再以小部隊進行攻擊後逃離，企圖引誘秀忠軍進攻。如果急著立功的牧野忠成一進攻就會遭伏兵襲擊，看到此情形的大久保忠鄰、酒井家次和本多忠政等都紛紛渡河前來救援，但此時卻遭真田軍破壞堰堤斷其後路，並開城門一口氣將其擊退。秀忠本隊因為河流遮蔽而無法救援，使得牧野等隊犧牲不少士兵，最後只能倉皇逃逸。秀忠軍因為這次的敗戰只能在遠方觀察上田城的一舉一動，在這個兩軍即將開戰的節骨眼上浪費不少無謂的時間，老將本多正信深怕會因此錯失參戰時機而建議捨棄上田城。

雖然榊原康政等人還是堅持進行決戰，但德川秀忠採納了本多正信的意見，九月十日，沒有任何戰果的秀忠軍就這樣離開了上田。

而且秀忠軍因為害怕真田軍的追擊還刻意選擇險峻的木曾路和本隊會合，但由於山路狹窄加上連日大雨，使得行軍速度緩慢，一行人到達妻籠過夜時已經是九月十七日了。此時德川秀忠接到東軍獲勝的消息，原來關原之戰已在二天前結束。九月二十日德川秀忠終於到達東軍本陣大津，但德川家康卻以身體不適為由沒有接見秀忠。

專欄

德川家康的論功行賞

只需要有用的反叛者

一六〇〇年（慶長五年）九月二十七日，德川家康在得到關原之戰勝利後進入大坂城，之後約一年時間家康都忙著處理戰後事宜，也就是沒收或削減西軍大名領地後，依戰功將領地分給東軍諸將領。

德川家康除去西軍八十八位大名之職並沒收其四一六萬一〇八四石領地，亦削減五位大名共二二一六萬三一一〇石的土地。合計共九十三位大名，得到六三二萬四一九四石土地，佔全國面積三分之一。其中遭討伐的石田三成、長束正家、小西行長和被流放到八丈島的宇喜多秀家的領地全數都被沒收，其族也都遭滅門。

而西軍總大將毛利輝元雖然提出確保領地完整為其從大坂城撤軍的條件，但德川家康卻沒遵守約定，沒收其備後、備中、安藝、因幡、伯耆、出雲、石見、隱岐八國，並強迫他收下周防、長門二國。毛利輝元領地面積從原本的一二〇萬五千石減少至三十六萬九千石，據說輝元因為無法接受此結果決定出家，並將其所領全數捐出，但由於遭到家臣反對而作罷。另外促成關原之戰發生的上杉景勝，其領地會津的一二〇萬石土地中，僅剩三十萬石的米澤，而中立的佐竹義宣領地則從原本的常陸水戶轉為出羽秋田。

但同樣代表西軍出戰的長宗我部盛親其領地土佐二十萬石土地全數遭沒收，薩摩的島津義弘領地安堵卻全數保留，為何有如此大的差異呢？

長宗我部盛親身為西軍一份子，但因為受到吉川廣家私下和德川家康內通影響而無法出兵就這樣逃回土佐。之後靠著亡父長宗我部元親的好友井伊直政向德川家康傳達謝罪之意，但最後卻產生內訌殺害了同父異母的哥哥津野親忠，因此家康決定沒收其領地。好不容易存活下來的長宗我部盛親後來雖然成了私塾的老師，但在大坂之陣時又以豐臣方武將的身分加入戰場。

而島津義弘則是看中戰事的勝敗，大膽從關原逃脫，雖有不少犧牲者，但讓東軍看到其不認輸的精神更引起德川家康的注意，義弘回到薩摩後，重整軍備固守邊境。雖然島津義弘收到德川家康的任職邀請，但一直顧左右而言他，沒給予家康正面答覆。對德川家康來說，如果現在引兵攻打九州，大坂就無人防守，考量到這個危險性，只好讓島津家保有領地的所有權。這可說是島津義弘突破敵軍包圍後，德川家康所做的讓步。

另一方面背離西軍投向東軍的武將們際遇又是如何？小早川秀秋因為反叛加入有功，領地從原本的筑前三十五萬七千石又增加了原宇喜多領地備前、美作五十一萬石土地。但和小早川秀秋一起從西軍轉向東軍的其他四位大名中，脇坂安治由於很早就告知德川家康要反叛，所以其淡路三萬三千石舊領沒有更動，朽木元綱的二萬石領地也完好無缺；但小川祐忠的今治七萬石領地遭沒收，赤座直保也被沒收二萬石領地並從大名降為前田家家臣。同樣都是反叛者但際遇卻因人而異，「你背叛西軍，對我而言是件好事，但叛徒可不能輕易重用。」德川家康的直接性格在論功行賞上展露無遺，但家康的論功行賞不僅止於此。在關原之戰事務處理完畢後的一六〇二年（慶長七年），德川家康以小早川家斷絕子嗣為由剝奪其身分，看來反叛者最終還是無法得到信任。

另一方面東軍所屬的外樣大名領地都有所增加，蒲生秀行領地從十八萬石增加到四十二萬石並調往會津，福島正則從二十萬石增加至四十九萬八千石並調往廣島，而田中吉政增加至三十二萬五千石並轉調柳川，但他們增加的領地都是距離關東和近畿地區偏遠的地區，德川家康在行賞的同時也成功將其調離中央，而且這些豐臣恩顧大名在德川家康、秀忠和家光三代中都被一一剝奪身分。

專欄

輔助名將的軍師、參謀列傳

軍師的起源為陰陽師，所謂的陰陽師就是以陰陽變化為基準作占卜並舉行加持祈禱儀式的人。像是依照總大將的出生月來判斷戰事的展開與否及可出征的日子、時刻、方位等，也擔任戰事祈福的角色。對賭上生死赴戰場的武將們來說，雖然無法完全避免在所謂的「十死日」（那天出征必死無疑之日）出征，但占卜結果至少可作為心靈上的慰藉。

當時大多數的軍師都是來自下野的足利學校，那裡不僅教導漢學、儒學、易學、天文學及醫學，還可以學到中國兵法書上的軍事知識，因而許多擁有天文、氣象、醫學等專業知識的軍師一一登場。因此軍師不再只是單純的陰陽師，而是活用其所有知識因應戰事變化，向總大將提出作戰策略的從旁輔助之人。

◉雪齋 — 今川家

一四九六年（明應五年）出生，為今川家重臣庵原左衛門尉之子。自小就在寺廟學習，十四歲時進入京都建仁寺出家為僧，並得到主君今川氏親的指名，成為五男方菊丸的教養人[1]。照理來說方菊丸應該要住在寺廟裡成為禪僧，但由於其長兄氏輝和次兄彥五郎猝死，今川家家督就變成在寺廟裡的三男和五男之爭。又因為方菊丸是今川氏親正室之子所以受到其他家臣後援，成為繼承人，還俗改名為今川義元。

雖然雪齋的工作到此就已經算是結束了，但今川義元卻不捨得放手，不只和他商討戰局，甚至還命他為總大將，率今川軍出征。在和織田信秀的對戰及今川、武田、北条的三國同盟中，雪齋都扮演中心人物，而今川義元在桶狹間戰死是雪齋過世五年後的事了。

◉山本勘助 — 武田家

雖然《甲陽軍鑑》中對山本勘助有極高評價，但以前對於這個人物的存在與否還是存有疑義，但近年來的研究終於證實了山本勘助的存在。關於他的出生年有一四九三年（明應二年）、一五〇〇年及一五〇六年（永正三年）三種說法，但任何一說都還沒有確實的證據。出生地為駿河國山本村（現在的富士宮市），本來是想侍奉於今川家但沒有成功而在一五四三年（天文十二年）轉而侍奉甲斐的武田信玄。

根據《甲陽軍鑑》的記載，山本勘助不僅是指揮者，還能從敵方城池的煙霧或是雲的動向判斷敵方士氣。當時日記亦記載山本勘助還會舉行動工儀式和破土典禮，也就是利用煙、霧、雲的變化作占卜，來處理動工事宜，是個具備強烈陰陽師性質的軍師。一五六一年（永祿四年）九月的第四次川中島之戰中，最有名的就是山本勘助向武田信玄提出「啄木鳥戰法」，可以說是由軍師轉變為參謀角色，但勘助最後卻在那場戰役中戰死。

◉安國寺惠瓊 — 毛利家

惠瓊出身自安藝的守護武田家，一五四一年（天文十年）在毛利元就進行攻擊前，武田的居城銀山城就已陷落，父親信繁也因此戰死，家臣們帶著其子竹若丸逃出並進入安藝的安國寺。竹若丸就是在此出家為僧，法號惠瓊。一五六九年（永祿十二年）成為安國寺住持，因此被稱為安國寺惠瓊。就在這個時候惠瓊開始和毛利家有所接觸，一五七三年（天正元年）成為毛利家使僧上京，並代表毛利家和織田信長進行交涉，所謂的「使僧」就是指出家離開俗世，所以能和敵方接觸往來，擔任和敵國交涉的角色。

和織田信長見過面的惠瓊表示：「信長的盛世應該可以再維持個三、五年，明年也可以成為朝臣，但之後可能會倒下。」預言織田信長的橫死，而果真的如他所言，信長遭明智光秀陷害而亡；預知能力也是軍師必備的天資之一。惠瓊雖然被豐臣秀吉封為大名，但由於在關原之戰中跟隨西軍，所以被逮捕後即遭處刑而亡。

◉竹中半兵衛、黑田官兵衛 — 豐臣家

在豐臣秀吉背後協助其奪取天下的二位軍師分別為竹中半兵衛和黑田官兵衛孝高（如水），因為二人名字中都有「兵衛」二字，所以又被稱作秀吉的「二兵衛」。竹中半兵衛原本是齋藤龍興的家臣，因為稻葉山城攻拔和家臣團崩離而被豐臣秀吉招攬，且因為半兵衛通曉兵法，所以秀吉將戰場上的隊形都交給他負責。而黑田官兵衛本是播磨御著城主小寺政職的家臣，為了對抗毛利攻勢而加入織田陣營。擔任中國攻拔總大將的豐臣秀吉就將竹中半兵衛和黑田官兵衛都納入軍門下，成為自軍參謀。黑田官兵衛是個懂得時代走向的軍略家，他的情勢判斷大多很正確。當織田信長倒下時，雖然竹中半兵衛早已病歿，但黑田官兵衛卻對豐臣秀吉說：「現在是運來之時。」並從中與毛利方講和，為的就是編出一套對付明智光秀的作戰方法，並且展開和毛利方的交涉行動。

◉片倉小十郎 — 伊達家

伊達譜代家臣的片倉家出身，為伊達輝宗的侍童，之後成為輝宗之子梵天丸（之後的政宗）的教養人，年齡雖然相差十歲但卻是梵天丸的武藝老師。一五八四年（天正十二年），伊藤輝宗引退由政宗繼位家督，片倉小十郎身為輔佐人，在伊達家中有舉足輕重的地位。此時伊藤政宗十八歲，片倉小十郎二十八歲。

在伊藤政宗繼位後，佐竹、蘆名、岩城、石川、畠山、白川等附近大名準備聯合起來對他展開攻擊，但卻遭政宗在一五八五年的人取橋之戰及一五八八年的窪田之戰中擊破，使得伊達氏勢力更加擴展。一五八九年在摺上原之戰中滅了名門蘆名氏，將會津一帶納入領國版圖之下。

但卻因此招致豐臣秀吉的不愉快，隔年的小田原征戰時，秀吉也要求伊達政宗加入。雖然家族內表示此時正是反秀吉的時機，但在了解豐臣秀吉實力的片倉小十郎勸說下還是參戰。在關原之戰時為東軍一員，對上杉景勝展開攻擊，因此伊達家才能以奧州大藩之姿繼續生存。

◉島左近——石田家

有一首歌謠是這樣寫的：「能超越三成的有二樣東西，一是島左近，一是佐和山城。」就如同歌謠所述，石田三成的家臣島左近是一位著名的軍師。出生年雖不詳，但因身為筒井順慶家臣而活躍，和另一位重臣松倉右近並稱「右近左近」。但在一五八四年（天正十二年）筒井順慶死後，因為和其子定次不合而離開成為浪人。

之後雖有石田三成招攬他和他臣服於豐臣秀長之下的說法，但可以確定的是三成得到水口四萬石土地後，給了島左近一半約二萬石的土地。石田三成雖然是豐臣家臣團內的高層幕僚，但由於其為文治派，也就是事務官，缺乏武將那樣的實戰經驗，但是在朝鮮之役中又不得不參戰，為了補其不足，就需要島左近這麼一位有歷練的參謀。在關原之戰時，島左近作為石田軍先鋒孤軍奮鬥，但最後還是難逃戰死命運。

◉直江兼續——上杉家

出生於一五六〇年（永祿三年），為上杉謙信重臣樋口兼豐之子。上杉謙信死後跟隨在御館之亂中贏得家督繼承權的景勝，之後就擔任景勝的參謀和織田、豐臣等人進行交涉以確保上杉領地所有權。一五八六年（天正十四年）當上杉景勝上京晉見豐臣秀吉時，秀吉不僅向景勝和兼續介紹大坂城，而且當秀吉泡茶請景勝喝時，千利休也幫直江兼續泡茶，因此秀吉和利休的關係可看作是景勝和兼續間那樣的存在關係。在一五八八年，上杉景勝受封為從三位參議時，直江兼續亦被封為從五位下山城守護，也就是說兼續和其他獨立大名具相等的地位。實際上當上杉景勝移封會津一二〇萬石土地時，直江兼續也得到米澤三十萬石土地。而在關原之戰時上杉景勝跟隨西軍，戰敗後景勝轉封米澤三十萬石土地，但直江兼續卻能成為家老，只能說是命運捉弄人。

1教養人指從旁協助其學識、品行養成之人。

大坂之陣

豐臣家的落日

冬之陣 確立德川家康霸權的布署

雖然德川家康贏得關原之戰的勝利，但其立場仍舊是豐臣政權五大老的其中一人。一六〇三年（慶長八年）德川家康被任命為征夷大將軍，雖然在江戶開創幕府，但大坂城的豐臣秀賴完全沒有臣服家康之意，家康為了永絕後患，企圖消滅豐臣勢力，以方廣寺鐘銘事件為契機，在大坂起冬、夏二陣，天下名城大坂城因而陷落，豐臣氏歷經二代即滅亡。

❖將軍世襲制

德川家康得以一償宿願被任命為征夷大將軍是在關原之戰後的三年，也就是一六〇三年（慶長八年）家康六十二歲時。德川家康自前田利家過世後就握有政治主導權，又在關原之戰拿下壓倒性勝利成為中央政權的主導者。對德川家康而言，成為征夷大將軍就如同之前鎌倉、室町幕府的先例一樣，實質上認同德川幕府的開創，也就是說家康終於完成織田信長、豐臣秀吉都無法做到的建立幕府。此時以豐臣秀賴和淀殿為首的大坂方冷靜地認為「將軍只為家康一代」，所以接受了這個事實，他們更抱著「家康怎麼說也只是五大老中的一人，只要家康一死政權自然會回到秀賴身上，而且家康讓孫女嫁給秀賴也是為了之後的政權轉移」這樣樂觀的想法。但德川家康只擔任將軍短短二年就把將軍一職讓給其子秀忠，意味著以後政權由德川家世襲，完全沒有要將政權交還豐臣秀賴的意思。因為這樣的職權移轉，使得豐臣家整個被排除在外，對豐臣家來說是很大的衝擊。

自關原之戰後雖然豐臣秀賴階級降為只擁有攝津、河內、和泉三國六十五萬石領地的大名，但豐臣家一直認為可以保有豐臣秀吉傳下來的政權，待秀賴成年後德川家康便會歸還政權。但德川家康把將軍一職移轉給兒子秀忠，代表的就是德川家政權永續世襲制的產生，豐臣家雖然因此震怒也於事無補，因為已先被家康給擺了一道。

德川秀忠接受將軍一職上京時，幕府曾發出上京邀請給豐臣秀賴但被拒絕。先不論實力為何，至少名義上豐臣家還是德川家的主家，如果前去參列祝賀就等於承認臣服於德川軍門下之意。

❖年老的家康對年輕的秀賴產生焦慮

卸下將軍職的德川家康從江戶移居駿府，其住所稱「大御所」。到德川家康過世前的十年間是將軍德川秀忠的江戶政權和家康的大御所政權二者並立，但幕府實權還是掌握在應該已算退隱的家康手上。軍事、外交、經濟、文化等行政命令都是由德川家康下達，再由江戶的德川秀忠進行追認。在這二元體制下，即使有一方先死去還是可以巧妙地移轉政權。德川家康如此守護德川政權也是為了第二代的教養，所以才會衍生出這樣的體制。一六一一年（慶長十六年）三月，七十歲的德川家康要求豐臣秀賴上京到二条城和他會面，若秀賴拒絕就以其有叛意為由舉兵攻陷大坂。

得知德川家康此意的加藤清正、淺野幸長和片桐且元三人不斷勸說，一直極力拒絕上京的淀殿也終於答應，豐臣秀賴便在豐臣恩顧大名的暗中保護下和家康在二条城見面。據說為了確保豐臣秀賴的安全，加藤清正還在胸前藏有小刀，並作好萬一發生事情時誓死保護秀賴的準備，待二人會面和平結束後，清正落下淚來，口中說著：「唯有這樣做才能報答太閤之恩。」但加藤清正卻在會面後返回領國熊本的途中突然生病猝死，有謠言說是遭德川家康下毒，但此說是真是假無從考證。

德川家康對上京而來的豐臣秀賴禮貌性的說：「很高興看到你長大成人。」但隨後卻向重臣本多正信表示：「原以為秀賴是個愚鈍不足為懼之人，沒想到他很賢明。」事實上許久不見的豐臣秀賴已長成體力、智力都很優秀的十九歲年輕武將，對此年老的德川家康不自覺地對秀賴產生焦慮，還因此出現「御所柿熟成掉落在下頭，撿拾的就是秀賴」這樣的諷刺文章。

御所柿指的就是德川家康，意思是因為不管如何，家康一定會比豐臣秀賴早離開人世，如此一來秀賴就會接管天下，家康對此事深感不安，所以下定決心一定要在自己闔眼前徹底消滅豐臣家。

❖挑起豐臣家戰意的謀略

接著德川家康就開始找尋消滅豐臣家的機會，對家康來說有利的是在和豐臣秀賴會面後，加藤清正，淺野長政和池田輝政等豐臣家有力大名相繼過世，他們的死讓秀賴母子感到十分沮喪，秀賴母子在關原之戰後的數十年間，為了祈求神佛保佑豐臣家而大肆建造及整修神社、佛閣。

德川家康也很罕見地讚許秀賴母子的作為並給與獎勵，但其實是想藉此減少秀吉時代以來的大量金銀並削弱其實力。結果後來卻促使「方廣寺鐘銘事件」的發生，也成為大坂之陣的導火線。方廣寺是豐臣秀吉在京都東山建造的寺廟，但在歷經地震和火災後已殘破不堪，於是德川家康便建議秀賴母子重建此寺廟，目的當然就是要花掉儲蓄在大坂城的大筆金銀。

一六一四年（慶長十九年）方廣寺的大佛殿完成，也已經決定好大佛的開眼供養日期，但卻突然被德川家康以大佛鐘銘文字不吉利為由要求延期。理由是鐘上銘文寫著「國家安康，君臣豐樂」幾字中把家康名字分開，有詛咒家康祈求豐臣家繁盛之意。

而策劃德川家康言行的就是人稱「黑衣宰相」的金地院崇傳（以心崇傳）和南光坊天海、林羅山等家康智囊團，他們的計謀不僅如此。還插手表示供養方式不妥，決定要在八月十八日舉行堂供養。八月十八日是豐臣秀吉的第十七年祭日，且預定要在豐國神社舉行大祭，根本沒有時間去舉辦供養儀式，擺明就是要挑起大坂方的怒氣。

而大坂方則是因為德川家康的干預而慌張派遣片桐且元到駿府向家康表明其並無二心，對此家康逼迫大坂方做出選擇，一是豐臣秀賴或是淀殿其中一人到江戶晉見將軍，一是交出大坂城，並答應調任為諸侯。這樣屈辱的條件一出口不僅激怒了秀賴母子，連帶片桐且元都被懷疑和德川家康內通而遭流放，大坂方不甘受辱於是重整軍容，召集流浪武士到大坂城。方廣寺鐘銘事件只是個開端，等到大坂方聚集兵力之時才算是真正的準備開戰。

❖不滿份子大量湧入大坂城

七十三歲的德川家康在得知大坂方舉兵消息後也燃起自關原之戰以來熄滅已久的鬥志，據說在接獲大坂舉兵情報前，家康臥病在床，但一聽到消息馬上大喊：「我要滅了大坂城！」立即拔刀，很有精神地從床上起身。德川家康一生都在戰役中渡過，他也了解到這次的對戰應該是人生的最後一場戰役，於是馬上對諸大名下達出動命令，但由於擔心福島正則、加藤嘉明和黑田長政等豐臣恩顧大名謀反，所以將其留置江戶沒讓他們參戰。

另一方面大坂方則廣發檄文給和豐臣家關係友好的大名要求援助，但由於大名們都害怕德川家威權所以沒有人願意伸出援手，這對大坂方來說是衝擊很大的誤判。結果前來救援的只有在關原之戰中戰敗的少數大名和家臣，也就是流浪武士，人數大約是十到十二萬。對這群流浪武士來說，他們就是因為關原之戰才會落得如此下場，所以他們唯一的期望就是豐臣家從德川家奪回政權，或是至少可以使兩方發起戰爭。因此一聽到大坂舉兵消息，大家都爭先恐後地前來參戰。

其中較有名的將士有長宗我部盛親、真田幸村（信繁）、毛利勝永、明石全登、薄田兼相和後藤又兵衛等，他們和豐臣譜代家臣的大野治長、治房兄弟、木村重成等人一起以大坂城為武器，等待德川家康的來襲。雖然豐臣秀賴為總大將，但由於欠缺強力的指揮者，所以到最後陣容還是呈現不完整狀態。在軍事會議上真田幸村雖提倡從近江或大和出發的主動出擊論，但對大坂城有著無比信心的譜代家臣大野治長等人卻強行決定要進行籠城戰；另一方面德川秀忠和家康在京都會合的總兵力約有二十萬，輕鬆攻入大坂。這場戰役是從一六一四年（慶長十九年）十一月二十六日開始，但卻沒有多大的對戰發生，其中可稱得上激戰的就是在今福和鴫野的小衝突。當天一早上杉景勝五千兵力因為被德川方軍監搶先闖入敵營而不滿，所以馬上對大坂方展開攻擊，還拆毀敵方三座柵欄。但到了中午，城內大坂方的一萬兵力湧出，將上杉軍擊退，擅長戰法的上杉景勝先引誘敵方先鋒再加以殲滅，大坂方因為抵擋不住便返回城內。

在鴫野附近的今福則有一千五百佐竹義宣軍對大坂方展開攻擊，一一摧毀敵方柵欄，但後來又遭城內湧出的木村重政和後藤又兵衛基次等四千兵力來襲而敗逃。一部分上杉軍看到後馬上前來救援，所以大坂方只好撤兵。不久後德川家康就逼近大坂城並形成包圍網，但豐臣秀吉投諸大量心力及財力的大坂城並沒因此陷落，又因為真田幸村奮戰守護城池，使得敵方兵力受到不少損害。

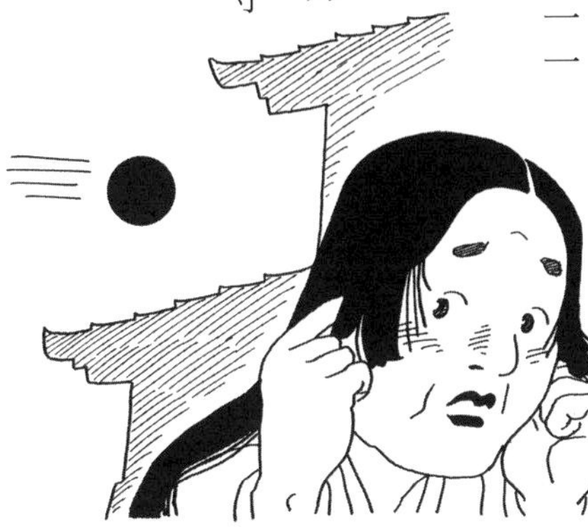

❖淀殿決定議和

德川家康非常了解大坂城久攻不落的特性，但因為之前豐臣秀吉曾和家康提過「如果要攻下此城一定要將內外渠溝填平」。因此德川家康在以武力強硬攻擊之際，也早就為了提出議和作準備，目的就是要找到機會填平內外溝渠。

但德川秀忠和大坂方都不知道德川家康的計謀，血氣方剛的秀忠雖奉家康之命包圍大坂城，但還是按捺不住，多次向家康提出進行總攻擊。另外大坂方雖然已為總攻擊作準備，但由於不時爆發零星戰鬥所以完全沒有進行決戰的氣氛。

在能眺望大坂城的茶臼山佈本陣的德川家康於攻擊的同時也開始為早日議和展開外交策略，大坂方的講和使者為淀殿之妹常高院，德川方則是由家康愛妾阿茶局出面交涉。

此期間包圍軍的氣勢高昂，使籠城兵喪失戰意，同時也動員人力挖掘通往城內的通道。而且還向逃出城的片桐且元打探城內的樣貌，並針對以淀殿為首，女人居住的城郭連日發射大砲。這些大砲是德川家康為了此時所準備的，雖然數量不明但威力強大。木造城郭因為受不了鐵炮的攻擊，樑柱斷裂倒塌，有二個侍女還因此被壓死。

淀殿因為連日受到大砲的威脅，態度從抵死不和解轉變為接受議和。德川家康提出的講和條件有填平外渠溝，不追究豐臣秀賴、淀殿或城裡任何人的責任，也可繼續雇用流浪武士，大坂方對這樣意想不到的寬大條件感到安心而接受議和，然而家康的真正意圖卻是藉由不斷填補溝渠，使大坂城變為無防守能力的裸城。

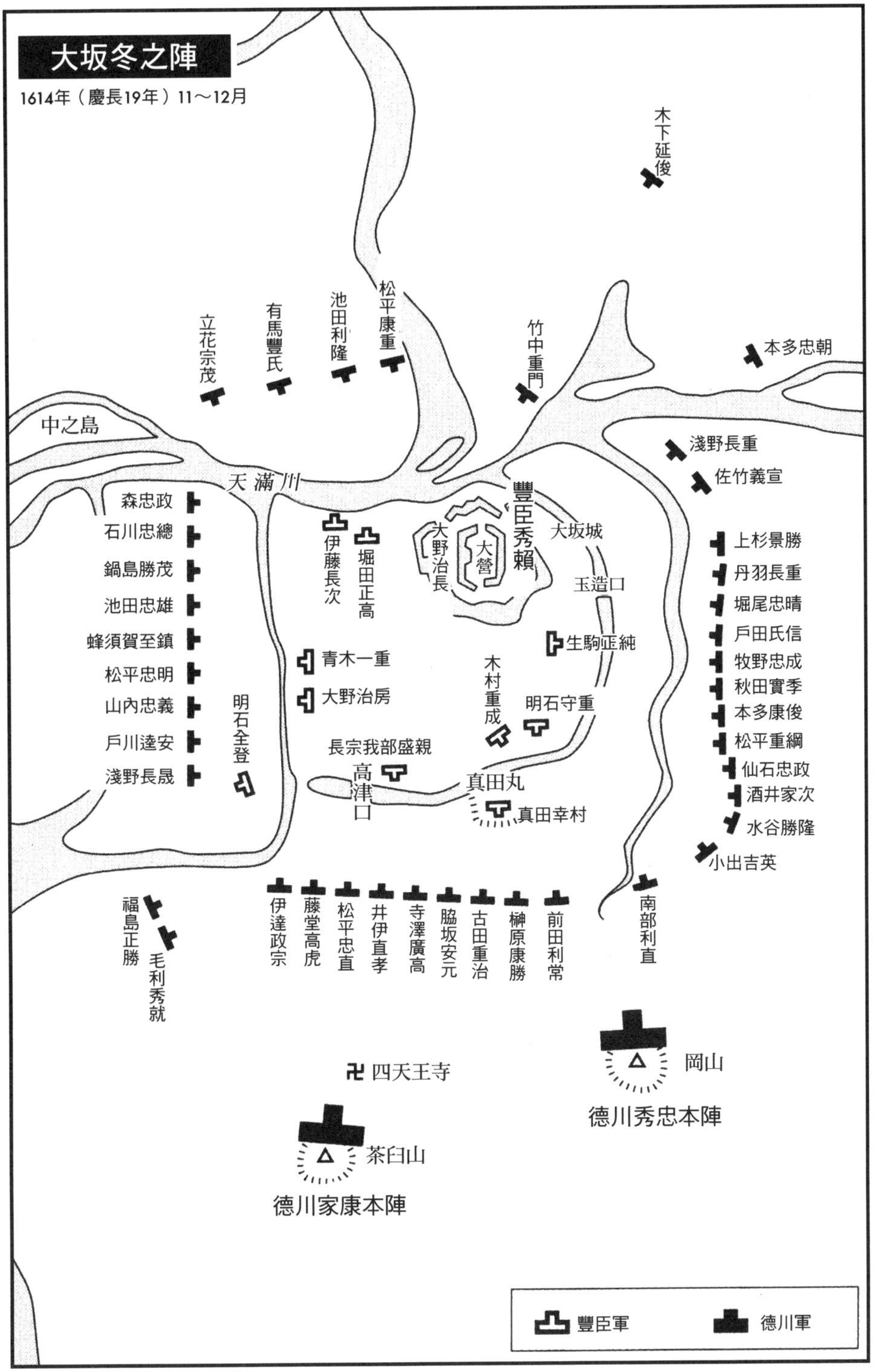
大坂冬之陣
1614年（慶長19年）11～12月
木下延俊
立花宗茂
有馬豐氏
池田利隆
松平康重
竹中重門
本多忠朝
中之島
天滿川
淺野長重
佐竹義宣
森忠政
石川忠總
鍋島勝茂
池田忠雄
蜂須賀至鎮
松平忠明
山內忠義
戶川逵安
淺野長晟
明石全登
伊藤長次
堀田正高
大野治長
大營
豐臣秀賴
大坂城
玉造口
上杉景勝
丹羽長重
堀尾忠晴
戶田氏信
牧野忠成
秋田實季
本多康俊
松平重綱
仙石忠政
酒井家次
水谷勝隆
小出吉英
青木一重
大野治房
生駒正純
木村重成
明石守重
長宗我部盛親
高津口
真田丸
真田幸村
福島正勝
毛利秀就
伊達政宗
藤堂高虎
松平忠直
井伊直孝
寺澤廣高
脇坂安元
古田重治
榊原康勝
前田利常
南部利直
四天王寺
岡山
德川秀忠本陣
茶臼山
德川家康本陣
豐臣軍
德川軍

夏之陣

錦城起火，豐臣家滅亡

❖ 一無所有的大坂城再次燃起戰火

兩方議和的隔天也就是十二月二十三日早上，包圍大坂城的德川軍開始動手填平溝渠，並破壞在冬之陣建造的土堡和城郭，溝渠就這樣在眨眼間被填平。大坂方原以為德川方的條件到這裡就算完成而鬆了一口氣時，德川方又開始對城內其他地區進行破壞填平工程。

這時大坂方才驚覺這和當初的約定有異，雖然提出抗議，但都遭德川方以填平溝渠就是指所有的溝渠為由敷衍了事，繼續對大坂城進行填填補補工程。到了隔年一月中旬，大坂城就由原本的高聳居城變為什麼都沒有的裸城。豐臣秀吉建造的難攻不落大坂城在經過三十年後，不經任何戰役即喪失其原有的要塞機能。就如武田信玄所言：「人就是城，就是牆。」不管怎樣強力的要塞，若沒有守護的人就只能淪為砂上樓閣。

等到大坂方發現德川家康一步步在吞食一切時已經晚了，在德川方離開後，大坂方認為近期會再一次開戰，所以開始挖掘一部分溝渠，著手應急的防備工作，為了增強兵力而雇用流浪武士，也運送大量兵糧入城。雖然大坂方以再戰為藉口，但其實是豐臣家已經無法對德川家康言聽計從，決心再次開戰。而德川家康也對大坂方發出最後通牒：「一是秀賴離開大坂城擔任大和或伊勢諸侯，二是放逐城內流浪武士，二者選一。」這次豐臣家不接受條件選擇拒絕，德川家康得知後即下令諸大名出動。德川方兵力約二十萬，而大坂方兵力約十萬，就這樣無法避免的大坂夏之陣展開，雙方再一次燃起戰火。

❖如獅子般迅速的野戰前鋒真田幸村

因為德川家康謀略而變為一座裸城的大坂城已無法像冬之陣一樣進行籠城，為了搶得先機，於是打算對德川方發動野戰。大坂方兵力約十萬，其中大多數都是仕官或極欲出頭的流浪武士，而這些兵力分別由大野治房、真田幸村、長宗我部盛親、木村重成、後藤又兵衛、毛利勝永、薄田兼相等武將帶領。雖然大坂方擁有十萬大軍，但由於都是從其他地方聚集過來的兵力，沒有完整的指揮系統。因此真田幸村的作戰策略是以前鋒率先進攻，在四月末奪回大和郡山城，接著對和泉的岸和田城展開攻擊。而為了阻撓從紀州進攻的淺野隊，塙團右衛門、岡部大學等人帶領三千兵力出擊。但在沒有整理好攻擊狀態之下，塙團右衛門和岡部大學二人就先陷入功名之爭而大敗，迅速顯露出大坂方烏合之眾的弱點，塙團右衛門也在此戰死。進入五月後，德川方各隊人馬陸續朝大坂前進。因此大坂方擬定帶兵前進奈良街道的國分，對德川方的先鋒隊展開攻擊的作戰策略。五月六日先是後藤隊往藤井寺前進和真田隊、毛利隊會合，但真田隊和毛利隊因濃霧拖延行軍迅度所以沒能準時到達。

於是後藤隊獨自進入道明寺，和德川方先鋒水野勝成隊進行交戰。剛開始後藤隊占上風，但等到伊達政宗隊加入後情勢逆轉，最後後藤又兵衛自刃而亡。接著德川方進入道明寺，雖受到薄田隊攻擊但畢竟兵力懸殊，薄田隊最終還是戰敗。而晚到的真田隊和毛利隊則一同對抗伊達隊並將其擊退，但卻沒有繼續追擊就返回大坂城，這也是這天大坂方唯一的勝戰。

往若江方面展開攻勢的長宗我部隊及木村隊則分別和藤堂高虎隊及井伊直孝隊反覆激戰，首先長宗我部隊在八尾的長瀨川附近遇上藤堂隊後隨即展開混戰。長宗我部隊雖奮力抵抗，但由於對方不斷投入新的兵力，不久後就達到體力極限而撤兵。木村隊則是在若江遇到井伊隊，井伊隊素有「赤備」之稱，也是家康軍團中最強的一隊。木村隊飽受猛攻，最後木村重成戰死。

❖大坂城兵最後一擊的英姿

隔天五月七日，德川家康在天王寺佈本陣，秀忠則駐守在岡山，準備從天王寺口和岡山口二處進行往大坂城的總攻擊。而大坂城方也作好進入決戰的準備，全軍出城在上町台地一帶佈陣。此時真田幸村以豐臣秀賴若親自出征，全軍士氣必會上升奪得勝利為由，邀秀賴親自上陣，就算情勢對己方不利，但總大將親自領軍對豐臣方來說，有極大的激勵士氣效果。可是當豐臣秀賴穿好盔甲從大廳現身準備出城時，卻被隨從以時間還早制止，全軍還沒看到秀賴英姿前即返回大廳；另一說是豐臣秀賴之母淀殿反對由秀賴帶隊出征，因為秀賴完全沒有武將資質。

兩方就這樣持續對峙等待一方先出擊，所以一直無法開戰。但接近中午時兩方都開始發射彈藥，雙方正式開戰。正午時分，真田幸村和德川家康之孫松平忠直的軍隊發生激烈衝突，將生死置之度外的真田隊就算死者人數不斷攀升，還是發了狂似地進攻，終於突破了松平忠直隊進入家康本陣。真田隊二度擊垮家康本陣使德川家康不得不後退陷入困境，但第三次的進攻因為力氣用盡，以真田幸村為首的真田隊幾乎全隊陣亡，就因為此奮戰精神所以大家都稱讚真田幸村是「日本第一的士兵」。此時德川家康也被逼退三里（約十二公里），且瀕臨生死危機，所以後來才會出現家康在此戰亡後由影武者代位的謠言傳出。雖也有傳聞說德川家康早在關原之戰中陣亡，有人假扮、代替家康，但這一切都只是臆測，沒有確切的證據可以證明。到了下午大坂方全軍潰散，逃回大坂城，德川方也繼續追擊進城，轉眼間大坂城就被雄雄烈火包圍。

❖戰國時代終結進入太平之世

眼見大坂城即將陷落，大野治長帶著豐臣秀賴的夫人千姬作為交換出城，乞求保住淀殿、秀賴母子二命，但遭德川家康拒絕。不僅如此德川家康還對秀賴母子躲藏的倉庫發動大砲攻擊，使淀殿和秀賴在野火一片的城內相繼自刃而亡。大野治長和毛利勝永也一同殉死，在豐臣秀賴二十三歲和淀殿約四十九歲自殺後，豐臣家宣告滅亡。

雖然豐臣秀賴和千姬沒有留下子嗣，但他的側室有生下一男一女。八歲的國松被發現藏身伏見後即被遣送回京，在六条河原遭斬首；女孩則是在千姬的求饒下被送進東慶寺一生為尼，如此一來豐臣秀吉的血緣就遭到德川家康的完全斷絕。

而這場戰役也宣告了戰國亂世的終結，德川政權獨大的太平時代終於來臨。隨著這次大坂夏之陣的結束，幕府實施「元和偃武」（平息武力），所以此後二世紀半的期間都沒再發生過任何大戰。豐臣家滅亡後一個月，幕府頒布「一國一城令」，下令拆除各大名支城僅保留本城。接著七月公布「武家諸法度」和「禁中並公家諸法度」，對大名和朝廷施壓。而且也向各佛教宗派發布社寺法令，一舉將國內勢力全都納入幕府的管理體制下。

德川家康因為大膽發動大坂之陣才得以打下德川幕府基礎磐石，雖然其強硬作法使其留下「狸貓老奸」之惡名，但他所做的一切都是想在自己倒下前完成天下一統的理想。德川家康在大坂之陣的隔年，一六一六年（元和二年）四月十七日病歿，享年七十五歲，家康的死也代表戰國時代的結束。日本在明治維新前約二五〇年間除了島原之亂外沒再發生任何大動亂，可以說「元和偃武」的實行果真帶來太平之世。

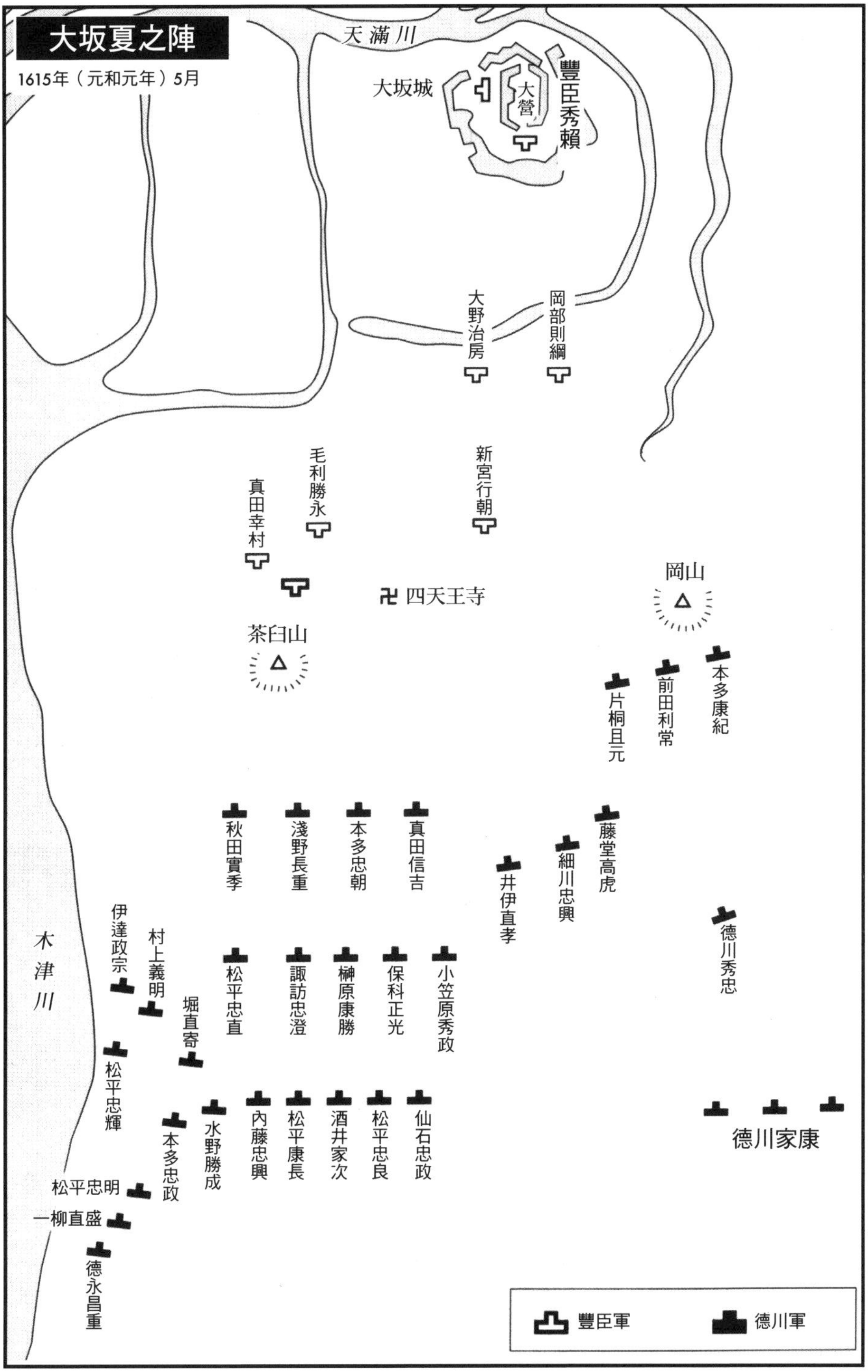
大坂夏之陣
1615年（元和元年）5月
天滿川
大坂城
大營
豐臣秀賴
大野治房
岡部則綱
毛利勝永
新宮行朝
真田幸村
四天王寺
岡山
茶臼山
片桐且元
前田利常
本多康紀
秋田實季
淺野長重
本多忠朝
真田信吉
藤堂高虎
細川忠興
井伊直孝
德川秀忠
伊達政宗
村上義明
木津川
堀直寄
松平忠直
諏訪忠澄
榊原康勝
保科正光
小笠原秀政
松平忠輝
水野勝成
內藤忠興
松平康長
酒井家次
松平忠良
仙石忠政
本多忠政
德川家康
松平忠明
一柳直盛
德永昌重
豐臣軍
德川軍

專欄

尋求死處的豪傑

塙團右衛門曾嘆道：「無法忍受天下太平，天下若不大亂或無惡事降臨，就無出人頭地的一天。」在戰國時代一心一意為主君奮鬥的豪傑們到了太平之世即喪失其存在的意義，而這些有實力卻無從發揮的豪傑們為求可活躍的戰場而聚集到大坂城。

在這裡特別要提出來說明的是後藤又兵衛，又兵衛原為播磨國別所氏的家臣，但別所氏遭豐臣秀吉滅亡後，就受秀吉家臣黑田官兵衛（如水）之邀，成為官兵衛的屬下並擔任黑田軍先鋒，活躍於九州、朝鮮和關原等戰役中，受封土地有一萬六千石。後來因為和藩主黑田長政鬧翻而出走，但不管到哪個藩當官都免不了受到長政的迫害。據說原本就認識後藤又兵衛的人在街上看見他蓬頭垢面，鬍子、頭髮都沒修剪，衣衫不整，背上還背著裝有盔甲的大布包，在街上和人乞討。所以當豐臣秀賴募集流浪武士時，後藤又兵衛當然會抱著愉悅的心情來參戰，而天下豪傑也因為又兵衛的加入士氣提升不少，據說淀殿還親自出來迎接，但能讓他活躍的戰場有限，因為他在夏之陣時，深入敵方所在的道明寺最後壯烈犧牲。

塙團右衛門則是以剛勇出名，他雖然身為加藤嘉明的侍童，但其活躍於朝鮮之役和關原之戰時，卻因為無視嘉明命令擅自出動而和嘉明起衝突，離開伊予松山城。之後塙團右衛門也遭到加藤嘉明的破壞而無法當官，所以一直過著流浪諸國的生活。就在此時聽聞大坂傳來即將開戰的謠言，有人勸興奮的塙團右衛門加入東軍，但他卻充耳不聞還說了：「我加入東軍也沒什麼發揮的空間，若加入西軍一定可以成為大將。」於是進入了大坂城。在夏之陣中，他們面對五千淺野軍卻只以十一騎之姿突襲應戰，擺明去送死，但在他們腦中只想著如何轟轟烈烈戰死留名。

附錄

——戰國武將臨終樣貌——

——戰國武將生卒年表——

——戰國時代年表——

戰國武將臨終樣貌

北条早雲●88歲

等待天命終了的風雲人物

年過八十滅了名門三浦氏且壓制伊豆、相模二國的北条早雲還是耳聰目明、牙齒完好、精力十足的模樣，但就在將家督傳給長男氏綱隱居後的隔年，於三浦半島搭小船出遊時突然猝死，一五一九年（永正十六年）八月十五在伊豆韮山城結束其八十八年的人生。令人感到吃驚的是北条早雲身為下剋上代表人物，又為開啟戰國時代的第一人，卻能安於等待天命終了之時。

齋藤道三●63歲

因果循環遭嫡子殺害身亡

驅逐美濃國守護士岐賴藝而代其職位的齋藤道三死狀是很悲慘的，其子義龍繼位家督後因為國內有義龍實為賴藝之子的謠言流竄，使得父子倆的對立加深。一五五六年齋藤道三廢嫡事件爆發爭端，道三求援於女婿織田信長，但由於援軍沒能趕上，道三就在此戰中遭伐而亡。齋藤道三死前一天還找來么兒勘九郎留下遺言：「美濃交給織田信長後你就出家吧！」

今川義元● 42歲

在桶狹間滿身泥濘的東海名門

一五六〇年（永祿三年），二萬五千今川軍以京都為目標成功攻陷織田要塞後悠然前進。五月十九日義元本隊到達田樂狹間並在此稍作休息，下午突然一陣大雨伴隨織田信長的急襲而來，今川軍因而陷入大混亂。今川義元率先打下織田方服部小平太的長槍，揪住並斬了對方。這時毛利新介衝上前來，雖然今川義元奮戰，甚至讓對方負了傷，但最後還是遭對方斬首。和一般所認為的公家形象有所不同，今川義元最後是以武將善鬥姿態結束生命。

毛利元就● 75歲

刊登在教科書上的三支箭教誨

毛利元就為安藝豪族出身，而後成為中國地方十領國的領主，一生不斷東征西討，一五七一年，在其孫平定出雲時病歿。一五五七年（弘治三年）毛利元就召來嫡子隆元、次男吉川元春、三男小早川隆景交代遺訓，其中有要三人團結一心否則會招致滅亡的兄弟團結說。也就是一支箭很容易折斷，但三支箭要花很大力氣才能折斷的這個譬喻，則是後世特別加以潤色而成的訓戒。

武田信玄●53歲

上京前突然病死

一五七二年（元龜三年）武田信玄以奪取天下為目標，浩浩蕩蕩率領二萬五千大軍西上，並在三方原擊敗德川家康，隔年攻擊三河的野田城。但此時武田信玄身體已遭病魔侵略，不得不放棄眼前攻擊織田信長的機會返回甲斐，而武田信玄在歸途中於信濃駒場病逝。

雖然對外宣稱武田信玄的死因為肺結核，但其實肺癌、胃癌、肝病、猝死諸說四立，還有一說是受到槍傷，武田信玄在臨死前召來四男勝賴留下「隱瞞死訊三年」的遺言。

朝倉義景●41歲

遭背叛自殺而亡

越前名門朝倉家自從在一五七〇年（元龜二年）姊川會戰中戰敗後光芒盡失，一五七三年（天正元年），盟友淺井長政遭受織田信長攻擊，義景雖急欲趕往小谷城救援但由於家臣們一一轉向支持信長使得義景無術可施，只好逃回一乘谷城。但在遭到織田信長追擊前，他就不斷敗逃，最後在同族的朝倉景鏡的背叛包圍下自刃而亡。

淺井長政●29歲

在小谷城送命的悲劇勇將

背叛義兄織田信長向朝倉方靠攏的淺井長政，在姊川會戰戰敗後雖聚集在小谷城內，但由於朝倉義景之死，一五七三年（天正元年）遭到信長攻擊。拒絕織田信長投降勸告的淺井長政，在把妻子阿市和三個女兒送到信長陣營後，隨即和父親久政一同自我了結。他的長女就是淀殿，後來嫁給豐臣秀吉為側室，次女為京極高次之妻，三女則為德川秀忠之妻。據說織田信長在淺井父子死後還是無法原諒他們的背叛，把他們的骨骸塗上金色顏料端上酒宴。

松永久秀●68歲

一生不斷背叛

松永久秀暗殺將軍足利義輝，滅了主家三好家並燒毀東大寺大佛殿，是大逆不道的典型人物。一五七七年（天正五年）還背叛曾一度服從的織田信長，敗戰後逃往信貴山城。在臨死前口中還喃喃自語說要把自己的首級和平蜘蛛茶釜一起送給織田信長，隨後就帶著信長很想擁有的祕藏茶壺自焚，據傳他在切腹時疑似中風發作，怕醜態盡露的他還先針灸治療後才自殺。

上杉謙信●49歲

出征關東之際在如廁時猝死

一五七七年（天正五年）上杉謙信在加賀手取川擊退織田信長，接著陸續平定越中、能登、加賀。翌年出征關東之際的三月九日，上杉謙信被發現倒臥在春日山城的廁所內，意識不明渡過十三天後逝世，死因為喜好喝酒引發的腦出血。死前一個月他留下詩句「一期榮華一杯酒，四十九年一睡夢。不知生亦不知死，歲月猶如夢中事。」

織田信長●49歲

開創新時代的英雄卻無預警橫死

一五八二年（天正十年）六月二日早上，奉命進行中國侵略的明智光秀背叛織田信長，攻擊信長稍作停留的京都本能寺。信長在洗臉時在聽到一連串叫喊聲後，顧不得身著睡衣隨即拿起弓和長槍與侍童森蘭丸及少數兵力應戰，但最後還是寡不敵眾自己放火燒本能寺，在烈火中自刃身亡。

據傳他在自殺前還吟唱出陣前一定要跳的，幸若舞中的《敦盛》「人生五十年，與天相比如夢似幻。有幸一度為人，焉有不滅時？」還有一年就滿五十歲的信長卻在此不留下一絲毛髮離開，結束激烈起伏的一生。

明智光秀●55歲

遭農民殺害只維持三日天下

一五八二年（天正十年）攻擊本能寺討伐織田信長的明智光秀因為得不到細川忠興、筒井順慶等大將的援軍，所以在十二天後的山崎之戰中敗給豐臣秀吉。雖然趁夜成功脫逃往坂本城，但卻在途中的小栗栖村遭躲藏樹叢中為獎賞而來的農民襲擊，以竹槍刺傷腹部而受重傷，留下「逆順無二門，大道徹心源。五十五年夢，覺來歸一夢」後就切腹自殺。家老溝尾庄兵衛砍下其首級埋在土中，但在幾日後卻被農民挖出送給豐臣秀吉。

武田勝賴●37歲

其族在天目山叛離散去

一五七五年（天正三年）武田勝賴在長篠合戰遭織田、德川聯合軍擊敗後，勢力尚未恢復，又在一五八二年遭受織田軍的總攻擊。以威勇著稱的武田軍團中，從信玄時代以來的武將穴山梅雪及木曾義昌等同族一一背離，武田軍團內部不戰而潰。三月十一日武田勝賴和妻子及兒子信勝帶著一百多名隨從順利逃至天目山，但卻在此遭敵方包圍，家臣和武田信勝奮戰不久後，包含其正室和愛妾在內的所有人都以自殺收場。

柴田勝家●62歲

和悲情的阿市一同自殺

織田信長死後勝家雖與豐臣秀吉爭奪主導權，但卻在一五八三年（天正十一年）的賤岳之戰中敗給秀吉。前田利家等大將也一一離他而去，只剩下一百多名騎兵和他共患難逃往越前北之庄城，但是二天後即遭秀吉大軍包圍。雖然柴田勝家勸其結婚不到半年的妻子阿市趕快離開，但最後只有她和淺井長政所生的三個女兒逃出，她選擇面對死亡。

翌日總攻擊開始，柴田勝家登上天守閣最上層說了：「你們這些後生晚輩，好好見識見識我的切腹吧！」此番要去赴死的話語後，即刺殺以阿市為首的十二名愛妾和三十多名女侍，切腹而亡。

吉川元春●57歲

重情義卻早死的勇將

吉川元春身為「毛利兩川」之一，和弟弟小早川隆景一起支撐毛利家，但兄弟倆性格迥異，隆景是凡事謹慎理性，元春卻是感性重情義派武將。他在戰勝宿敵尼子氏後即隱居，但在一五八六年（天正十四年）受豐臣秀吉之邀，出征攻打高橋元種駐守的小倉城，然而卻在這段期間內的十一月十五日病歿。死因為背上的惡性腫瘤，因為盟友黑田如水一直招待他吃鮭魚，使腫瘤病情加重才會要了他的命。

蒲生氏鄉●40歲

文武兼備名將

蒲生氏鄉很年輕就出仕於織田信長，因為信長讚賞他器量，還將自己的女兒冬姬許配於他。豐臣秀吉掌權之際也給予極高評價，在小田原之戰後受封為會津四十二萬石（之後為九十二萬石）土地大名。但他卻在一五九五年（文祿四年）四十歲時不幸病逝。有一說是豐臣秀吉因為他的卓越表現感到害怕，另一說是石田三成認為他會妨害自己的將來而下毒殺害他，而他留給千利休的辭世歌「只有風吹花落時，才是心靈最短暫的春嵐」也成為著名詩曲。

豐臣秀吉●63歲

為秀賴作好規劃後即病歿

從一五九八年（慶長三年）三月秀吉於醍醐寺三寶院舉行賞花宴開始，豐臣秀吉的身體狀況可以說是每況愈下，到五月倒下前日漸虛弱，這時他最在意的就是豐臣秀賴的未來。七月十五日他在伏見城召來諸大名，要他們寫下對豐臣秀賴忠誠的保證，到了八月五日他倒臥病塌召來德川家康、前田利家、毛利輝元、宇喜多秀家、小早川隆景五大老，交代他們五人輔助秀賴的話語。

八月九日發布從朝鮮撤兵的遺言後就一直昏睡，十八日病歿。「天下人」豐臣秀吉留下「吾身隨露珠落下，隨露珠消逝。大坂之事，猶如夢中之夢」一歌後辭世。

前田利家●62歲

帶病牽制德川家康的五大老

一五九八年（慶長三年）豐臣秀吉逝世後，天下委由五大老、五奉行管理，德川家康在伏見城處理政治瑣事，前田利家則進入大坂城保護豐臣秀賴。當初德川家康和反家康的石田三成等人對立時，因為前田利家有人望所以扮演牽制家康的角色。

但前田利家的健康身體卻在四年後轉壞，他在病塌旁留下遺言給嫡子利長後去世，據說他臨終前為了交代遺言還數度闔眼、咬牙呻吟，費了一番功夫才交代完畢。

石田三成●41歲

到最後還善待自己的智將

一六〇〇年（慶長五年）在關原之戰戰敗的石田三成因為腹瀉衰弱不已，躲藏在伊吹山的洞窟中，而後遭德川方武將田中吉政逮捕。在德川家康軍隊的護送下，連同小西行長、安國寺惠瓊回到京中六条河原處刑斬首，並將首級掛在三条大橋上曝曬。歸途中石田三成因為口渴而要求喝熱水，護送者因為沒有熱水便拿了柿乾給他，卻被他以對身體不好而拒絕。對此護送者嘲笑他死期將近還這麼挑剔，他回口「愛惜自己是天經地義」後勇敢地走向刑場。

小早川秀秋●21歲

受因果報應的背叛者

關原之戰因為有了他的背叛使得東軍獲得勝利，他雖在戰後德川家康的論功行賞得到備前、備中、美作五十一萬石的土地，但他卻在三年後的一六〇二年（慶長七年）十月十八日突然猝死。一般認為他的死因是天花，但還是出現落馬喪命或是遭農民踢死各種不名譽的說法。或許是平日行為不檢，及叛徒的污名，才出現這種死法。

加藤清正●50歲

受秀吉愛護的武斷派

雖然在關原之戰爆發後德川家康拿下政權，但清正對豐臣家的忠誠還是沒有動搖。一六一一年（慶長十六年）也是靠其說服淀殿使豐臣秀賴得以和德川家康在二条城會面，進而促成豐田家的存續，而且據說他為了以防萬一還在胸前藏有小刀。

之後在返回領國肥後的途中病倒，回國後不久就因為腦出血病逝，但因為事出突然，所以也流傳他是被德川家康下毒殺害。

真田幸村●49歲

日本第一的士兵

關原之戰時隸屬西軍被流放到高野山的幸村，在一六一四年（慶長十九年）應豐臣秀頼之邀進入大坂城。在同年的大坂冬之陣和翌年元和元年的夏之陣中，多次以家康本陣為目標進行突擊，讓德川家康倍感威脅。但最終還是氣力用盡，遭松平忠直部下討伐而亡，其奮戰不懈的精神讓敵方也不得不讚其為「日本第一的士兵」。

德川家康●75歲

死後守護德川家三百年

一六一六年（元和二年）一月二十一日，德川家康在狩鷹時吃了鯛魚天婦羅引發食物中毒後，身體一直沒有康復，最後在四月十七日病歿，死前家康已經指示好其遺體和牌位要放置於日光的寺廟內祭拜。他於死前二天還在病塌前拿起愛刀「三池典太」揮弄二、三下，說自己將拿此刀長久守護子孫；死前一天下令將自己遺體朝西，安置在九能山廟所裡，意思就是死後還是會一直注視著西國大名，也因為他的執著，使德川家得以維持二百六十年的太平盛世。

戰國武將生卒年表

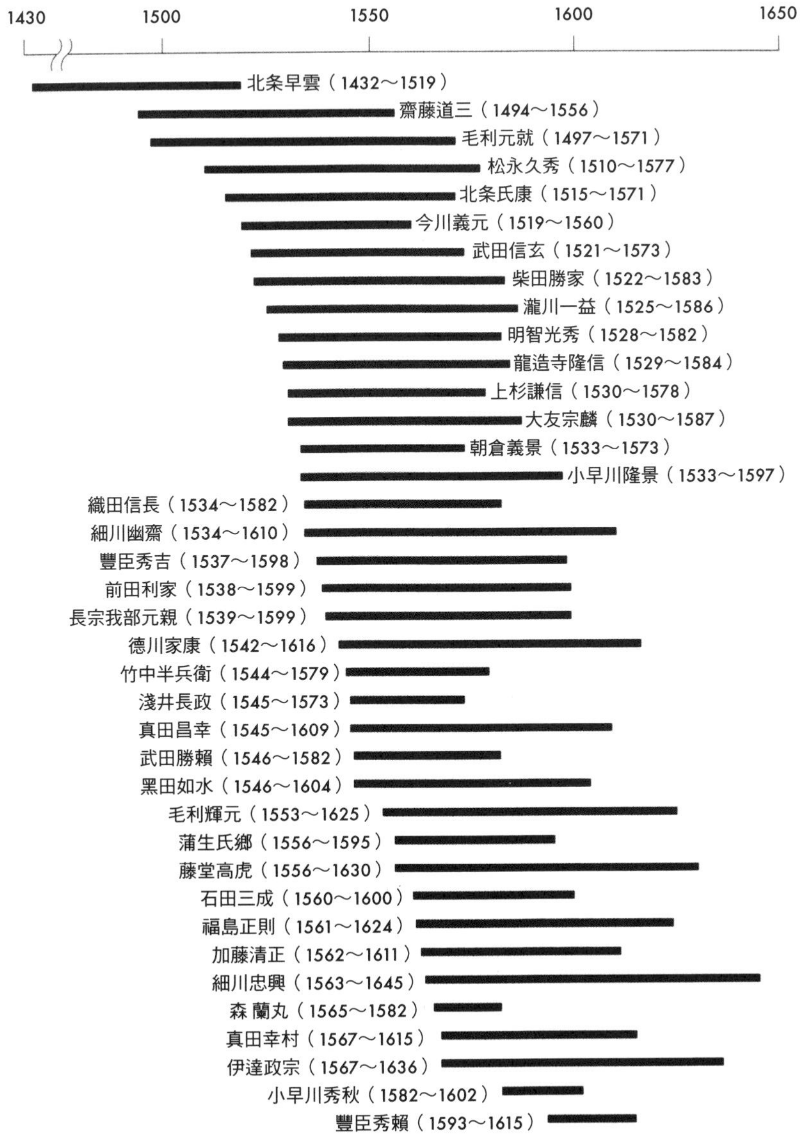
1430
1500
1550
1600
1650
北条早雲（1432～1519）
齋藤道三（1494～1556）
毛利元就（1497～1571）
松永久秀（1510～1577）
北条氏康（1515～1571）
今川義元（1519～1560）
武田信玄（1521～1573）
柴田勝家（1522～1583）
瀧川一益（1525～1586）
明智光秀（1528～1582）
龍造寺隆信（1529～1584）
上杉謙信（1530～1578）
大友宗麟（1530～1587）
朝倉義景（1533～1573）
小早川隆景（1533～1597）
織田信長（1534～1582）
細川幽齋（1534～1610）
豐臣秀吉（1537～1598）
前田利家（1538～1599）
長宗我部元親（1539～1599）
德川家康（1542～1616）
竹中半兵衛（1544～1579）
淺井長政（1545～1573）
真田昌幸（1545～1609）
武田勝賴（1546～1582）
黑田如水（1546～1604）
毛利輝元（1553～1625）
蒲生氏鄉（1556～1595）
藤堂高虎（1556～1630）
石田三成（1560～1600）
福島正則（1561～1624）
加藤清正（1562～1611）
細川忠興（1563～1645）
森 蘭丸（1565～1582）
真田幸村（1567～1615）
伊達政宗（1567～1636）
小早川秀秋（1582～1602）
豐臣秀賴（1593～1615）

戰國時代年表

西曆	和曆	主要事項	世界動向
一四六七	應仁1	1月▼畠山義就討伐畠山政長（應仁之亂開始）	
一四七七	文明9	11月▼應仁之亂結束	〈一七四九〉西班牙王國成立
一四九一	延德3	9月▼北条早雲進攻殺害堀越茶茶丸奪取伊豆	〈一四九二〉哥倫布第一次航海
一四九五	明應4	2月▼北条早雲奪取小田原城	〈一四九八〉達伽馬發現印度航線
一五一六	永正13	7月▼北条早雲滅三浦氏奪得相模	〈一五一七〉宗教革命開始
一五一九	16	8月▼北条早雲去世	麥哲倫世界航海開始
一五二一	大永1	11月▼武田晴信（信玄）出生	〈一五二四〉德意志農民戰爭
一五二七	7	8月▼齋藤道三進攻川手城並驅逐土岐盛賴至越前	
一五三〇	享祿3	1月▼長尾景虎（上杉謙信）出生	〈一五三三〉印加帝國滅亡
一五三四	天文3	5月▼織田信長出生於尾張那古野城	耶穌會成立
一五三七	6	2月▼豐臣秀吉出生於尾張中村	
一五三八	7	10月▼第一次國府台戰	
一五四〇	9	9月▼安藝郡山城之戰（～翌10年1月）	
一五四一	10	6月▼武田信玄放逐其父信虎至駿河	鄂圖曼土耳其征服匈牙利
一五四二	11	5月▼齋藤道三驅逐土岐賴藝奪得美濃 12月▼德川家康出生於三和岡崎城帝國	沙勿略（Francisco Xavier）到印度果阿傳教
一五四三	12	8月▼葡萄牙人將火槍傳入種子島	哥白尼的地動說
一五四六	15	4月▼河越之戰	施馬加登戰爭
一五四七	16	6月▼武田信玄制定「甲州法度」	伊凡四世改號沙皇

西曆	和曆	主要事項	世界動向
一五四九	18	7月▼基督教傳教士沙勿略傳教 11月▼家康作為人質下行駿府	
一五五三	22	8月▼第一次川中島之戰	
一五五四	23	3月▼甲駿相三國同盟成立	
一五五五	弘治1	4月▼信長殺害兄信廣並移居清須城 10月▼嚴島合戰（因敗給毛利元就陶晴賢自刃）	奧格斯堡和約
一五五六	2	4月▼長良川之戰（齋藤道三與子義龍之戰，道三戰死）	阿克巴登基（印）
一五五七	3	3月▼毛利元就訓戒嫁子隆元、吉川元春、小早川隆景要同心協力 11月▼信長誘殺弟信行	〈一五五八〉伊莉莎白一世登基（英） 〈一五五九〉政教合一（英）
一五六〇	永祿3	5月▼桶狹間之戰（信長討伐今川義元） 5月▼家康回到岡崎城	
一五六一	4	9月▼第四次川中島之戰	統一幣制（英）
一五六二	5	1月▼信長家康締盟（清須同盟）	宗教戰爭開始（法）
一五六四	7	1月▼第二次國府台戰 2月▼上和田之戰（家康平定三河一向一揆）	米開朗基羅逝世
一五六五	8	4月▼第二次月山富田城之戰（～翌年11月） 5月▼松永久秀殺害將軍足利義輝	〈一五六六〉葡萄牙人建設澳門
一五六七	10	8月▼信長進攻齋藤龍興所在的稻夜山城 10月▼松永久秀擊破三好三人眾並火燒東大寺大佛殿	
一五六八	11	2月▼織田信長奉仕足利義昭上京 9月▼秀吉（木下藤吉郎）侍奉信長 12月▼信玄家康商定駿河遠江分割 掛川城之戰（～翌年5月）	荷蘭獨立戰爭開始
一五六九	12	1月▼信長馴服堺商人 4月▼信長允許傳教士弗洛依斯的基督教傳道 10月▼三增峠之戰	佛羅倫斯梅迪奇家族成為君主 墨卡托投影世界地圖完成

西曆	和曆	主要事項	世界動向
一五七〇	元龜1	6月▼姊川會戰 9月▼石山合戰開始（～天正8年3月）	聖日耳曼條約
一五七一	2	5月▼伊勢長島一向一揆爆發 6月▼毛利元就逝世 9月▼信長討伐燒毀比叡山延曆寺	勒班陀戰役
一五七二	3	1月▼北条氏政、武田信玄締結和睦 9月▼信長向足利義昭提出「十七條異見書」 信長發布樂市樂座令 12月▼武田信玄在西上路程中，在三原之戰中戰勝家康	聖巴多羅買節大屠殺（St. Bartholomew's Day Massacres） 宗教戰爭再起
一五七三	天正1	2月▼足利義昭、武田信玄、朝倉義景、淺井長政、本願寺顯如等人計畫追討信長 4月▼武田信玄逝世 7月▼槇島之戰（信長驅逐足利義昭，室町幕府滅亡） 8月▼一乘谷、小谷城之戰（信長滅朝倉義景、淺井長政）	鄂圖曼土耳其與威尼斯議和
一五七四	2	5～6月▼第一次高天神戰 9月▼信長討滅長島一向一揆	
一五七五	3	5月▼長篠合戰 8月▼信長平定越前一向一揆	
一五七六	4	2月▼信長進安土城	
一五七七	5	2月▼信長平定雜賀一揆 9月▼（天正4年10月～）七尾城之戰（手取川之戰）	法蘭西斯・德瑞克（Francis Drake）展開世界航行
一五七八	6	3～6月▼上月城之戰（豐臣方的尼子勝久敗給吉川元春、小早川隆景所率領的毛利軍後自刃） 6月▼三木城之戰（～天正8年1月）八上城之戰 9～11月▼耳川之戰 11月▼九鬼嘉隆的織田水軍在木津川口擊破前來石山救援的毛利水軍	蘇聯侵略西伯利亞

西曆	和曆	主要事項	世界動向
一五八〇	8	3～11月▼金澤御坊之戰（柴田勝家、佐久間盛政壓制加賀一向一揆） 4月▼顯如遵守與信長的和議從石山撤離	
一五八一	9	3月▼第二次高天神戰 7～12月▼鳥取城之戰 8月▼信長討伐高野山	荷蘭獨立宣言
一五八二	10	3月▼天目山之戰（田野之戰）（瀧川一益帶領織田軍打敗武田盛賴的武田軍，武田氏滅亡）信長撤去甲斐、信濃國關卡 4～6月▼備中高松城之戰 6月▼本能寺之變（信長橫死）山崎之戰　清州會議（秀吉屬意的三法師成為織田家繼承人） 7月▼秀吉在山城國實施檢地制後入京（太閣檢地的起始） 10月▼秀吉在大德寺舉行信長喪禮	教宗格列哥里十三世（Pope Gregory XIII）改正曆法 利瑪竇到達澳門
一五八三	11	4月▼賤岳之戰、北之庄城戰（秀吉討伐柴田勝家）	伽利略發現鐘擺的等時性
一五八四	12	3月▼沖田畷之戰（龍造寺隆信敗死）小牧之戰	
		4月▼長久手之戰 8月▼秀吉移居大坂城	
一五八五	13	3～4月▼太田城之戰（秀吉討伐紀州的太田黨、雜賀黨） 6月▼一宮城之戰（秀吉擊敗長宗我部元親平定四國） 7月▼秀吉成為關白	英荷同盟
一五八六	14	1月▼秀吉、家康締結和睦 11～12月▼戶次川之戰 12月▼秀吉成為大政大臣，改姓豐臣	阿克巴大帝（Akbar the Great）侵略喀什米爾

西曆	和曆	主要事項	世界動向
一五八七	15	3月▼秀吉出征九州 4月▼高城之戰（秀吉擊敗島津義久、家久、義弘） 5月▼秀吉平定九州 6月▼秀吉禁基督教 10月▼秀吉舉辦北野大茶會	阿拔斯大帝繼位（波斯）
一五八八	16	4月▼後陽成天皇駕臨聚樂第 7月▼秀吉發布刀狩令	西班牙無敵艦隊敗北
一五九〇	18	4月▼開始包圍小田原城 7月▼後北条氏滅亡 8月▼家康轉封關東（移居江戶城） 9月▼伊達政宗降服於秀吉（奧州處分）	
一五九二	文祿1	3月▼文祿之役開始	
一五九七	慶長2	1月▼慶長之役開始（～慶長3年11月）	
一五九八	3	3月▼秀吉舉行醍醐花季 8月▼秀吉逝世	南特上諭（Edict of Nantes）
一六〇〇	5	5月▼家康發布討伐上杉景勝命令予諸大名 6月▼家康為討伐上杉景勝出發至大坂 7月▼石田三成為追討家康而舉兵 8月▼家康返回江戶城召開小山評定 9月▼關原之戰	英國東印度公司設立 〈一六〇二〉荷蘭東印度公司設立
一六〇三	8	2月▼家康當上征夷大將軍開創德川幕府	伊莉莎白一世逝世
一六一四	19	7月▼方廣寺鐘鳴事件 11～12月▼大坂冬之陣	布洛瓦三級會議（法）
一六一五	元和1	5月▼大坂夏之陣（豐臣氏滅亡） 7月▼家康制定「武家諸法度」	
一六一六	2	4月▼家康逝世	莎士比亞逝世

主要參考文獻

■史料

第一期・第二期戦国史料叢書（人物往来社）
群書類従・続群書類従（続群書類従完成会）
戦国遺文北条氏編　杉山博ほか編（東京堂出版）
改訂甲陽軍鑑　磯貝正義ほか校注（新人物往来社）
改訂信長公記　桑田忠親校注（角川文庫）
信長公記　奥野高廣ほか校注（新人物往来社）
太閤記　桑田忠親校注（新人物往来社）
定本名将言行録　岡谷繁実（新人物往来社）

■參考圖書

国史大辞典（吉川弘文館）
日本史辞典　高柳光寿・竹内理三編（角川書店）
コンサイス人名辞典　日本編（三省堂）
戦国人名辞典　高柳光寿・松平年一編（吉川弘文館）
戦国人名事典　阿部猛・西村圭子編（吉川弘文館）
戦国大名系譜人名事典〈東国・西国編〉（新人物往来社）
戦国大名家臣団事典〈東国・西国編〉（新人物往来社）
戦国合戦大事典　戦国合戦史究会編（新人物往来社）
戦国合戦事典　小和田哲男（三省堂）
日本中世史論集（吉川弘文館）
中世武家社会の研究　河合正治（吉川弘文館）
日本中世社会構造の研究　永原慶二（岩波書店）
日本中世封建制論　黒田俊雄（東大出版会）
戦国大名論集1～18（吉川弘文館）
後北条氏の基礎研究　佐脇栄智（吉川弘文館）
戦国大名後北条氏の研究　杉山博（名著出版）
後北条氏研究　小和田哲男（吉川弘文館）
関東戦国史の研究　後北条氏研究会編（吉川弘文館）
古河公方足利氏の研究　佐藤博信（校倉書房）
図巻雑兵物語　浅野長武監修（人物往来社）
日本の歴史〈11～13巻〉（中公文庫）
図説日本の歴史〈8・9巻〉（集英社）
人物探訪日本の歴史〈5・6巻〉（暁教育図書）
日本武将列伝〈3・4巻〉桑田忠親（秋田書店）
日本の合戦〈3～7巻〉桑田忠親（新人物往来社）
日本史小百科8〈戦乱〉安田元久（近藤出版）

武将感状記　真鍋元之訳（金園社）
信長公記　榊山潤訳（教育社新書）
武功夜話の世界（新人物往来社）
現代語訳武功夜話　加来耕三（新人物往来社）
戦国大名　小和田哲男（教育社・歴史新書）
戦国武将　小和田哲男（中公新書）
戦国武将百人百言（ＰＨＰ研究所）
戦国の遺書　桑田忠親（聖文堂）
乱世の遺訓　吉永正春（葦書房）
武家と天皇　今谷明（岩波新書）
謎解き洛中洛外図　黒田日出男（岩波新書）
日本史　ルイス・フロイス（中央公論社）
フロイスの日本覚書　松田毅一（中公新書）
鉄砲とその時代　三鬼清一郎（教育社・歴史新書）
鉄砲伝来　宇多川武久（中公新書）
軍師・参謀　小和田哲男（中公新書）
北条早雲のすべて　杉山博編（新人物往来社）
三好長慶　長江正一（吉川弘文館・人物叢書）
戦国三好一族　今谷明（新人物往来社）
足利義昭　奥野高廣（吉川弘文館・人物叢書）
朝倉義景　水藤真（吉川弘文館・人物叢書）
安芸毛利一族　河合正治（新人物往来社）
毛利元就のすべて　河合正治編（新人物往来社）
出雲尼子一族　米原正義（新人物往来社）
山中鹿介のすべて　米原正義編（新人物往来社）
真田三代軍記　小林計一郎（新人物往来社）
真田一族　小林計一郎（新人物往来社）
真田幸村のすべて　小林計一郎編（新人物往来社）
定本武田信玄　磯貝正義（新人物往来社）
武田信玄のすべて　磯貝正義編（新人物往来社）
図説武田信玄　磯貝正義監修（河出書房新社）
武田二十四将伝　坂本徳一（新人物往来社）
上杉謙信　井上鋭夫（新人物往来社）
上杉謙信のすべて　渡辺慶一（新人物往来社）
織田信長　脇田修（中公新書）
織田信長　鈴木良一（岩波新書）
「信長伝説」の真実　武田鏡村（講談社）
織田信長事典　岡本良一ほか編（新人物往来社）
織田信長家臣人名辞典　谷口克広（吉川弘文館）
織田信長読本（新人物往来社）
織田信長のすべて　岡本良一編（新人物往来社）
豊臣秀吉　小和田哲男（中公新書）
豊臣秀吉　鈴木良一（岩波新書）
豊臣秀吉事典　杉山博ほか編（新人物往来社）
豊臣秀吉のすべて　桑田忠親（新人物往来社）
南蛮太閤記　松田毅一（朝日文庫）
黄金太閤　山室恭子（中公新書）
徳川家康　北島正元（中公新書）
徳川家康事典　藤野保ほか編（新人物往来社）
徳川家康のすべて　北島正元編（新人物往来社）
関ヶ原合戦のすべて　小和田哲男編（新人物往来社）

國家圖書館出版品預行編目資料

日本戰國武將圖解：150位風雲豪傑大解密／小和田哲男，會田康範，後藤敦，坂井洋子，武田鏡村，堤昌司著；林文娟譯．-- 二版．-- 臺北市：商周出版：英屬蓋曼群島商家庭傳媒股份有限公司城邦分公司發行，2022.06
面；　公分．--（經典一日通；BI2030X）
譯自：国武 知れば知るほど
ISBN 978-626-318-291-2(平裝)

1.CST: 人物志 2.CST: 戰國時代 3.CST: 日本

783.12　　111006368

經典一日通 BI2030X

日本戰國武將圖解：

150位風雲豪傑大解密

原 文 書 名／戦国武将　知れば知るほど
作　　　者／小和田哲男、會田康範、後藤敦、坂井洋子、武田鏡村、堤 昌司
譯　　　者／林文娟
責 任 編 輯／李韻柔、劉羽苓
版　　　權／黃淑敏、吳亭儀
行 銷 業 務／周佑潔、林秀津、黃崇華、賴正祐

總　編　輯／陳美靜
總　經　理／彭之琬
事業群總經理／黃淑貞
發　行　人／何飛鵬
法 律 顧 問／元禾法律事務所 王子文律師
出　　　版／商周出版
115 台北市南港區昆陽街 16 號 4 樓
電話：(02) 2500-7008　傳真：(02) 2500-7579
E-mail: bwp.service @ cite.com.tw
發　　　行／英屬蓋曼群島商家庭傳媒股份有限公司　城邦分公司
115 台北市南港區昆陽街 16 號 8 樓
讀者服務專線：0800-020-299　24 小時傳真服務：(02) 2517-0999
讀者服務信箱 E-mail: cs@cite.com.tw
劃撥帳號：19833503　戶名：英屬蓋曼群島商家庭傳媒股份有限公司城邦分公司
訂 購 服 務／書虫股份有限公司客服專線：(02) 2500-7718；2500-7719
服務時間：週一至週五上午 09:30-12:00；下午 13:30-17:00
24 小時傳真專線：(02) 2500-1990；2500-1991
劃撥帳號：19863813　戶名：書虫股份有限公司
E-mail: service@readingclub.com.tw
香 港 發 行 所／城邦（香港）出版集團有限公司
香港九龍土瓜灣土瓜灣道 86 號順聯工業大廈 6 樓 A 室
E-mail: hkcite@biznetvigator.com
電話：(852) 2508-6231　傳真：(852) 2578-9337
馬 新 發 行 所／城邦（馬新）出版集團
Cite (M) Sdn. Bhd.
41, Jalan Radin Anum, Bandar Baru Sri Petaling, 57000 Kuala Lumpur, Malaysia.
電話：(603) 9056-3833　傳真：(603) 9057-6622　E-mail: services@cite.my
封 面 設 計／萬勝安
製 版 印 刷／韋懋實業股份有限公司
經　銷　商／聯合發行股份有限公司
新北市 231 新店區寶橋路 235 巷 6 弄 6 號 2 樓
電話：(02) 2917-8022　傳真：(02) 2911-0053

■2022 年 7 月 5 日二版 1 刷
■2024 年 8 月 15 日二版 2.1 刷

Printed in Taiwan

定價 380 元
ISBN: 978-626-318-291-2（紙本）

商周出版

廣　告　回　函
北區郵政管理登記證
北臺字第000791號
郵資已付，免貼郵票

115　台北市南港區昆陽街 16 號 8 樓

英屬蓋曼群島商家庭傳媒股份有限公司城邦分公司　收

請沿虛線對摺，謝謝！

商周出版

書號：BI2030X　　書名：日本戰國武將圖解　　編碼：

請於此處用膠水黏貼

商周出版

讀者回函卡

感謝您購買我們出版的書籍！請費心填寫此回函卡，我們將不定期寄上城邦集團最新的出版訊息。

線上版讀者回函卡

姓名：＿＿＿＿＿＿＿＿ 性別：□男 □女

生日：西元＿＿＿＿年＿＿＿＿月＿＿＿＿日

地址：＿＿＿＿＿＿＿＿

聯絡電話：＿＿＿＿＿＿＿＿ 傳真：＿＿＿＿＿＿＿＿

E-mail：

學歷：□ 1. 小學 □ 2. 國中 □ 3. 高中 □ 4. 大學 □ 5. 研究所以上

職業：□ 1. 學生 □ 2. 軍公教 □ 3. 服務 □ 4. 金融 □ 5. 製造 □ 6. 資訊
□ 7. 傳播 □ 8. 自由業 □ 9. 農漁牧 □ 10. 家管 □ 11. 退休
□ 12. 其他＿＿＿＿＿＿＿＿

您從何種方式得知本書消息？

□ 1. 書店 □ 2. 網路 □ 3. 報紙 □ 4. 雜誌 □ 5. 廣播 □ 6. 電視
□ 7. 親友推薦 □ 8. 其他＿＿＿＿＿＿＿＿

您通常以何種方式購書？

□ 1. 書店 □ 2. 網路 □ 3. 傳真訂購 □ 4. 郵局劃撥 □ 5. 其他＿＿＿＿

您喜歡閱讀那些類別的書籍？

□ 1. 財經商業 □ 2. 自然科學 □ 3. 歷史 □ 4. 法律 □ 5. 文學
□ 6. 休閒旅遊 □ 7. 小說 □ 8. 人物傳記 □ 9. 生活、勵志 □ 10. 其他

對我們的建議：＿＿＿＿＿＿＿＿

【為提供訂購、行銷、客戶管理或其他合於營業登記項目或章程所定業務之目的，城邦出版人集團（即英屬蓋曼群島商家庭傳媒（股）公司城邦分公司、城邦文化事業（股）公司），於本集團之營運期間及地區內，將以電郵、傳真、電話、簡訊、郵寄或其他公告方式利用您提供之資料（資料類別：C001、C002、C003、C011 等）。利用對象除本集團外，亦可能包括相關服務的協力機構。如您有依個資法第三條或其他需服務之處，得致電本公司客服中心電話 02-25007718 請求協助。相關資料如為非必要項目，不提供亦不影響您的權益。】

1.C001 辨識個人者：如消費者之姓名、地址、電話、電子郵件等資訊。
2.C002 辨識財務者：如信用卡或轉帳帳戶資訊。
3.C003 政府資料中之辨識者：如身分證字號或護照號碼（外國人）。
4.C011 個人描述：如性別、國籍、出生年月日。

請於此處用膠水黏貼